이슈&시사상식 vol.207

편집부 통신

매월 1일은 달을 시작하는 첫날인 만큼 조금 더 특별한 의미로 받아들여지곤 하는데요. 특히 4월 1일은 거짓말을 해도 가벼운 장난으로 여기며 즐기는 만우절이기도 합니다. 그런데 혹시 만우절이 언제 어디에서 시작됐는지 알고 계신가요? 만우절이 우리나라에만 있는 이벤트성 기념일이라고 생각할 수도 있지만, 사실 만우절은 'April Fool's(4월의 바보) Day'라는 영문표기로 짐작할 수 있듯이 외국에서 시작된 풍습입니다.

그 유래에 대해 여러 설이 전해지지만 가장 유력한 것은 16세기 프랑스에서 시작됐다는 주장인데요. 1560년대 프랑스에서는 3월 25일을 신년으로 여겨 춘분제를 열고, 축제 마지막 날인 4월 1일에 선물을 교환하는 문화가 있었다고 합니다. 그런데 당시 왕이었던 샤를 9세가 1564년 달력 계산법을 율리우스력에서 그레고리력으로 바꾸겠다고 선포한 뒤 신년이 1월 1일로 바뀌게 되었죠. 하지만 이 소식을 미처 접하지 못했던 사람들은 이전처럼 4월 1일에 선물을 교환하며 신년인사를 나누었는데요. 이 모습을 본 다른 사람들이 여전히 4월 1일이 신년인 것처럼 장난을 쳤던 것이 만우절의 시초가 됐다는 이야기가 전해지고 있습니다. 이처럼 오래된 기념일인 만큼 만우절에는 거짓말을 하더라도 정도가 심하지만 않다면 함께 즐기고 넘어가곤 하는데요. 다만 규모가 크거나 과한 장난은 문제가 될 수 있으니 적절한 장소와 상황에서 하는 농담 정도로 즐기는 것이 좋겠습니다.

발행일	2025년 4월 5일	발행인	박영일	책임편집	이해욱	
편집/기획	김준일, 이세경, 남민우, 김유진, 우지영, 류채윤			표지디자인	김지수	
편저	시사상식연구소	내지디자인	장성복, 임창규, 김휘주, 고현준	동영상강의	조한	
창간호	2006년 12월 28일	발행처	(주)시대고시기획			
홈페이지	www.sdedu.co.kr	대표전화	1600-3600	주소	서울시 마포구 큰우물로 75[도화동 538번지 성지B/D] 9F	등록번호	제10-1521호
인쇄	미성아트	마케팅홍보	오혁종			

※ 이 책은 저작권법에 의해 보호를 받는 저작물이므로 동영상 제작 및 무단전재와 복제를 금합니다.
※ 잘못된 책은 구입하신 서점에서 바꾸어 드립니다.

2025년 새로운 채용 트렌드
모티베이션 핏

최근 기업의 조직문화에 얼마나 어울리는지 판단해 채용을 진행하는 '컬처 핏(Culture Fit)' 트렌드가 많은 인사담당자들의 입에 오르내렸다. 이제는 컬처 핏에서 진일보한 '모티베이션 핏(Motivation Fit)' 트렌드가 채용시장에 떠오르고 있다. 컬처 핏이 지원자보다 기업과 조직 자체에 중점을 둔 채용 트렌드였다면, 모티베이션 핏은 지원자에게 좀 더 무게를 두고 있다. 이번 호에서는 모티베이션 핏의 이모저모에 대해 알아보도록 하겠다.

모티베이션 핏의 핵심요소

① 동기유발 요인과 조직이 맞아야 한다.

지원자가 조직에 소속돼 직무를 수행하면서 "업무가 즐겁고 더 잘 수행하고 싶다"는 다짐이 생겨야 한다. 그러기 위해서는 지원자가 근무여건 중 어떤 요인에 의해 동기가 부여되는지 파악해야 한다. 조직에 채용된 지원자가 직무를 수행하며 보람을 느끼지 못하고 헌신할 마음이 들지 않는다면 조직에서 금방 이탈하게 될 수 있다.

② 동기부여가 잠재력을 깨운다.

지원자가 조직에 소속돼 안정감과 업무에 대한 만족감·성취감을 얻고, 또 그로 인해 스스로 성장한다고 느끼게 된다면 지원자는 업무에 집중할 수 있고 잠재력을 깨울 수 있다.

③ 동기부여 요인을 외적·내적으로 나누어 보자.

지원자가 조직에 만족감을 느끼는 외적 동기부여 요인으로는 급여, 복리후생, 작업환경 등이 있다. 반면 내적 요인으로는 동료 또는 협력사나 고객과의 소통, 업무 시 느끼게 되는 감정 또는 성취감, 업무의 특성 등 외적 요인에 비해 다소 추상적인 요소들이 있다. 이러한 외적·내적 동기부여 요인을 종합적으로 검토해야 한다.

Motivaton Fit Interview?

'모티베이션 핏'이란?
모티베이션(Motivation)이라는 명칭대로 지원자가 갖고 있는 개인적인 동기부여 요소가 조직의 목표·핵심 가치 등과 얼마나 부합하는지 판단하는 것을 말한다.

01 가장 즐겁게 느끼는 일은 무엇인가?
지원자는 어떤 종류 혹은 방식으로 진행되는 업무에 흥미를 느끼는지 파악해야 한다. 가령 내근직인지 외근직인지, 정리하는 업무인지 기획하는 업무인지를 파악해야 조직이 주로 행하는 업무에 적합한가를 가늠할 수 있다.

02 업무 중 어떤 부분에서 만족감을 느끼는가?
급여 등 복리후생이 풍족하지 않아도 업무 자체에 만족감과 성취감을 느껴 조직에 헌신하는 사람들이 있다. 혹은 금전적 보상, 승진 등 개인적 성과로 인해 동기가 부여되는 사람들도 있을 것이다. 조직의 환경과 지원자의 이러한 동기부여 요소가 합치되는지 살펴야 한다.

03 과거 직무에서 만족 또는 불만족스러웠던 상황은 무엇인가?
지원자의 과거 경험을 묻는 것도 중요하다. 지원자가 과거 속해있었던 조직과 현 조직을 비교해 보고, 업무수행 스타일이나 조직 분위기 등은 어떻게 다른지 파악해야 한다.

04 본인은 우리 회사의 인재상과 어떤 점이 일치하는가?
조직이 찾는 인재상, 조직이 추구하는 목표를 지원자가 잘 이해하고 있는지 파악해야 한다. 인재상 등 조직의 가치관은 그 조직이 일하는 방식에 그대로 드러나는 경우가 많기 때문에 지원자 또한 여기에 공감하고 열정을 다해 일할 수 있을지 살펴봐야 한다.

'모티베이션 핏'에 유의할 점?
물론 지원자의 동기부여 요소만이 채용심사의 척도는 아니다. 모티베이션 핏도 지원자의 조직 적합성을 판단하는 한 가지 기준에 불과하다. 동기부여 요소를 비롯해 직무역량, 캐릭터, 직무설계 능력 등을 포괄적으로 판단해야 오래도록 조직에 도움이 될 수 있는 인재를 선발할 수 있다.

공모전·대외활동·자격증 접수/모집 일정

4 April

SUN	MON	TUE	WED	THU	FRI	SAT
		1	2	3	4	5
				대 탈북 청소년 취업멘토링 대학(원)생 멘토 모집 **마감** 대 녹색성장 실천 아이디어 해커톤 **마감**	공 엔지니어링산업 경진대회 설계 아이디어 부문 **마감** 공 금융투자수기 공모전 **마감**	자 서민금융진흥원 필기 실시 자 한국언론진흥재단 필기 실시
6	7	8	9	10	11	12
		대 마포청년창업취업지원센터 나를 기자단 신규연장 모집 **마감**	대 2025년 제1기 청주시 활성화 서포터즈 모집 **마감** 공 제8회 더팩트 사진공모전 **마감**			자 경기교통공사 필기 실시 자 경영지도사 1차 공통 시험 필기 실시
13	14	15	16	17	18	19
공 제5회 소셜임팩트 더 지털 아트 경연대회 **마감** 자 토익 제540회 실시				공 2025년도 MBC 드라마 극본 공모 **마감**		자 한국문화관광연구원 필기 실시 자 임상심리사 2급 실기 실시
20	21	22	23	24	25	26
대 KBS 한국어능력시험 필기 실시 자 투자자산운용사 필기 실시		대 제33기 미래에셋 해외교환 장학생 선발 **마감**	대 서울시 매력일자리 섬유패션 O2O 머천다이저(MD) 전문가양성 및 취업과정 **마감**	대 국회보좌진 양성과정 STAFF's INSIGHT 45기 모집 **마감**	공 2025 중소기업 안전보건 혁신 사업 아이디어 공모전 **마감**	자 신용보증기금 필기 실시 자 스포츠지도사 2급 필기 실시
27	28	29	30			
자 토익 제541회 실시			대 루이엘 뷰티크리에이터 모집 **마감** 공 엔지니어링산업 경진대회 BIM 부문 **마감**			

대외활동 Focus 24일 마감
STAFF's INSIGHT 45기
국회의선소에서 국회보좌진 양성과정인 STAFF's INSIGHT 참가자를 모집한다. 보조진·언론인 등의 실전교육을 통해 실무능력을 기르고 네트워크를 형성하는 것을 목표로 한다.

채용 Focus 26일 실시

신용보증기금
신용보증기금에서 올해 정규직 신입·경력직을 채용한다. 총 75명의 다양한 직렬을 선발할 계획이다. 26일 필기시험을 치르며 면접전형으로 이어진다.

5 May

SUN	MON	TUE	WED	THU	FRI	SAT
				1	2	3 자 소방시설관리사 필기 실시
4 공 국민과 함께하는 규제 혁신&정책 발굴 아이디어 공모전 마감	5	6 대 서울청년센터 오랑 2025 청년도전지원사업 장기 모집 마감	7	8 공 2025년 부동산서비스산업 창업 경진대회 마감	9 공 2025 부산국제디자인어워드 마감	10 자 수산물품질관리사 필기 실시 자 손해평가사 필기 실시
11 자 토익 제542회 실시	12	13	14 공 2025년 성남시 공공데이터 활용분석 아이디어 공모전 마감	15 공 2025 대한민국 대학생 광고대회 마감	16	17 자 한국실용글쓰기 필기 실시 자 재경관리사 필기 실시
18	19	20 공 CJ ENM Studios 스토리 콘테스트 마감	21	22 공 2025 소비자교육 콘텐츠 공모전 마감	23 공 제22회 인천건축학생 공모전 마감	24
25	26	27	28	29	30	31 공 제9회 소비자지향성 개선과제 공모전 마감 자 토익 제543회 실시

공모전 Focus — 31일 마감

공정거래위원회

소비자지향성 개선과제 공모전
공정거래위원회에서 소비자의 권리나 이익을 개선하기 위한 공모전을 연다. 법이나 제도로 미해결으로 인해 소비자에게 불편함을 느끼게 만든 사례를 주제로 보완점을 제시하면 된다.

자격시험 Focus — 10일 실시

손해 평가사

손해평가사
농업재해로 인한 보험금 발생 시 피해사실을 확인하고 손해액을 평가하는 손해평가사 자격의 시험이 10일 실시된다. 1차 객관식, 2차 단답 및 서술형 시험을 치른다.

대 대외활동 제 채용 공 공모전 자 자격증

❖ 일정은 향후 조율될 수 있습니다. 참고용으로 사용한 뒤 상세일정은 관련 누리집을 직접 확인해주세요.

2025 이슈&시사상식

VOL.207

CONTENTS

HOT ISSUE

| 1위 국제사회 신뢰도 추락 … 계엄 후 대한민국 | 10 |

| 2위 AI 패권의 지각변동?! 딥시크 쇼크 | 16 |

| 3위 학교 안전관리 '구멍' … 대전 초등생 피살 | 20 |

| 4~30위 최신 주요 이슈 | 24 |

간추린 뉴스	66
포토뉴스	저출생 시대, 전국 곳곳에서 '나홀로' 입학식	74
팩트체크	'착오 송금' 알면서 써도 될까?	76
뉴스픽!	집단이익에 무릎 꿇나? 다이소 영양제	78
이슈평론	치매환자 100만명 시대 … 돌봄 구멍 없어야	82
세계는 지금	아메리카노 대신 캐나디아노	84
찬반토론	남녀공학 전환, 의사 형사처벌 특례	86
핫이슈 퀴즈	90

필수 시사상식

시사용어브리핑	94
금융상식 실전문제	100
시사상식 실전문제 한겨레, SBS, 종로구시설관리공단, 화성산업진흥원, 부평구문화재단, 광주광역시공공기관	106
내일은 TV퀴즈왕	112

취업! 실전문제

최종합격 기출면접 ｜ 국민건강보험공단, 한국철도공사	116
기업별 최신기출문제 ｜ IBK기업은행, 지역농협 6급	120
한국사능력검정시험	130
면접위원을 사로잡는 답변의 기술 ｜ 직업인에게 필요한 인성이란?	140
합격으로 가는 백전백승 직무분석 ｜ 기술 직무	144
센스있는 신입사원이 되는 비법 ｜ 중간 보고는 안전벨트이자 생명벨트다	148
최신 자격 정보 ｜ 브레인트레이너 자격 정보 소개!	150

상식 더하기

생활정보 톡톡! ｜ 틈만 나면 '숏폼 콘텐츠' … 뇌는 병들어요	154
초보자를 위한 말랑한 경제 ｜ 연일 사상 최고치! 금값 급등 이유는?	156
유쾌한 세계사 상식 ｜ 거대한 무덤, 이집트 피라미드	158
세상을 바꾼 세기의 발명 ｜ 기호·재미를 넘어 상징으로 … 껌	160
지금, 바로 이 기술 ｜ 생성형 AI의 진화 … AI 에이전트	162
잊혀진 영웅들 ｜ 조국독립에 무명의 전사가 되자 … 조완구 지사	164
발칙한 상상, 재밌는 상식 ｜ 지구에서 가장 오래된 200개의 눈	166
일상을 바꾸는 홈 스타일링 ｜ 일상의 중심이 되는 공간, 거실	168
문화가산책	170
3분 고전 ｜ 위정이덕(爲政以德)	172
독자참여마당	174

HOT ISSUE

최신 주요 뉴스	10
간추린 뉴스	66
포토뉴스	74
팩트체크	76
뉴스픽!	78
이슈평론	82
세계는 지금	84
찬반토론	86
핫이슈 퀴즈	90

이슈&시사상식
최신 주요 뉴스

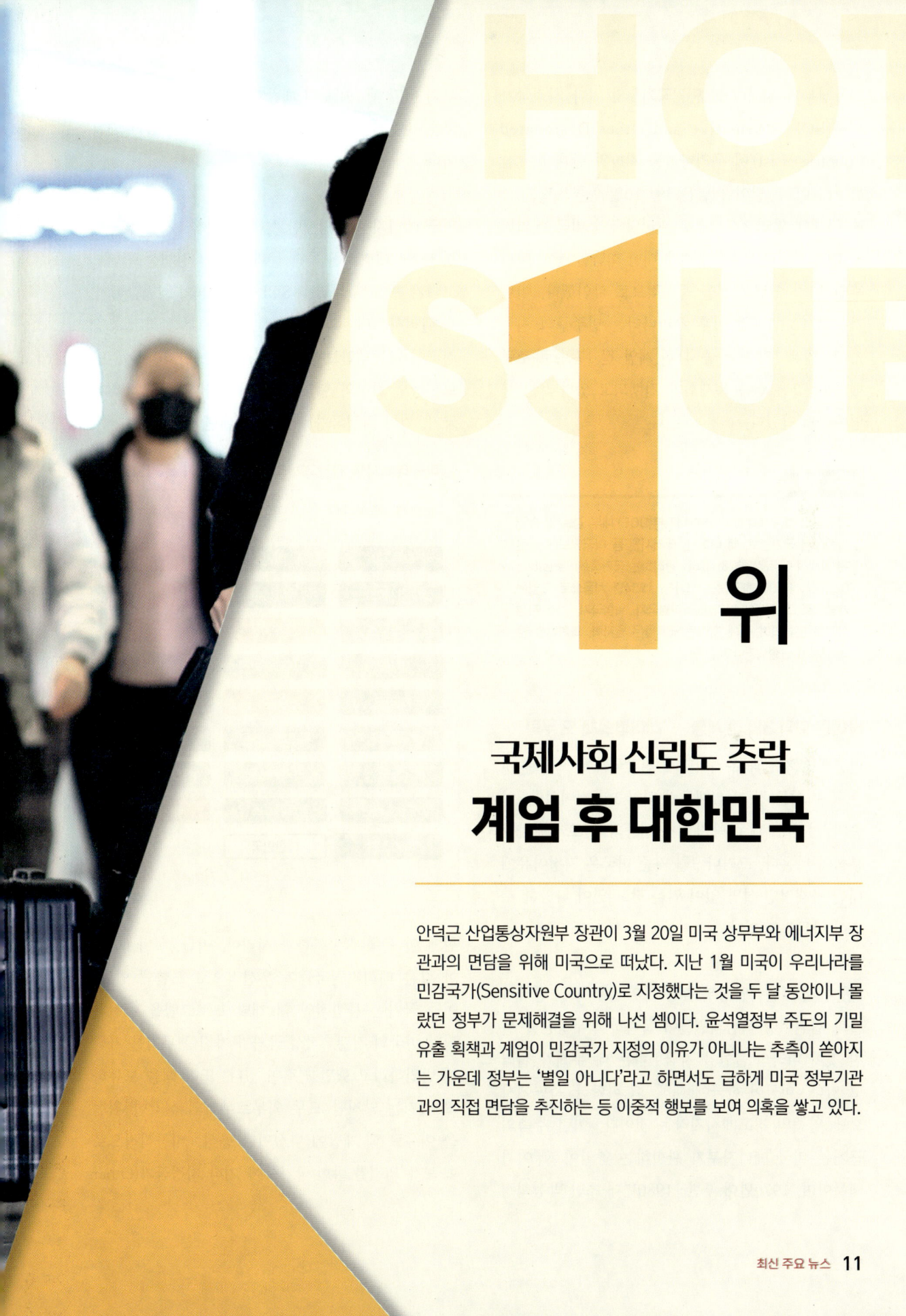

1위

국제사회 신뢰도 추락
계엄 후 대한민국

안덕근 산업통상자원부 장관이 3월 20일 미국 상무부와 에너지부 장관과의 면담을 위해 미국으로 떠났다. 지난 1월 미국이 우리나라를 민감국가(Sensitive Country)로 지정했다는 것을 두 달 동안이나 몰랐던 정부가 문제해결을 위해 나선 셈이다. 윤석열정부 주도의 기밀유출 획책과 계엄이 민감국가 지정의 이유가 아니냐는 추측이 쏟아지는 가운데 정부는 '별일 아니다'라고 하면서도 급하게 미국 정부기관과의 직접 면담을 추진하는 등 이중적 행보를 보여 의혹을 쌓고 있다.

미국정부가 지난 1월 '민감국가* 및 기타 지정국가 목록(SCL ; Sensitive and Other Designated Countries List)'에 우리나라를 최하위 단계에 포함한 사실이 두 달이나 넘은 3월 10일 언론보도를 통해 국내에 알려졌다. SCL 관리당국인 미국 에너지부(DOE)는 국내언론 문의에 대한 회답을 통해 나흘 후인 14일 이런 사실을 공식적으로 확인했다. 이런 가운데 12·3계엄 이후 우리나라는 민주주의 지수가 전 세계 179개국 중 41위(계엄 전 17위)로 추락했으며, '2년 연속 독재화가 진행되고 있다'라는 불명예까지 안았다.

민감국가

외국인의 접근에 대한 미국 에너지부(DOE) 내부 검토 및 승인 과정에서 국가안보, 핵 비확산, 테러지원 등 미국안보에 관련된 정책적 이유로 특별히 고려·관리하는 국가목록(Sensitive Country list)에 해당하는 국가다. 1954년 처음으로 도입된 개념으로 그 정도에 따라 테러지원국가, 위험국가, 기타 지정국가로 분류되며, 이에 지정된 국가들은 원자력, 과학기술 등의 교류가 단절되거나 제한된다.

바이든 퇴임 3일 전 서명 … '대미협의체'도 무력

언론의 취재결과 우리나라가 민감국가에 포함된 것은 조 바이든 전 미국 대통령 퇴임 3일 전이었다. 일종의 '임기 말 대못 박기'이자 일종의 '옐로카드'라는 분석이 나온다. 그러나 3월 기준 미국은 지정이유에 대한 구체적인 설명 없이 입을 닫고 있어 다양한 추측이 난무하고 있다.

그중에서도 윤석열정부 출범 이후 정부 고위 당국자들과 집권여당 핵심의원들이 독자적 핵무장론을 펼친 것이 미국의 불안을 자극했다는 데 무게가 실리고 있다. 미국이 한국에 대해 '핵 비확산' 측면에서 보낸 일종의 경고메시지라는 것이다. 이런 추측의 근거는 미국 에너지부가 관할하는 영역이 '핵'이기 때문이며, 1970년대 후반~1980년대 초반 박정희정부의 비밀 핵·미사일 개발계획을 인지했을 때도 미국은 비슷한 방식으로 압력을 행사한 바 있기 때문이다.

미국 에너지부는 경제안보, 핵 비확산, 지역적 불안정 대응, 테러지원 차단 등과 관련한 정책상 특별한 고려가 필요한 나라를 SCL에 올려놓고 '민감국가'로 관리하는데, 실무적으로는 에너지부 산하 정보방첩국이 국가핵안보청(NNSA)을 비롯한 10여 개 안보·정보 기구와 협의해 3단계(테러지원국가, 위험국가, 기타 지정국가)로 목록을 매년 수정한다.

미국 에너지부 '민감국가 및 기타 지정국가 목록(SCL)'

2025년 3월 기준 총 25개국 ■ 테러리스트국가

그루지야	대만	리비아
러시아	몰다비아	북한
벨라루스	시리아	수단
알제리	아제르바이잔	아르메니아
이라크	이란	인도
이스라엘	우즈베키스탄	우크라이나
중국	타지키스탄	투르크메니스탄
카자흐스탄	키르기스스탄	쿠바
파키스탄	대한민국	

— 2025년 1월 초 지정, 4월 15일 발효

현재 이 목록에는 북한과 시리아, 이란, 쿠바, 리비아 같은 테러지원국들이 우선적으로 포함돼 있다. 이들 국가는 불법적인 핵 개발 프로그램을 추진하거나 미국의 경쟁·적성 국가가 가진 핵무기를 자국에 반입하려고 했던 전력이 있다. 또한 핵을 보유하고 있지는 않지만 모두 외부로부터의 심각한 위협을 이유로 핵 개발에 나섰거나 공식·비공식적으로 핵 보유 의지를 밝힌 국가들이 '기타 지정국가(Other

Designated Country)'로서 SCL에 등재돼 있다. 이스라엘과 대만 등이 여기에 속하는데, 우리나라가 바로 이 '기타 지정국가'에 포함된 것이다.

이로써 우리나라는 발효일인 4월 15일부터 에너지부 관련 시설이나 산하 연구기관 방문 또는 이들 기관과의 공동연구 등을 위해서는 에너지부의 사전허가를 받는 등 까다로운 절차를 거쳐야 하고, 이 과정에서 승인이 거부될 수도 있다. 지난해까지 1년 평균 미국 에너지부 산하에 방문한 우리 과학자가 2,000~3,000명 정도인 것을 고려하면 이 수가 대폭 줄어들 수 있다는 의미다. 무엇보다 ==민감국가가 되면 원자력과 인공지능(AI) 등 첨단기술 분야에 대한 접근 자체가 어려워진다.==

기밀유출 적발, 집권당의 핵무장 주장, 그리고 계엄

미국 에너지부의 공식입장으로 민감국가 지정이 확인된 후 지정이유로 가장 먼저 거론된 것은 '기밀자료 유출시도 적발'이었다. 미국 에너지부 산하 연구소 도급업체 직원이 수출이 금지된 특허정보를 한국으로 유출하려다 적발됐다는 것이다. 에너지부 감사관실이 미국의회에 제출한 반기보고서에 따르면 해당 직원이 유출하려던 정보는 원자로 설계 소프트웨어였고, 이 직원은 해당 정보가 수출통제대상이라는 사실을 인지하고 있었다. 특히 직원과 외국정부 간 소통도 있었다며 반출국가를 '한국'으로 밝히고 있다. 개인의 일탈이 아니라 정부 주도의 산업스파이로 미국이 인식했다는 의미로 읽힌다.

이런 상황에서 윤석열정부와 집권여당의 핵무장론이 미국의 불안에 부채질을 했다고 핵 전문가들은 평가한다. 원자력 분야 실무 전문가 단체인 '원자력안전과미래'와 과학자 단체인 '핵과에너지의안전과환경을우려하는과학자모임'은 3월 16일 성명을 내고 사용후핵연료 재처리 관련 민감연구가 윤석열정부 들어서 더욱 활발하게 진행된 점, 2023년 4월 한미정상회담차 미국을 방문했던 윤석열 대통령이 하버드대 강연에서 "마음만 먹으면 1년 안에 핵무기 만들 수 있다"라는 발언을 한 이후 미국이 한국 내 핵무장론을 계속 주시해온 점을 거론하며 "윤석열정권은 탈원전 반대정책을 내세워 핵 개발 자신감을 드러내며 계엄까지 일으키는 불안한 국정운영으로 결국 (한국이) 민감국가로 분류됐다"고 비판했다. 한미 양국이 공동연구해온 '파이로프로세싱(사용후핵연료 건식 재처리 방식) 기술이 ==핵무기 제조로 전용될 가능성이 높다'는 불안 속에 윤석열정부의 핵 관련 정책이 미국의 우려를 키웠으며, 여기에 윤 대통령의 12·3 비상계엄 선포가 민감국가 지정의 '방아쇠'를 당기게 했다==는 것이다.

미국 싱크탱크 군비통제협회(ACA ; Arms Control Association)의 대릴 킴볼 사무총장의 인터뷰는 이 같은 분석에 힘을 실어준다. 3월 16일 '로이터'와의 인터뷰에서 킴볼 사무총장은 "(윤 대통령과 한국 정치인들의) 도발적인 발언들을 고려하면 한국은 핵확산 위험이 있고, (이에 따라) 에너지부는 신중하게 한국을 명단에 올렸다"며 한국의 정치적 상황과 연이은 핵 보유 언급, 핵 관련 기술 등을 고려할 때 한국을 SCL에 지정한 것은 예측가능한 수순이었다고 설명했다. 아울러 "한국정부 내의 관리들이 핵무기를 추구하지 않겠다는 핵확산금지조약(NPT)상의 약속을 위반할 가능성을 계속 고려한다면 미국과의 관계는 악화할 것이며 한국의 국제적 이미지와 경제적 위상도 타격을 입게 될 것"이라고 전망했다.

국제사회, "대한민국은 독재화 진행 중"

한국이 민감국가로 지정됐다는 소식은 국제사회도 놀라게 했다. 일본 마이니치신문은 '한국이 민감국가 지정에 충격을 받았으며, 에너지 협력에 악영향을 미칠 가능성을 우려하고 있다'고 보도했고, 싱가포르 더 스트레이츠 타임스는 '미국의 이번 조치가 한국의 핵무장 논의 확산을 견제하기 위한 것일 가능성이 크다'고 분석했다. 중국의 제일재경일보는 '윤 대통령 탄핵 정국 속에서 한국이 국제외교 문제에 대한 대응이 미흡해질 가능성이 높다'고 우려를 표명했다.

실제로 정부는 지난 1월에 이미 우리나라가 민감국가로 지정됐다는 것을 두 달여 동안이나 모르고 있었다. 또한 사실관계에 대한 정밀한 파악보다 서둘러 '개인 일탈'로 해명하면서 논란을 부추겼다. 민감국가 중에 미국과 동맹관계인 것은 우리나라가 유일하다는 것을 고려했을 때 사전고지가 없었다는 점에서 향후 한미동맹의 신뢰에 적잖은 타격이 불가피하다는 분석도 나온다. 무엇보다 등급에서의 차이가 있기는 하지만, 테러지원국이자 불법 핵무기 개발국인 북한과 G8 여부에 촉각을 세우던 우리나라가 동일선상에 놓임으로써 국제사회에서 대한한국 및 K-브랜드의 가치는 손상을 피할 수 없게 됐다.

닛케이 아시아의 분석칼럼 제목

일본 유력경제지 니혼게이자이의 영자지인 '닛케이 아시아'는 에이든 포스터-카터 영국 리즈대학교 사회학 및 현대한국 연구분야의 명예 선임연구원이 쓴 '윤석열, 브랜드 코리아를 쓰레기통 속으로 집어넣었다'라는 제목의 칼럼을 통해 "지난 세 달간 한국에서 벌어진 일들은 결코 일어나지 말았어야 했다"며 "그 책임은 한 사람에게 있지만, 그 충동적인 선택의 대가는 수백만명이 치르게 될 것"이라고 분석했다. 그러면서 "정치적 문제를 지름길로 해결하려 하다가 윤석열은 어린아이조차 아는 교훈을 혹독하게 배웠다"고 비판했다.

계엄사태 후 국제사회가 보는 대한민국의 민주주의 지수도 크게 하락했다. 스웨덴 예테보리대학 민주주의다양성연구소(V-Dem ; Variety of Democracy Institute)는 지난 3월 13일(현지시간) 발표한 '민주주의 보고서 2025'에서 우리나라를 기존 '자유민주주의'보다 한 단계 아래인 '선거민주주의'로 분류했다. 이 연구소는 전 세계 179개국의 정치체제를 가장 높은 단계부터 ▲ 자유민주주의 ▲ 선거민주주의 ▲ 선거독재정치 ▲ 폐쇄된 독재정치 등 4단계로 분류한다. 이중 '선거민주주의'는 자유롭고 공정한 다당제 선거, 만족스러운 수준의 참정권과 표현의 자유, 결사의 자유가 보장되는 체제를 뜻한다. 최고단계인 '자유민주주의'로 분류되려면 여기에 행정부에 대한 사법적·입법적 통제, 시민의 자유 보호, 법 앞의 평등보장이 추가돼야 한다. 연구진은 한국이 이러한 자유민주주의 조건을 충족하지 못했다고 판단한 것이다. 소위 선거만 민주적이라는 의미다.

또한 연구소는 2023년에 이어 지난해에도 우리나라를 '자유민주주의이지만 독재화가 진행되는 나라'로 평가했다. 윤석열정부 들어 2년 동안 독재화가 진행됐다고 판단한 것이다. 그에 따라 우리나라의 2024년 '민주주의 지수'도 179개국 중 47위(2018년 18위)로 크게 추락했다. 특히 세부지표 중 '심의민주주의 지수' 지표는 48위를 기록하며 가장 낮은 평가를 받았다. 심의민주주의 지수는 공공의 논의가 얼마나 포용적인지, 정부가 야당과 반대의견을 얼마나 존중하는지, 사실에 기반한 논쟁이 얼마나 잘 이뤄지는지 등을 측정한 지표다.

세계 민주주의 지수

계엄 전(2023)		계엄 후(2024)	
1위	노르웨이	1위	덴마크
2위	뉴질랜드	2위	스웨덴
3위	아이슬란드	3위	에스토니아
4위	스웨덴	4위	스위스
5위	핀란드	5위	노르웨이
⋮		⋮	
22위	대한민국	20위	미국
		⋮	
		30위	일본
		⋮	
		47위	대한민국

자료 / 스웨덴 예테보리대학 민주주의다양성연구소

특히 연구소는 독재국가들이 민주주의를 위협하기 위해 가장 선호하는 방식이 미디어 검열이라며 우리나라를 몰도바, 루마니아 등과 함께 '언론을 포함한 표현의 자유가 크게 후퇴한 나라'로 거론했다.

V-DEM 2025 보고서에 실린 탄핵촉구 집회 사진

윤석열 석방, 법원은 구속취소 & 검찰은 항고포기

한편 민감국가 지정 소식이 전해지기 이틀 전인 3월 8일 현직 대통령으로는 처음으로 내란 우두머리 혐의로 체포·구속됐던 윤 대통령이 석방됐다. 검찰의 지휘에 따라 구속된 지 52일 만이다.

서울중앙지법 형사합의25부(지귀연 판사)는 7일 구속상태가 부당하다고 주장하며 윤 대통령이 낸 구속취소 청구를 받아들였다. 법원은 윤 대통령의 구속기간이 만료된 상태에서 기소됐다고 봐야 한다고 판단했다. 구속기간은 체포된 날부터 따져 10일이며 그 안에 기소가 이뤄져야 한다. 이때 대한민국 형법에 따르면 이 10일에는 구속영장실질심사와 체포적부심에 소요된 기간을 산입하지 않는다. 그러나 법원은 '체포적부심에 소요된 시간을 구속기간에서 빼지 말아야 한다'면서 윤 대통령 기소가 구속기간 만료 뒤에 이뤄졌다고 결론냈다.

이에 검찰은 10일 "즉시항고는 제기하지 않는 것으로 결정했다"면서 서울구치소에 석방지휘서를 보냈다. 또한 법원행정처장(대법관)의 '즉시항고 필요성' 권고에도 불구하고 "검찰의 입장에는 변함이 없다"며 윤 대통령 구속취소 결정에 대해 불복하지 않겠다는 뜻을 재확인했다. 이 과정에서 수사팀의 권한인 즉시항고 여부를 심우정 검찰총장이 지휘한 것으로 알려졌다.

이에 해당 법원과 검찰에 대한 비판이 거세게 쏟아졌다. 형법이 정한 구속기간 계산법과 다른 판단을 한 지귀연 판사에게는 "이번 결정은 법리적·제도적으로 많은 문제"가 있고, 검찰과 심 총장에게는 "윤석열만을 위한 '1인 인권 검찰'이 됐다"고 지적했다. 결국 이런 논란 속에서 내란 우두머리 혐의를 받는 윤 대통령은 불구속 상태에서 재판을 받는 '특혜'를 누리게 됐다.

2위

AI 패권의 지각변동?!
딥시크 쇼크

중국 인공지능(AI) 스타트업 '딥시크'가 고성능 칩을 사용하지 않고서도 저비용으로 챗GPT에 필적하는 생성형 AI 모델을 개발하면서 AI 개발에 천문학적인 돈을 쏟아부어 왔던 미국 빅테크(거대 기술기업)들이 충격에 휩싸였다. 주요 고객사인 엔비디아가 직격탄을 맞은 가운데 국내 기업도 단기 영향이 불가피할 전망이다. 다만 장기적으로는 AI 생태계의 저변이 확대될 수 있어 오히려 긍정적이라는 일각의 평가도 나온다.

빅테크 뛰어넘은 딥시크의 AI

중국 인공지능(AI) 스타트업 '딥시크(DeepSeek)'의 AI 모델이 챗GPT 개발사 오픈AI 등의 모델을 일부 앞선 것으로 나타나 미국 실리콘밸리와 전 세계에 큰 충격을 안겼다. 딥시크가 최근 선보인 AI 모델은 두 가지로 지난해 12월에 공개한 대규모 언어모델(LLM) V3와 2025년 1월 20일에 선보인 R1이라는 추론모델이다. 딥시크는 기술보고서에 V3의 성능을 오픈AI의 가장 강력한 모델인 GPT-4o, 페이스북 모회사 메타플랫폼(이하 메타)의 AI 모델인 라마 3.1, 앤스로픽의 AI 모델 클로드 3.5 소네트와 비교했다. V3는 22개 평가 테스트 가운데 13개 부문에서 다른 경쟁 모델과 비교해 가장 뛰어났다고 딥시크는 설명했다.

특히 선별된 500개의 수학문제 테스트(MATH-500)에서 V3는 90.2%의 정확도를 보여 80%에 그친 다른 모델을 압도했다. 다중언어 코드 생성 평가(HumanEval-Mul)에서는 82.6%로 80.5%와 77.2%에 각각 그친 GPT-4o와 라마 3.1을 앞섰다.

또한 R1은 미국 수학경시대회인 AIME 2024 벤치마크 테스트에서 79.8%의 정확도를 기록해 오픈AI의 추론모델 'o1(79.2%)'을 앞섰다.

딥시크 돌풍으로 AI 저변 넓히는 중국

이러한 결과에 AI 데이터 기업 '스케일AI'의 알렉산더 왕 최고경영자(CEO)는 "우리가 발견한 것은 ==딥시크의 성능이 최고이거나 미국의 최고 모델과 거의 동등하다는 것=="이라고 말했다. 아울러 마이크로소프트(MS) 사티아 나델라 최고경영자(CEO)는 1월 스위스 다보스에서 열린 세계경제포럼*(WEF)에서 "딥시크의 새로운 모델을 보면 추론연산을 수행하는 오픈소스 모델을 정말 효과적으로 만들면서 슈퍼 컴퓨팅 효율성도 뛰어나다는 점에서 엄청나게 인상적이다"라고 평가하기도 했다.

> **세계경제포럼**
> 스위스의 휴양도시 다보스에서 열리는 포럼으로 '다보스포럼'이라고도 불린다. 1971년 비영리재단으로 창설돼 '유럽인 경영 심포지엄'으로 출발했으나, 1973년에 전 세계로 넓혀져 정치인으로까지 확대됐다. 독립된 비영리단체로서 세계 각국의 정상과 장관, 재계 및 금융계 최고경영자들이 모여 각종 정보를 교환하고, 세계경제 발전방안 등에 대해 논의한다.

업계에서는 딥시크의 부상을 미국과 중국 간의 AI 개발경쟁이 본격화한 신호탄으로 보고 있다. 특히 ==중국기업들의 AI 개발은 실리콘밸리의 거대기업들과 비교해 훨씬 적은 자본을 들여 이뤄낸 성과==라는 점에서 미국을 위협하고 있다. 게다가 미국정부가 중국에 AI 칩 수출을 강도 높게 제한하면서 견제했는데도 이를 뚫고 오히려 더 저렴한 칩을 써 비용 효율성을 달성해 미국을 놀라게 했다.

특히 전문가들은 또 딥시크의 모델이 누구나 자유롭게 사용하고 개선할 수 있는 오픈소스 기반의 개방

형이라는 점에 주목하고 있다. 빅테크의 모델이 폐쇄형인 데 비해 딥시크의 모델은 오픈소스로 공개돼 있어 사용과 수정이 자유롭다. 미국 실리콘밸리 안팎에선 오픈소스에 기반한 최고의 AI 기술이 중국에서 나올 경우 전 세계 개발자들이 이를 토대로 자신들의 시스템을 구축하게 돼 장기적으로 중국이 AI 연구개발의 중심지가 될 수 있다고 우려한다.

딥시크의 '저렴한 성공'에 엔비디아 직격탄

저렴한 딥시크의 등장으로 인해 세계에서 가장 비싼 기업이었던 AI 선두주자 엔비디아는 직격탄을 맞았다. 1월 27일(현지시간) 뉴욕 증시에서 '딥시크 충격'으로 반도체 관련주가 일제히 급락하는 가운데 엔비디아 주가가 가장 큰 폭으로 하락했다. 시가총액도 2조 9,000억달러를 기록하며 3조달러 아래로 떨어졌다. 지난 24일보다 5,890억달러(846조 6,875억원)가 증발한 것이다.

이처럼 엔비디아가 큰 충격을 받은 것은 AI 모델 개발에 필수적인 것으로 여겨졌던 엔비디아의 최첨단 AI 칩이 필요하지 않을 수 있다는 전망 때문으로 분석된다. 엔비디아는 지난 2년간 A100과 H100 등 자체 개발한 값비싼 최신 그래픽처리장치(GPU)를 통해 전 세계 AI 열풍을 주도해왔다.

한편 딥시크가 개발한 AI 모델 'V3'에 투입된 비용은 557만 6,000달러(약 78억 8,000만원)에 달하는 것으로 알려졌다. 이는 AI 개발비용에 수백억원에서 많게는 수십조원을 쏟아붓는 빅테크에 비해 크게 낮은 수준이다. 딥시크의 모델이 엔비디아의 최신 칩보다 성능이 떨어지고 저렴한 칩을 사용했는데도 빅테크의 최신 모델과 비슷하거나 오히려 능가하는 성능을 낸다는 점도 관심의 대상이다.

딥시크 '허용'과 '차단'으로 나눠진 세계

2월 19일 홍콩 사우스차이나모닝포스트(SCMP)와 외신 보도에 따르면 인도정부는 최근 딥시크의 대형 언어모델을 자국 서버에 적용할 것이라고 발표했다. IT 강국인 인도는 그간 비용문제로 AI 관련 투자개발이 더뎠으나 딥시크를 도입해 자체 AI 모델을 개발하는 데 속도를 내겠다는 것이다. 이보다 앞서 러시아의 최대은행인 스베르방크는 딥시크의 코드를 기반으로 한 새로운 AI 모델을 공개하기도 했다.

반면 출시 한 달도 안 돼 딥시크의 잠재적 데이터 유출 가능성과 개인정보 보호 취약성에 대한 우려가 터지면서 서비스를 제한하는 국가들도 급속히 늘었다. 딥시크 출시 후 국내외 언론 등에서 딥시크의 데이터 유출정황을 지속해서 제기해왔는데, 2월 18일 우리 개인정보보호위원회는 딥시크가 중국 소셜미디어 '틱톡'의 모회사인 '바이트댄스'에 이용자 관련 데이터를 넘긴 것으로 파악했다. 우리나라는 앞서 15일부터 딥시크의 신규 앱 다운로드를 이미 차단한 바 있다.

미국과 일본, 호주, 이탈리아, 독일, 프랑스, 영국 등도 정부기관을 비롯한 주요 부문에서 딥시크 접속을 차단하고 있다. 중국 본토로부터의 분리독립을 주장하는 대만의 민진당 정부는 이미 지난 1월 공공부문에서의 딥시크 사용을 금지했다. 딥시크 차단대열에 합류한 국가 중 미국의 동맹국이거나 반중성향 국가가 많다는 사실은 이러한 움직임 또한 중국에 대한 견제 차원으로 볼 수 있게 한다. 특정제품 또는 서비스에 대한 이런 광범위한 보이콧은 매우 이례적이며, **'딥시크 찬반 노선'을 두고 마치 세계가 둘로 쪼개진 듯한 인상**마저 준다는 분석이 나온다.

하늘아
지켜주지 못해서
미안하다

하늘아, 그곳에서는 편히 쉬어
어떤 걱정도, 아픔도
없이 웃음만 가득히
행복해!
쌤, 너에게 용서 못 받아도
너만은 행복하길.

하늘아 편히
하늘아

HOT ISSUE 3위

학교 안전관리 '구멍'
대전 초등생 피살

지난 2월 10일 오후 대전의 한 초등학교에서 40대 교사 명재완 씨가 교내에서 8살 김하늘 양을 흉기로 찔러 살해하는 충격적인 사건이 발생했다. 우울증 등 문제로 휴직했다가 지난해 12월 복직한 명씨의 범행은 가정불화를 비롯해 직장생활과 자기에 대한 불만으로 쌓인 분노와 스트레스가 외부로 표출된 것이라는 경찰 조사결과가 나왔다. 소방당국 등에 따르면 당시 하늘 양은 해당 학교 건물 2층 시청각실에서 흉기에 찔린 채 발견됐으며, 119대원들이 의식이 없는 하늘 양을 병원으로 옮겼지만 결국 숨졌다. 명씨는 사건 직후 자해를 시도해 병원으로 이송됐다.

"수업 배제돼 짜증 … 같이 죽을 생각에 범행"

대전서부경찰서에 따르면 명씨는 2018년부터 우울증 치료를 받아왔으며, 복직한 지 3일 만에 수업에서 배제된 것에 짜증 나 범행을 저질렀다는 취지로 진술했다. 명씨는 지난해 12월 9일 질병휴직(6개월)을 냈지만 돌연 휴직을 중단하고 20여 일 만에 조기 복직했다. 명씨는 이전에도 정신질환 등을 이유로 병가를 여러 차례 반복했던 것으로 알려졌다.

병원에 마련된 김하늘 양 빈소

명씨는 범행 닷새 전인 5일에는 시스템 접속이 잘 안 된다는 이유로 학교 컴퓨터를 파손했고, 6일에는 불 꺼진 교실에 있는 자신에게 말을 건 교사의 팔을 꺾고 헤드록을 거는 등 난동을 부리기도 했다. 사건 당일 오전에는 교육청이 5~6일에 벌어진 사건과 관련해 진상조사와 대응책을 마련하기 위해 현장조사에 나섰던 것으로 전해졌다. 학교와 교육청 측은 명씨를 동료교사들과 즉시 분리조치하고, 자리를 교감 옆자리로 변경해 근무하도록 했다. 폭력성향을 보인 명씨에게 정신적 불안 등 이상행동이 나타나자 집중관리 차원에서 내린 결정이었다.

이후 명씨는 학교 상급자에게 별도의 외출허가를 받지 않은 채 점심시간에 외부로 나가 근처 마트에서 흉기를 구입했다. 학교로 돌아온 이후에는 흉기를 숨긴 채 교감 등과 함께 상담을 진행했다. 상담은 별 일 없이 마무리됐지만, 자리가 옮겨진 뒤 명씨가 상당한 스트레스를 받았던 것으로 추정됐다. 명씨는 사건 직후 경찰 조사에서 "3층 교무실에 있기 싫어서 시청각실 문을 열었다"고 진술했다.

이날 오후 4시 30분께 돌봄수업을 마친 하늘 양은 미술학원에 가기 위해 교실 문을 나왔다. 당시 돌봄교사가 동행하진 않았고, 1층에서 미술학원 관계자가 기다리고 있었다. 명씨는 돌봄교실을 마치고 나오는 '어떤 아이든 상관없이 같이 죽겠다'는 생각으로 마지막으로 나온 하늘 양에게 책을 사준다고 시청각실로 유인해 살해했다.

교육청, '정신병력 교원관리 부실' 논란

사건이 알려지자 정신병력을 가진 교원에 대한 관리가 부실한 것이 아니냐는 지적이 나왔다. 교육부 등에 따르면 교원의 휴직·복직 관련 예규와 국가공무원 복무규정상 질병휴직 중인 교원의 복직 여부는 본인이 제출한 병원진단서 소견에 따른다. ==진단서상 직무수행에 어려움이 없다는 의사 판단만 있으면 원칙적으로 복직이 가능==한 것이다. 문제는 정신질환을 완치하지 않은 상태에서도 업무에 복귀할 수 있다는 점이다. 학교는 명씨가 여러 차례 문제행동을 보이자 재차 휴직할 것을 권고했으나 재휴직은 이뤄지지 않았다. 이는 '질병휴직은 2년 내 가능하며 같은 사유로는 질병휴직을 연장할 수 없다'는 규정 때문인 것으로 보인다.

일각에서는 시도교육청이 운영하고 있는 질환교원심의위원회가 유명무실한 것 아니냐는 비판도 나왔다. 질환교원심의위는 정신적·신체적 질환이 있는 교원이 교직수행을 제대로 판단할 수 있는지 가늠하는 장치로 심의 후 교육감 직권으로 휴·면직을 권고할 수 있다. 다만 의무는 아니라서 대전교육청의 경우에도 2015년 9월부터 질환교원심의위를 운영해 왔으나 2021년 이후 한 차례도 열지 않은 것으로 나타났다.

명씨처럼 본인 청원에 의한 휴직은 애초 질환교원심의위 대상이 아니란 것도 이 제도의 맹점으로 지적됐다. 특히 정신질환은 외부의 부정적 인식과 번거로운 절차를 피하기 위해 청원휴직을 택하는 경우가 많아 사실상 질환교원심의위의 사각지대에 놓인 셈이다. 기존에 청원에 의한 질병휴직은 휴직신청서와 진단서만으로 가능하고, 복직 시에도 복직원과 '회복됐다'라는 병의원 진단서만 제출하면 됐다.

'하늘이법' 추진 … 지속검사·적극개입·신속분리

이에 교원의 정신건강을 관리하고 학교안전을 강화하는 이른바 '하늘이법' 입법이 급물살을 탔다. 정부와 정치권은 교사의 정신건강 관리 강화방안과 교내를 중심으로 한 학교 안전대책을 마련 중이다. 우선 교원은 임용 시 인적성검사와 함께 정신건강검진을 받고, 교직생활 중에도 주기적으로 심리검사를 받는 안이 검토된다. 폭력성을 노출하거나 이상행동을 보인 교원을 긴급분리하는 내용과 의료진 등 전문가로 구성된 긴급대응팀을 각 교육청에 신설하는 방안 역시 고려된다. 정신적·신체적 질환으로 교직수행이 어렵다고 판단될 경우 직권으로 휴·면직을 권고할 수 있는 질환교원심의위는 법제화될 전망이다.

학교 안전대책은 사각지대를 없애는 데 초점을 맞춘다. 하늘 양은 돌봄교실을 혼자 나서다 변을 당했는데, 사건이 발생한 시청각실에는 폐쇄회로(CC)TV가 없었다. 이주호 부총리 겸 교육부 장관은 "늘봄학교*에 참여하는 초 1·2학년은 귀가 시 도우미 인력이 학생을 보호자나 보호자가 위임한 대리인에게 대면인계하는 체계를 갖추겠다"고 했다. 복도, 계단, 돌봄교실 주변 등 교내 CCTV 설치 확대는 이미 교육부와 교육청 간에 협의가 완료돼 이후 학교구성원의 의견을 수렴하고 입법 등 필요한 절차를 밟을 예정이다. 또 경찰청과 협력해 학교전담경찰관(SPO)을 증원하고 학교 주변순찰을 강화하는 등 교외안전도 점검할 방침이다.

늘봄학교

방과후수업과 돌봄교실을 통합한 개념으로 평일 오전 7시부터 오후 8시까지 학교에서 학생을 돌봐주는 제도다. 2024년 1학기에 전국에서 시범사업을 진행했고, 2학기부터 모든 초등학교 1학년을 대상으로 본격 실시됐다. 2024년 12월 기준 전국 초1 35만 4,000명 중에서 늘봄학교 참여 학생은 29만 6,000명(83.4%)에 달한다.

다만 교원사회에서는 정책이 '분리'에 초점을 맞출 경우 오히려 질환을 숨겨 더 큰 문제를 일으키거나 학교구성원 간 갈등을 심화하는 요인으로 작용할 수 있다며 우려했다. 특히 심리검사만으로 정신적 문제가 있는 교원을 제대로 솎아낼 수 있는지에 의문을 표했다. 교권침해 등으로 우울감을 겪는 교원이 증가하는 상황에서 낙인효과를 우려해 심리검사에서 거짓답변을 하거나 치료를 기피해 마음의 병을 오히려 키울 수 있다는 지적도 나온다.

한편 사건을 조사해온 전담수사팀은 3월 12일 명씨를 검찰에 송치하고 그간의 조사내용을 공개했다. 경찰은 명씨가 처음엔 스스로 목숨을 끊는 방법을 찾았지만, 범행 3~7일 전부터 타인에게 위해를 가하는 쪽으로 표출방식이 바뀌었다고 설명했다. 전담수사팀 관계자는 "피의자가 7년간 앓아왔던 우울증과 범행은 직접적인 관련이 없다"며 "전문의 말에 의하면 우울증은 이런 식의 살인형태로 나타나진 않는다"고 정신질환과 범행 연관성에 대해서는 명확하게 선을 그었다.

HOT ISSUE

4위

5월 조기대선 가능성 …
여야, "정권유지 vs 정권교체"

여야가 '5월 조기대선' 현실화 가능성 앞에 촉각을 기울였다. 탄핵심판 선고만 남겨둔 윤석열 대통령에 대한 헌법재판소의 선고가 3월 말 전후로 나올 가능성이 커지면서다. 만약 윤 대통령이 헌재 결정에 따라 파면될 경우 차기 대통령을 뽑는 조기대선은 그로부터 60일 내인 5~6월 중에 치러져야 한다. 헌재 결정 예상시점까지 정국은 당분간 윤 대통령 탄핵이 인용될 경우를 상정한 '대선 전초전'으로 흐를 것으로 예상돼 대권을 겨냥한 여야의 치열한 기 싸움이 달아올랐다.

겉으론 조기대선 선 긋는 국힘, 물밑에서 움직임

'탄핵 반대' 입장이었던 국민의힘은 조기대선 가능성에 선을 그었지만, 물밑에서는 조기대선 현실화 가능성을 염두에 둔 움직임이 포착됐다. 국민의힘 지도부는 야권의 유력한 대선주자인 이재명 더불어민주당 대표에 대한 공세에 화력을 집중하며 '반(反)이재명 전선'을 공고히 하고 정권유지 여론을 띄우는 데 주력했다. 조기대선과는 일정거리를 두지만, 일찌감치 '이재명 심판론'을 띄워 사전 야권견제에 나선 것이다.

이 대표의 사법리스크는 물론 최근 반도체특별법의 '주 52시간 예외 적용' 논란 등을 부각해 이 대표가 '말 바꾸기'를 하고 있다는 공세를 펼치는 것도 같은 차원으로 풀이됐다. 정부와 잇단 당정협의회를 열어 '정책 정당' 면모도 부각하며 중도층 표심에 '러브콜'을 보냈다. 여권 잠룡들의 움직임이 빨라지며 조기대선 분위기가 예열되는 분위기도 감지됐다. 차기 여권 대선주자로 분류되는 김문수 고용노동부 장관과 오세훈 서울시장, 홍준표 대구시장이 국회와 언론 접촉면을 넓히고 있는 가운데 한동훈 국민의힘 전 대표도 책을 발간하며 정치재개를 공식화했다.

탄핵심판 10차 변론기일에 발언하는 윤석열 피청구인

정권교체 위해 중도공략·야권규합하는 민주당

반면 더불어민주당은 윤 대통령이 '위헌적 비상계엄'을 선포했다면서 윤 대통령 파면과 정권교체를 위한 여론전에 집중했다. 2월 22일 헌법재판소 앞에서 비상계엄 사태 이후 첫 장외집회를 열어 윤 대통령 파면을 촉구하는 한편 탄핵에 반대하는 국민의힘에 대해선 '내란 옹호 정당', '극우정당'이라며 연일 목소리를 높였다. 또한 내란종식과 정권교체를 고리로 야(野) 5당의 연대체인 '내란종식 민주 헌정 수호 새로운 대한민국 원탁회의(원탁회의)'도 띄우며 차후 대선정국을 대비해 야권 연대의 토대도 마련했다. 3·1절에는 원탁회의에 참여한 조국혁신당, 진보당, 기본소득당, 사회민주당과 함께 윤 대통령 파면 촉구 집회를 공동으로 열어 탄핵 및 정권교체를 위한 공동행보에 나섰다.

이와 함께 민주당은 중도·보수층 공략에도 나섰다. 대선 등 대형선거의 승패를 갈라온 중도층의 표심이 국민의힘에서 이탈해 민주당 지지로 돌아설 수 있도록 힘쓰는 모양새다. 이 대표는 경제성장과 감세정책, 친기업 행보 등 '정책 우클릭' 행보를 하면서 당의 정체성이 진보가 아닌 '중도보수'라고 발언하기도 했다.

김부겸 전 총리(오른쪽)와 김동연 경기도지사

한편 정치권의 개헌논의도 본격화했다. 국민의힘은 3월 4일 개헌특별위원회 1차 회의를 열고 자체 개헌안 마련에 착수했다. 대통령 권력을 분산하되, 행정부에도 **국회해산권***을 부여해 의회권력을 견제하는 권력구조 개편안을 중점적으로 다뤘다. 여야의 잠재적 대권주자들도 저마다 앞다퉈 개헌을 주창했다. 권력구조 개편 구상과 시기 등 각론에서는 조금씩 다르지만 개헌이 필요하다는 데는 이구동성이다. 김부겸 전 국무총리와 김동연 경기도지사, 김경수 전 경남도지사 등 민주당의 비명(비이재명)계 대권주자들 역시 개헌론을 들고 나왔다. 이들 가운데 김동연 지사는 차기 대통령의 임기단축도 필요하다는 입장이다.

국회해산권

대통령이 국회를 해산할 수 있는 권한으로 임기 만료 전에 의원에 대한 자격을 상실하게 하는 것을 말한다. 1980년 전두환이 정권을 잡은 제5공화국의 개정헌법은 '대통령은 국가의 안정 또는 국민전체의 이익을 위하여 필요하다고 판단할 상당한 이유가 있을 때는 국회의장의 자문 및 국무회의의 심의를 거친 후 그 사유를 명시하여 국회를 해산할 수 있다'고 명시했다. 그러나 1987년 6월항쟁 후 개정된 제6공화국 헌법에서는 대통령의 국회해산권이 전면 삭제됐다.

HOT ISSUE **5위**

포천 민가에 전투기 폭탄 떨어져 … 군은 "조종사 실수" 해명

3월 6일 오전 경기 포천시 이동면 노곡리에서 한미연합훈련중 공군 전투기에서 발사된 폭탄이 민가에 떨어져 주민들이 다치고 건물이 부서졌다. 또 폭발의 여파로 집이 파손된 주민들은 이재민이 돼 낯선 곳에서 잠을 청해야 할 처지가 됐다.

포천시 민가의 오폭 사고현장

인명피해 일으킨 초유의 전투기 오폭사고

관계당국에 따르면 이날 오전 10시 5분께 포천시 이동면 노곡리 낭유대교 인근 등에 폭탄이 떨어졌다. 근처 주민은 "갑자기 쾅 하는 소리와 함께 지반이 위아래로 흔들렸다"며 당시 충격이 엄청났음을 증언했다. 3월 18일까지 사고로 인한 민간인 부상자는 38명(중상 2명, 경상 36명), 군인 피해자는 14명으로 집계됐다. 재산피해는 차량 16대와 건물 196동(전파 2동, 소파 194동)이며, 이재민은 7세대(12명)로 확인됐다. 가축피해도 접수됐는데, 시 관계자는 "동물에 대한 피해는 바로 드러나지 않을 수 있어 꾸준히 모니터링할 예정"이라고 밝혔다. 시는 18일 피해조사를 마무리하고 특히 피해가 큰 건물에 대해서는 정밀안전진단을 진행한다는 계획이다.

오폭 사고현장에서 피어오르는 연기

위치정보시스템

인공위성을 이용하는 자동위치추적시스템으로 흔히 GPS라고 부른다. 지표면을 이동하는 물체의 위치를 이동거리와 속도 등을 파악하여 실시간으로 알려준다. 인공위성시대가 시작되며 본래 정찰 등 군사목적으로 미국에서 개발된 기술이다. 이것이 민간으로 기술이 개방되면서 내비게이션, 교통·물류 시스템 등 다방면의 산업분야에서 활용되고 있다.

군 당국은 포천 승진과학화훈련장 일대에서 실시된 <mark>한미연합훈련에 참가한 우리 공군의 KF-16 2대에서 공대지 폭탄 MK-82 8발이 비정상적으로 투하</mark>돼 민가 지역에 떨어졌다고 밝혔다. 훈련 중인 공군 전투기의 오폭으로 인명피해가 발생한 것은 초유의 일이다. 2004년 우리 공군의 F-5B 전투기가 충남 보령에서 연습용 폭탄을 오폭하는 사고가 발생한 적이 있지만, 당시에는 인명피해가 발생하지 않았다.

군 당국은 사고발생 후 100분 지나서야 파악해

오폭사고는 KF-16 2대가 일반폭탄인 MK-82 각각 4발을 낙하하는 과정에서 발생했다. MK-82 폭탄은 건물·교량 파괴 등에 사용되는 폭탄으로 직경 8m·깊이 2.4m의 폭파구를 만들 정도로 위력이 강하며, <u>위치정보시스템</u>*(GPS) 유도방식이 아닌 무유도방식으로 투하된다. 공군 관계자는 이날 전투기 오폭사고 관련 언론브리핑에서 <mark>"조종사가 비행 준비과정에서 잘못된 좌표를 입력한 것이 조종사 진술 등으로 확인됐다"</mark>며 "실사격훈련 시 원래 좌표를 입력하고 육안으로 식별하는 과정도 있다"고 밝혔다. 합동참모본부 관계자도 "지상에서든 공중에서든 좌표를 확인하는 절차가 있다"며 "그런데 이런 과정에서 실수한 것으로 현재 파악하고 있다"고 밝혔다. 이어 "공중에서도 추가적으로 확인한 상태에서 무장을 투하하는 절차도 마련돼 있다"고 설명했다.

한편 군 당국은 이번 오폭사고가 발생하고 100분이 지나서야 전투기에서 폭탄이 잘못 투하됐다고 발표했다. 민가에 떨어진 폭탄은 오전 10시 4분에 투하됐는데, 공군은 11시 41분에서야 국방부 출입기자단에 휴대전화 문자메시지를 통해 관련 사실을 알린 것이다. 이 때문에 공군이 초반엔 오폭사실을 인지조차 하지 못했다가 보도를 접한 뒤에야 진상파악에 나섰을 가능성이 제기됐다. 이에 대해 공군 관계자는 "(육군 장비를 포함해) 다량의 실사격이 동시에 진행되는 상황이었고, 뭔가 이상하다는 사실은 바로 알 수 있었으나 공군의 탄이 맞는지 등 확인이 필요했다"고 발표가 늦어진 경위를 해명했다.

HOT ISSUE 6위

차·반도체까지 '트럼프관세' 맞나 … 7,000억달러 수출목표 '비상'

도널드 트럼프 미국 대통령이 집권 2기를 맞아 '관세전쟁' 전선을 무차별적으로 확대하겠다는 의지를 피력하고 있다. 이에 우리의 양대 주력 수출품인 반도체와 자동차에까지 무거운 관세부과가 현실화할 경우 정부가 제시한 수출목표인 7,000억달러 달성은 올해도 쉽지 않을 것이라는 우려가 나온다.

자동차·반도체도 '관세 위협' … 수출 영향 불가피

2월 18일 한국무역협회와 산업통상자원부 등에 따르면 지난해 우리나라의 수출은 6,838억달러로 전년보다 8.2% 증가하며 역대 최고치를 경신했다. 비록 지난해 초 목표로 내세웠던 '수출 7,000억달러' 달성에는 못 미쳤지만, 내수, 투자, 환율 등 대부분 경제지표가 부진을 면치 못한 상황에서 수출은 한국경제의 든든한 버팀목이 됐다. 특히 수출을 견인한 것은 반도체와 자동차로 이들 2개 품목은 전체 수출의 30%를 담당했다.

자료 / 한국무역협회

반도체는 인공지능(AI) 열풍을 타고 지난해 역대 최대 실적인 1,419억달러를 기록하며 전체 수출의 20% 이상을 책임졌고, 고부가가치 제품인 고대역폭메모리(HBM), DDR5 등을 중심으로 연말까지 수출을 확대하면서 올해 전망을 밝게 했다. 자동차 역시 세계적인 전기차 캐즘*(Chasm, 일시적 수요정체) 속에서도 미국시장 등에서 선전하며 2년 연속 700억달러 이상을 달성, 전체 수출의 10% 이상을 담당했다. 또 선박, 석유화학, 바이오헬스, 농수산식품, 화장품 등도 골고루 선전하며 수출증가에 기여했다.

> **캐즘**
> 새로 개발된 제품이나 서비스에 대해 대중이 적응하고 받아들이기 전까지 겪는 침체기를 뜻한다. 원래는 지층에 균열이 생기면서 단절되는 것을 뜻하는 지질학 용어인데, 실리콘밸리에서 활동하던 제프리 무어 박사가 1991년 스타트업의 성장과정을 캐즘에 빗대 설명하면서 경제분야에서도 활용되기 시작했다. 주로 첨단산업에서 발생하며 이를 이겨내지 못할 경우 업계에서 사라진다.

그 결과 우리나라는 지난해 518억달러의 무역흑자를 거두며 2018년 이후 6년 만에 최대 흑자기록을 썼다. 정부는 올해도 수출 증가세가 이어져 수출이 한국경제를 이끌 것으로 기대하면서 지난해 이루지 못한 '수출 7,000억달러'를 달성하겠다고 결의를 다졌다. 그러나 연초부터 우려했던 트럼프발(發) '관세폭탄'이 현실화하면서 수출 전선에 먹구름이 드리우고 있다.

도널드 트럼프 미국 대통령

트럼프발 관세폭풍 대비 … 무역금융 366조원 공급

트럼프 대통령은 취임 이후 우리나라 수출에 직접적 영향을 미칠 수 있는 조치들을 잇달아 내놓고 있다. 철강·알루미늄에 25%의 관세를 부과하겠다는 방침을 밝힌 데 이어 비관세 장벽을 고려한 '상호관세', 4월 2일 자동차에 대한 관세 발표 예고 등 '관세폭탄'을 경쟁국과 동맹국을 가리지 않고 무차별적으로 던지고 있다. 당장 3월 12일 미국이 발효한 관세조치로 우리나라는 이날부터 무관세 쿼터(수입물량 제한)가 철폐되고 대미 수출 시 철강·알루미늄 및 파생상품에 대해 25%의 관세를 적용받고 있다.

여기에 3월 4일 의회 연설에서 트럼프 대통령이 **상대국이 미국에 부과하는 관세 및 비관세 장벽만큼 미국도 같은 수준의 대응을 하는 상호관세를 시행할 것이라고 밝혀 타격이 불가피할** 전망이다. 트럼프 대통령은 이날 연설에서 불공정무역의 사례 중 하나로 한국을 언급하면서 "미국이 한국에 군사적인 면에서 많은 도움을 주고 있음에도 한국의 평균관세가 미국보다 4배나 높다"고 지적하기도 했다. 한국은 미국과 자유무역협정(FTA)을 체결해 대부분 상품을 무관세로 교역하고 있음은 언급하지 않은 채 트럼프 대통령은 "이런 시스템은 미국에 공정하지 않다"라고 비판했다.

한편 우려가 확산하자 정부는 2월 18일 관계부처 합동으로 '범부처 비상 수출대책'을 발표했다. 미국의 관세조치 등으로 인해 우리 수출동력이 약화할 가능성을 우려해 선제적 대응에 나선 것이다. 이에 트럼프 2기 관세조치로 피해를 본 수출기업을 대상으로 수출바우처를 우선 지원하고, 전체 수출기업을 대상으로는 역대 최대규모인 366조원의 무역금융을 지원하기로 했다. 또 트럼프 2기 관세를 피해 국내로 복귀한 유턴기업에는 법인세와 소득세 등을 깎아주고 보조금을 가산해 지원할 방침이다.

HOT ISSUE 7위

홈플러스, '기업회생절차' 개시 … 납품중단·투자자 손실 우려

사모펀드(PEF) 운용사 MBK파트너스가 대규모 차입 등을 통해 인수한 홈플러스가 10년 만에 자금난과 실적악화로 회생절차를 밟게 됐다. 서울회생법원은 3월 4일 홈플러스의 회생절차 개시를 결정했다고 밝혔다. 홈플러스는 이날까지 대금결제 등과 관련한 문제는 없지만 5월께부터 자금부족이 예상됐다.

홈플러스, 부채비율 462%·금융부채 2조원

법원이 별도 관리인을 선임하지 않아 홈플러스는 기존 대표와 임원진이 그대로 경영하고, '사업계속을 위한 포괄허가 결정'도 함께 발령해 홈플러스의 대형마트, 익스프레스, 온라인 등 모든 채널의 영업은 정상적으로 이뤄진다. 회생절차 개시로 금융채권 상환은 유예받는 대신 협력업체와 일반적인 상거래 채무는 회생절차에 따라 전액 변제하고 임직원 급여도 정상적으로 지급한다. 이보다 앞서 신용평가사들은

2월 말 홈플러스의 기업어음과 단기사채 신용등급을 'A3'에서 'A3-'로 내렸다. 평가사들은 등급 강등 이유로 홈플러스의 이익창출력 약화, 현금창출력 대비 과중한 재무부담을 꼽았다.

MBK파트너스는 2015년 9월 7조 2,000억원을 들여 홈플러스를 인수하면서 블라인드 펀드*로 2조 2,000억원을 투입하고 나머지 5조원을 홈플러스 명의로 대출받아 인수자금을 충당했다. 이후 홈플러스를 경영하며 점포 20여 개를 팔아 4조원가량 빚을 갚았다. 그러나 내수경기 침체와 오프라인 유통업 부진 및 이커머스 업체의 급격한 성장으로 인한 경쟁심화 등으로 유동성이 악화하면서 지속운영이 어려워졌다.

> **블라인드 펀드**
>
> 일반적으로 투자대상을 사전에 알고 자금을 모집하는 것과 달리 투자대상을 결정하지 않은 상태에서 일단 펀드를 조성한 후 투자할 대상을 모색하고 투자하는 방식의 펀드를 말한다. 정보유출을 막고 투자대상을 안정적으로 확보하기 위해 투자처를 미리 확정하지 않기 때문에 자금의 기본적인 운용계획은 마련돼 있지만, 실제로 어떤 상품에 자금이 투입되는지 고객은 물론 운용사도 사전에 알 수 없다.

홈플러스는 부채비율이 1월 말 기준 462%, 잔여 계약기간 모든 임차료를 계상한 리스부채를 제외하고 운영자금 차입을 포함한 금융부채가 약 2조원 정도라고 설명했다. 홈플러스의 부동산 자산은 4조 7,000억원인데, 회생계획이 확정되면 금융채권자들과 조정이 어렵지 않을 것으로 전망했다. 또 회생 개시 결정으로 금융부담이 줄어 현금수지가 개선될 것으로 기대했다. 홈플러스는 매출 대부분이 현금으로 이뤄지는 유통업 특성상 한두 달 동안 1,000억원의 잉여현금이 유입되는 것으로 알려졌다.

CP·전단채 투자자 손실 우려 … 납품중단도 잇따라

그러나 홈플러스가 기업회생절차에 들어가면서 담보가 없는 기업어음(CP)과 전자단기사채(전단채)를 매입한 투자자의 손실 우려가 제기됐다. 홈플러스의 CP와 전단채 발행잔액은 3월 4일 기준 1,880억원으로 집계됐다. 인수 증권사에서 밝히지 않아 구체적인 내역을 알 수는 없지만, 일반 투자자에게 판매된 물량이 적지 않을 것으로 예상됐다.

특히 홈플러스가 그간 공모 회사채보다는 ==단기금융 등을 자금조달 경로로 활용해온 만큼 CP와 전단채를 매입한 개인과 기관 투자자의 손실 우려==가 나왔다. 실제로 MBK가 홈플러스를 인수할 당시 상환전환우선주(RCPS)에 6,000억원을 투자한 국민연금은 이자를 포함해 1조원 넘는 대규모 손실위험에 놓인 것으로 알려졌다. 여기에 도산 결정 직전까지 일반 투자자들을 상대로 CP 등을 판 것이 알려지면서

MBK가 10년 전 막대한 차입금으로 홈플러스를 인수한 이후 아무런 자구 노력 없이 불시에 기업회생절차를 신청하는 무책임한 행태를 보였다며 거센 비판이 일었다.

한편 일부 협력업체들은 홈플러스에 납품을 중단하거나 물량을 축소했다. 지난해 발생한 티몬·위메프의 대규모 미정산 사태처럼 홈플러스의 회생절차 진행상황에 따라 납품대금을 받지 못할 수 있다는 불안감이 커진 데 따른 조치다. 특히 홈플러스 의존도가 높은 중소기업의 경우 납품대금 지급이 장기간 지연되면 회사 존폐에 문제가 생길 수 있어 상황을 예의주시하는 모양새다. 홈플러스 측은 상거래 채권 보호와 매장 정상운영을 앞세워 협력사들을 진정시키고자 했지만, 유통업계 관계자는 "홈플러스 판매상품이 줄어 고객 발길이 뜸해지면 현금창출이 감소해 정산이 지연되면서 상황이 급격히 악화할 가능성을 배제할 수 없다"며 우려를 표했다.

> **광물협정**
>
> 미국이 러시아-우크라이나 전쟁에 지원한 대가로 우크라이나에 매장된 희토류 등 전략광물 개발권을 확보한다는 것이 골자다. 트럼프 미국 대통령은 이를 종전 후 우크라이나 안보지원을 위한 '담보'로도 여겨왔다. 양국은 2025년 2월 28일 워싱턴 DC에서 정상회담을 하고 이 협정에 서명하려 했으나 회담이 파행으로 치달으면서 불발된 바 있다.

러시아, 지원공백에 총공격 감행

3월 8일(현지시간) 뉴욕타임스(NYT)는 서방 정보 당국을 인용해 최근 러시아군이 북한군과의 합동작전으로 우크라이나군에 빼앗겼던 쿠르스크 영토의 3분의 2를 수복했다고 보도했다. 러시아군은 지난 7일에는 자국 쿠르스크주의 수드자에서 국경을 넘어 우크라이나 영토인 수미주 북쪽으로 진군하는 데 성공했는데, 미국 전쟁연구소(ISW)에 따르면 러시아군이 수미주 북부에 진출한 건 전쟁이 시작된 원년인 2022년 이후 처음이다.

러시아 탄도미사일에 초토화된 우크라이나 도브로필리아

HOT ISSUE 8위

미국 손 뗀 우크라이나, 러시아 공세에 속수무책

미국 트럼프행정부가 우크라이나에 군사·정보 지원을 중단하는 등 우크라이나와 미국 사이에 종전 및 광물협정* 논의를 하고 있는 가운데 전쟁 격전지인 러시아 북서부 쿠르스크 지역에서 러시아군 공세가 강화되고 있다. 북한군과의 합동작전으로 우크라이나가 차지했던 쿠르스크 영토의 상당 부분을 되찾는 데 성공한 것이다.

9일에는 AFP·로이터 통신에 의해 수자 북쪽에 있는 말라야 로크냐, 루스코예 포레치노예, 코시차 등 3개 마을을 탈환했다고 밝힌 러시아 국방부 발 텔레그램 게시성명도 전해졌다. 해당 성명에서 러시아 국방부는 앞서 "쿠르스크 레베데브카 마을을 탈환했고, 인근 우크라이나 수미 지역의 노벤케를 점령했다"면서 "러시아군이 계속해서 쿠르스크 지역에서 우크라이나군을 궤멸하고 있다"고 주장했다.

파행으로 끝난 미국-우크라이나 정상회담(2월 28일 백악관)

미국, 지원 대가로 광물자원 이권보장 압박

러시아군의 공세는 트럼프행정부가 지난 3월 4일 군사지원 중단을 시작으로 정보공유와 위성영상 제공도 끊기로 하면서 강화됐다. 2월 28일 백악관 대통령 집무실에서 열린 도널드 트럼프 미국 대통령과 볼로디미르 젤렌스키 우크라이나 대통령의 정상회담이 모욕과 설전 끝에 파행으로 끝나고, 3월 4일 군사지원 즉각 중단이 선언되면서 미국의 추가지원이 없을 경우 우크라이나는 올해 중반까지 현재 수준의 전투역량을 유지할 수 있는 무기만을 보유하고 있을 것으로 예상됐다.

현재 우크라이나는 군사장비의 약 55%를 자체적으로 생산 또는 조달하고 있으며, 미국과 유럽이 각각 20%와 25%를 공급하고 있다. 따라서 미국의 군사지원이 장기적으로 중단될 경우 우크라이나의 전쟁수행능력은 심각한 타격을 받을 수밖에 없다. 특히 유럽의 추가지원이 있다고 해도 미국산 첨단무기 시스템의 공백을 완전히 메우기는 어려울 전망이다.

우크라이나로서는 수세로 몰릴 수밖에 없는 상황이다. 우크라이나군이 쿠르스크 영토에서 철수하면 향후 평화협상 국면에서 러시아에 대항할 강력한 카드가 사라지게 되고, 미국의 무기지원 중단과 더불어 정보제공이 끊긴 상황이 길어지면 후방에서 우크라이나 영공방어에 활용되고 있는 패트리엇 방공미사일 포대가 무용지물이 돼 방공망이 제대로 기능하기 어려워진다.

결국 젤렌스키 대통령은 미국의 지원중단 발표 다음날인 5일 "우크라이나는 언제든 어떤 형태로든 광물협정에 서명할 준비가 되어 있다"면서 미국정부가 요구한 '평화에 대한 진정한 의지'를 보이고, ==러시아 동의를 전제로 공중과 해상 전투를 즉각 중단할 수 있다는 '예비적 휴전' 의향==까지 밝히며 고개를 숙였다. 이에 트럼프 대통령은 러시아에 관세인상을 발언하는 동시에 우크라이나에 대한 정보공유 중단조치 해제 의사를 밝혔다. 그리고 3월 11일 우크라이나가 미국이 제안한 '30일 휴전안'에 합의하면서 중단됐던 군사지원 및 정보공유가 재개됐다. 이로써 미국은 평화호소와 더불어 경제제재를 내세워 러시아를 압박하고 나섰다. 그러나 러시아는 '우크라이나의 항복'을 조건을 내세우고 있다.

HOT ISSUE

기약 없는 의정갈등 언제까지 …
의사 배출 절벽 현실화

지난해 2월 6일 보건복지부가 2025학년도 의대정원을 5,058명으로 2,000명 늘리겠다고 발표하자 의료계가 발칵 뒤집혔다. 정부의 일방적 증원이라는 반발 속에 전공의는 병원을 떠났고, 의대생은 휴학했다. 1년이 지난 지금 증원된 2025학년도 의대 입시는 마무리됐지만, 정부와 의료계의 갈등은 여전히 해결이 요원한 상황이다.

파격 증원 후 의협-정부 강대강 '치킨게임'

정부가 발표한 '5년간 1만명' 증원계획은 2020년 문재인정부가 추진하다 의료계 반발로 무산된 '10년간 4,000명'보다 규모도 크고 속도도 빠른 것이었다. 정부는 '응급실 뺑뺑이', '소아과 오픈런' 등으로 상징되는 지역·필수의료 위기와 고령화로 인한 의료 수요 증가 등으로 인력확충이 필요하며, 증원규모는 국책연구기관 등의 수급추계와 각 대학의 수요조사를 바탕으로 결정한 것이라 주장했다.

조규홍 보건복지부 장관(오른쪽)과 박민수 차관

반면 의료계는 단순히 의사 수를 늘리는 것으로 필수의료 위기를 해소할 수 없으며, 저출생 추세를 고려할 때 의사 수가 결코 부족하지 않다고 맞섰다. 무엇보다 정부가 의료계와 협의 없이 일방적으로 정책을 밀어붙였다며 거세게 반발했다. 이에 2020년 의정갈등 때처럼 젊은 의사인 전공의들과 예비 의사인 의대생들이 각각 사직과 휴학으로 적극적으로 항의 의사를 표했다. 그러나 정부는 대학별 정원을 확정하면서 증원에 쐐기를 박았고, 전공의에겐 업무개시명령으로, 의대생에겐 휴학불허로 강경하게 맞섰다. 정부는 전공의 수련특례 적용(7월), 의대생 휴학 승인(10월), 전공의 수련·병역 특례(1월) 등 유화책을 내놓기도 했지만 전공의와 의대생 모두 '증원 백지화' 요구에서 물러서지 않았다.

전공의 없는 병원 … 의대정원 1년 만에 원점으로

전공의 사직 직후 의료현장은 혼돈 그 자체였다. 수술이나 진료 연기 및 취소가 속출했고, 응급실 뺑뺑이는 더욱 심화해 환자 피해가 커졌다. 정부는 군의관·**공보의*** 차출부터 한시적 수가 인상, 비대면진료 확대 등의 비상조치를 단행하는 한편 전문의와 진료지원(PA)간호사 중심으로 대형병원을 재편하는 등의 작업도 속도를 냈다. 그렇게 1년이 지나면서 '전공의 없는 병원'은 '뉴노멀'이 됐다.

> **공보의**
>
> 공식명칭은 '공중보건의사'로 대한민국 병역제도 중 보충역의 한 종류로 구분된다. 현 복무제도에 따르면 의사나 치과의사, 한의사 자격이 있는 사람이 농어촌 등 보건의료 취약지구에서 공중보건업무에 3년간(군사교육 소집기간 제외) 종사하면 사회복무요원의 복무를 마친 것으로 간주한다.

그러나 사태 장기화 여파는 더 심각했다. 1월 31일 기준 전국 211개 수련병원 전공의 출근율은 8.7%로 의정갈등 이전 수련병원에 있던 전공의 1만 3,531명 중 1,171명만 수련을 이어가고 있었다. 같은 달

있었던 상반기 레지던트 모집에는 사직 전공의의 2.2%인 199명만이 복귀를 택했다. 올해 배출된 신규의사는 작년의 8.8%인 269명에 그쳤고, 전문의시험 최종합격자는 작년의 5분의 1도 안 되는 509명에 불과하다. 전공의의 빈 자리를 메우던 전문의는 지쳤고, 교수의 연구활동은 뒷전으로 밀렸다. 전공의 공백으로 인한 병원 손실의 보전을 위해 투입된 건강보험 재정도 불어나고 있다.

이처럼 1년이 넘도록 의정갈등의 실마리를 찾지 못하자 3월 7일 정부는 결국 '의대생 3월 복귀'를 전제로 2026학년도 의대정원을 증원 이전 규모인 3,058명으로 되돌렸다. 여기에는 24학번의 '동맹휴학'이 올해도 이어지고 25학번 신입생마저 '수업거부' 조짐을 보이면서 출구를 찾지 못해 현 상황이 이어지면 내년 의대교육에 있어 백약이 무효일 수 있다는 위기감이 크게 작용한 것으로 분석됐다. ==3개 학번이 1학년에 겹치면 의대교육이 사실상 전면중단될 수밖에 없다는 현실적 판단==에 따른 것이다.

다만 의대생과 전공의들이 복귀 우선조건으로 '필수의료 패키지 철회'를 내세웠던 만큼 한시적 정원동결만으로 복귀를 선택하지 않을 것이란 비관론도 적지 않다. 교육부가 올해는 학사일정 변경 등 '학사유연화' 절대불가 방침을 언급한 것이 의대생 복귀를 얼마나 끌어낼지도 미지수다.

HOT ISSUE **10위**

1.5%로 추락한 올해 성장 전망 … 한은, 금리 낮춰 '내수살리기'

한국은행(한은)의 정책결정기구 금융통화위원회(금통위)가 2월 25일 올해 두 번째 통화정책방향 회의에서 기준금리를 연 3.00%에서 연 2.75%로 0.25%포인트(p) 낮췄다. 또 한은은 이날 국내외 정치·경제 상황 등을 반영해 올해 성장률 전망치를 1.9%에서 1.5%로 0.4%p나 낮춰 잡았다.

정치불안·관세전쟁에 전망치 0.4%p 급락

여전히 1,430원을 넘나드는 원/달러 환율부담에도 금통위가 다시 금리인하로 통화완화에 나선 것은 그만큼 한국경제가 국내외 악재 속에 빠르게 추락 중이라고 판단했기 때문이다. ==시중에 돈을 풀어 민간소비, 투자 등 내수라도 살려야 한국경제의 하강속도를 어느 정도 늦출 수 있다고 본 것==으로 해석된다.

이창용 한국은행 총재

금통위는 지난해 10월 기준금리를 0.25%p 낮추면서 3년여 만에 통화정책의 키를 완화 쪽으로 틀었고, 11월에도 시장의 예상을 깨고 추가인하를 단행했다. 금통위가 잇따라 금리를 낮춘 것은 금융위기 당시 6연속 인하(2008년 10월~2009년 2월) 이후 처음으로 그만큼 경기·성장 부진의 징후가 뚜렷해졌기 때문이다. 더구나 지난해 말 계엄·탄핵 사태까지 겹쳐 내수위축 우려가 더 커지자 3연속 인하를 통한 경기부양을 촉구하는 목소리도 높아졌다.

하지만 금통위는 1월 회의에서 국내 정치불안으로 급등한 환율위험 등을 동결근거로 들며 금리를 3.00%로 유지했다. 당시 이창용 한은 총재는 "경기상황만 보면 지금 금리를 내리는 게 당연하다"면서도 "계엄 등 정치적 이유로 원/달러 환율이 30원 정도 <u>펀더멘털*</u>(Fundamental)에 비해 더 오른 것으로 분석된다. 두 차례 금리인하 효과도 지켜볼 겸 숨 고르기를 하면서 정세에 따라 (금리인하 여부를) 판단하는 게 더 신중하고 바람직하다"고 설명했다.

펀더멘털

'Fundamental'은 원래 '기본이 되는', '근본적인'이라는 뜻이 단어로 경제 분야에서 '한 나라의 기초경제여건'이라는 의미로 사용한다. 대개 경제성장률, 물가상승률, 실업률 등 경제상태를 표현하는 데 기초적인 자료가 되는 주요 거시경제지표가 이에 해당한다. 환율에도 영향을 미치는데, 단기적으로는 외환시장에서 투자자들이 펀더멘털을 기준으로 투자대상을 결정하면서 달라지는 측면이 있으나 중장기적으로는 환율이 펀더멘털의 상태에 따라 움직이는 경향이 있다.

그러나 이후 관련 지표가 예상보다 더 나쁜 것으로 속속 확인되고, 트럼프행정부가 주도하는 관세전쟁 위험도 고조됐다. 지난해 실질 국내총생산(GDP) 성장률은 내수부진에 비상계엄 이후 정국혼란까지 겹쳐 당초 한은 전망치(2.2%)보다 0.2%p나 낮은 2.0%에 그쳤다. 특히 4분기 성장률(전분기 대비)은 저조한 건설투자(−3.2%) 등의 영향으로 3분기와 같은 0.1%에 머물며 반등에 실패했다. 여기에 우리나라 주력 수출상품인 자동차, 반도체 등에까지 미국이 10~25%의 높은 관세를 부과할 가능성이 높아지면서 국내외 기관의 올해 한국 경제성장 눈높이도 계속 낮아지는 추세다. 한국개발연구원(KDI)은 2월 11일 올해 성장률 전망치를 2.0%에서 1.6%로 내렸고, 지난해 12월까지 2.1%에 이르던 OECD 실질 GDP 성장률도 3월 1.5%까지 떨어졌다.

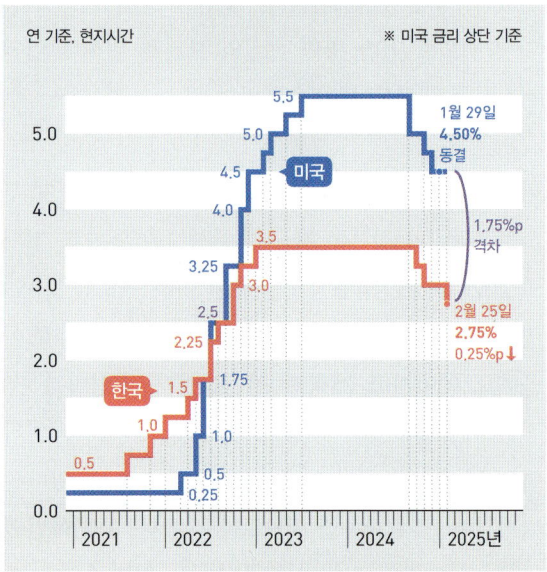

한미 기준금리 추이

자료 / 한국은행, 미국 연방준비제도(Fed)

추경 불투명, "경기 살리려면 재정정책과 공조해야"

금통위에 따르면 최근 주요국 통상정책과 미국 연방준비제도(연준, Fed) 통화정책 방향, 국내 정치상황 변화, 정부 경기부양책 등과 관련한 불확실성이 크고, 재정정책 측면에서 추가경정예산(추경) 편성이 불투명한 가운데 일단 통화정책만이라도 서둘러 경기를 지원할 수밖에 없는 상황이다. 다만 연준이 관세인상에 따른 인플레이션(물가상승) 우려 등에 금리인하를 주저하는 상황에서 <mark>한은만 계속 내리면 미국과의 금리격차 확대와 함께 환율과 물가가 뛰고 외국인 자금이 빠져나갈 수 있다는 걱정도 있다.</mark>

이를 의식한 듯 이날 이 총재도 경기를 제대로 살리려면 재정정책이 동반돼야 한다는 점을 거듭 강조했다. 그는 "금리를 낮추면 다른 여러 변수, 환율이나 주택가격, 가계부채 등 금융시장에 영향이 있는 만큼 경기가 나빠졌다고 통화정책에만 다 맡기면 다른 부작용이 커질 수 있다"며 "재정과의 공조가 꼭 필요하다"고 말했다.

HOT ISSUE **11위**

2025 중국 양회 정협, 다자무역체계 수호의지 강조

중국 연례 최대 정치행사 **양회***(兩會)의 한 축인 국정 자문기구 중국인민정치협상회의(정협)가 일주일간 일정을 마치고 막을 내렸다. 이번 양회에서는 2025년 중국 경제정책 방향과 함께 미·중 무역갈등, 내수부양책, 기술혁신 지원 등의 주요 이슈가 논의됐다.

> **양회**
> 매년 3월 중국에서 열리는 최대 정치행사로서 전국인민정치협상회의(정협, 정책자문기구)와 전국인민대표대회(전인대, 중국 최고 국가권력기관)를 아울러 부르는 말이다. 중국 정·재계 엘리트 5,000명 안팎이 매해 봄 양회가 열리는 베이징에 집결해 국가 운영방침을 결정하고 정책방향을 제시하는데, 경제규모가 미국에 이어 세계 2위인 중국의 정책방향이 제시되는 만큼 양회 기간에 전 세계 이목이 중국에 집중된다.

지난 1년 공산당 대응 높이 평가

양회의 최대 관심사는 전국인민대표대회(전인대) 개회식에서 국무원 총리가 낭독하는 정부 업무보고다. 올해 국내총생산(GDP) 성장률, 재정적자율, 소비자물가지수(CPI) 증가율, 도시 실업률 등의 목표와 그 해 목표로 하는 중점과제들도 발표되는데, 한마디로 중국경제의 방향성을 보여주는 자리이기 때문이다.

이번 업무보고에서 리창 국무원 총리는 올해 경제성장률 목표를 '5% 안팎'으로 발표했다.

중국은 지난 2년간 국내총생산(GDP) 성장률 목표를 5% 내외로 설정해왔는데, 2023년에는 5.2%, 2024년에는 5.0%의 성장률을 기록했다. 이번 5% 안팎의 목표는 올해 들어 미국과 무역전쟁이 격화되는 현실을 고려해 재작년, 작년과 같은 수준을 제시한 것으로 풀이된다.

중국인민정치협상회의 제14기 전국위원회 제3차 회의

중국정부는 올해 CPI 목표치도 기존 3%에서 약 2%로 낮춰 잡았다. 2004년 이후 처음으로 목표치를 하향조정한 것으로 사실상 중국정부가 중국 내 소비침체와 디플레이션 우려를 반영하며 수요 둔화를 인정한 신호로 해석된다.

재정적자율은 GDP 대비 4%로 설정해 지난해 3%에서 확대됐다. 적자규모는 5조 6,600억위안(약 1,130조원)으로 한 해 만에 1조 6,000억위안(약 320조원) 늘어난다. 이는 한층 적극적인 재정정책을 시행해 재정적자율을 높여 지출 강도를 늘리겠다는 의미다. 그 외에도 실업률 목표는 5.5%로 전년과 동일하게, 신규고용 역시 전년과 마찬가지로 1,200만명으로 잡았다.

AI 내세운 경제 & '평등한 협상' 내세운 대미전략

특히 중국은 이번 양회에서 <mark>기술혁신과 내수진작을 통해 경제성장 도모와 민영경제 지원, 공정한 경쟁 환경을 조성하겠다는 의지를 천명</mark>했다. 중국산 인공지능(AI) 모델 딥시크(DeepSeek) 개발에 힘입어 올해 연구개발(R&D, 과학기술) 예산은 전년 대비 10% 늘어난 3,981억 1,900만위안(약 80조원)으로 설정됐다. 미국의 기술봉쇄에 맞서 자체 첨단기술 개발을 돌파구로 삼겠다는 의지다. 내수회복 의지도 강하게 드러냈다. 시장유동성 공급과 재정투입, 가계지출 유도를 통해 경기를 부양하겠다는 것이다.

정협 폐막식에 참가한 시진핑 중국 국가주석

트럼프행정부 출범과 함께 관심이 집중됐던 대미국 전략과 관련해서는 '평등한 협상'을 희망한다는 다소 유화적인 입장을 내놨다. 러우친젠 전인대 대변인은 전인대 4일 기자회견에서 "미국이 중국과 마주보고 <mark>평등한 협상을 통해 문제 해결방법을 찾기를 희망한다</mark>"며 "<mark>중국은 또한 세계 각국과 협력을 강화해 어렵게 얻은 다자무역체제를 함께 수호할 것</mark>"이라고 말했다. 미국 무역전쟁과 관련한 직접적인 언급은 하지 않았지만, "패권주의와 강권정치에 반대하고, 모든 형식의 일방주의·보호주의에 반대하며, 국제적 공평주의를 수호해야 한다"면서 이를 위해 함께 주요 20개국(G20), 아시아태평양경제협력체(APEC), 브릭스(BRICS), 상하이협력기구(SCO) 등 다자기구에 적극적으로 참여해 무역협력을 심화하겠다고 밝혔다.

한편 10일 당정 최고지도자와 정협위원 2,000여 명이 참가한 가운데 마무리된 정협 폐막식에서 중국 공식서열 4위 왕후닝 정협 주석은 "전체 위원은 지난 1년 시진핑 동지를 핵심으로 하는 중국공산당 중앙의 전체 국면 통솔과 침착한 임기응변을 높이 평가했다"고 말했다.

HOT ISSUE 12위

3월 4일 넥스트레이드 첫 개장…
투자자 편익제고 기대

국내 최초 **대체거래소***(ATS) '넥스트레이드(NXT)'가 3월 4일 첫 개장했다. 70년 가까이 한국거래소(KRX) 독점체제로 유지됐던 국내 주식거래시장이 복수·경쟁 체제로 전환하면서 투자자들의 편익제고가 기대된다.

대체거래소

정규거래소 외에 매매체결 기능을 제공하는 모든 형태의 증권거래시스템을 말한다. 미국과 유럽, 일본 등 대부분의 선진국은 이미 대체거래소(ATS)를 도입해 정규거래소와의 경쟁체제가 정착돼 있다. 미국의 경우 30여 개 ATS가 전체 주식거래시장의 약 11%를 점유하고 있으며, 일본은 3개 ATS의 점유율이 12%에 달한다. 호주는 ATS가 1개뿐이지만 시장의 20%를 차지하고 있다.

유리한 거래소 골라 주문 가능 … 경쟁효과 가시화

금융투자업계에 따르면 넥스트레이드는 금융투자협회와 증권사들이 주축이 돼 설립한 ATS다. 그간 우리나라 증시는 1956년 이후 유지된 한국거래소 독점체제로 유지되면서 투자자가 원하는 다양한 서비스를 제공하지 못하고, IT 거래 인프라 개선을 위한 투자요인이 낮은 데다 새로운 상품수요 수용도 어렵다는 지적이 제기돼왔다. 이번 넥스트레이드 개장을 계기로 투자자들이 두 거래소 중 유리한 곳을 골라 주식을 거래할 수 있게 되면서 경쟁을 통한 투자자 편익제고가 기대됐다.

특히 투자자들이 가장 크게 체감할 수 있는 것은 거래시간 확대다. 넥스트레이드 출범과 함께 국내 주식시장의 거래시간은 기존 6시간 30분(오전 9시~오후 3시 30분)에서 12시간(오전 8시~오후 8시)으로 확대됐다. 정규시장 전후로 넥스트레이드의 프리마켓(오전 8시~8시 50분)과 애프터마켓(오후 3시 30분~8시)이 추가된 것이다. 거래시간 확대로 투자자들은 오후 3시 30분 이후에 전해지는 글로벌 이슈에도 빠르게 대응할 수 있게 됐다.

환영사 하는 김학수 넥스트레이드 대표

새로운 호가방식이 추가되는 점도 투자전략의 다변화와 유연화로 이어질 것으로 기대된다. 이번에 추가된 '중간가 호가'는 최우선 매도호가(파려는 사람의 호가 중 가장 싼 가격)와 최우선 매수호가(사려는 사람의 호가 중 가장 비싼 가격)의 평균가격으로 정해진다. '스톱지정가 호가'는 시장가가 투자자가 정한 수준에 도달하면 투자자가 미리 지정한 가격으로 주문을 내놓는 방식이다.

주식거래시장이 경쟁체제로 전환되면서 거래비용 부담도 완화될 전망이다. 증권사가 거래소에 내야 하는 거래수수료의 경우 한국거래소는 모든 거래에 대해 거래대금의 0.0023%를 부과한다. 넥스트레이드는 이에 비해 20~40% 수수료를 인하할 예정으로 메이커(시장가격이 아닌 지정가 주문) 거래에 대해서는 대금의 0.0013%를, 테이커(시장가격으로 주문) 거래에 대해서는 대금의 0.0018%를 부과한다.

관리·감독 기준 동일 … 28개 증권사 우선 참여

금융당국은 한국거래소와 넥스트레이드가 동시에 운영됨에 따라 통합적인 시장 관리·감독에 나선다. 가격변동폭과 시장안정 장치, 시장감시 및 청산·결제 역시 한국거래소와 동일하게 이뤄진다. 한국거래소의 거래정지를 비롯한 서킷브레이커와 사이드카 등도 넥스트레이드에 즉시 적용된다.

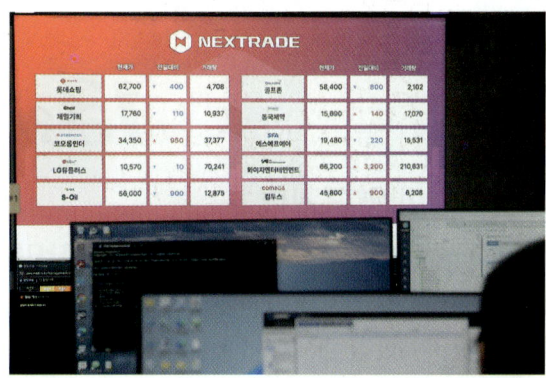

애프터마켓이 열린 넥스트레이드

넥스트레이드 결제 역시 한국거래소와 마찬가지로 거래일로부터 이틀 후(T+2)에 이뤄진다. 증권사가 투자자 주문을 최선의 조건으로 집행하는 '최선집행의무'가 적용된다. 증권사는 금융당국의 최선집행의무 가이드라인에 따라 한국거래소와 넥스트레이드 중에서 시장을 선택해 주문을 제출하게 된다. 다만 공매도는 정규장에만 허용되며, 상대적으로 유동성이 낮고 가격급변위험이 있는 프리·애프터마켓에서는 금지된다.

32개 증권사가 넥스트레이드에 참여할 계획인데, 이날부터 참여한 곳은 28개사다. 이들 증권사의 위탁매매 점유율 합계는 지난해 거래대금의 87.4%다. 이후 거래종목을 순차적으로 확대해 5주차에는 800개로 늘릴 예정이다.

소득대체율 43%' 및 국가지급 보장 명문화, 군복무·출산크레딧 확대 등 모수개혁을 담은 국민연금 개혁안 합의안에 서명했다.

국민연금 자동조정장치

2024년 9월 정부가 내놓은 국민연금 개혁안에 포함된 제도로 출산율과 기대수명, 경제성장률 등 연금재정에 영향을 미칠 수 있는 변화를 수용해 연금액과 보험료율을 자동으로 조정하는 장치를 말한다. 정부와 여당 측은 자동조정장치가 저출산, 불황으로 인한 급격한 연금소진을 막을 수 있다고 주장한 반면 야당과 시민단체는 결국 국민연금의 급여수준을 낮추게 될 것이라며 반대했다.

'더 내고 더 받는' 연금개혁 결실

합의안에 따르면 '내는 돈'인 보험료율을 현행 9%에서 13%로 높이기로 했다. 이에 내년부터 해마다 0.5%포인트(p)씩 8년간 인상된다. '받는 돈'을 정하는 소득대체율은 내년부터 43%로 올린다. 연금 가입기간의 평균소득 대비 받게 될 연금액의 비율을 뜻하는 소득대체율은 1988년 국민연금 제도 도입 당시 70%였다. 이후 1998년 1차 개혁에서 60%, 2007년 2차 개혁에서 50%로 조정된 후 2028년까지 40%로 단계적으로 낮아질 계획이었다. 2025년 기준 소득대체율은 41.5%다.

HOT ISSUE 13위

18년 만의 연금개혁 …
보험료율 13%·소득대체율 43% 합의

국민연금 개혁안을 둘러싼 여야 간 협의가 **자동조정장치*** 도입과 보험료율 및 소득대체율 인상 등에 관한 이견으로 난항을 지속하다 3월 20일 오전 극적으로 합의에 성공했다. 이날 우원식 국회의장의 주재로 열린 회동에서 권성동 국민의힘 원내대표와 박찬대 더불어민주당 원내대표가 만나 '보험료율 13%·

13%가 적용되면 2024년 말 기준 국민연금 A값(가입자 평균소득의 최근 3년간 평균액) 월 309만원의 직장인이라면 월 보험료가 27만 8,000원에서 40

만 2,000원으로 12만 4,000원가량 오른다. 이중 절반은 회사가 내므로 가입자가 실제로 내는 돈은 6만 2,000원가량 오른다. 동일 월급의 직장인이 내년 신규가입해 40년간 보험료를 낼 경우에는 기존보다 5,413만원이 더 많은 1억 8,762만원을 내게 된다.

또 해당 직장인이 은퇴 후 수급연령에 도달해 받을 첫 연금액은 133만원으로, 개혁 이전보다 약 9만원 많다. 25년간 받는다고 가정하면 총수급액은 3억 1,489만원으로, 개혁 전보다 2,170만원이 늘어난다. 즉 내는 돈은 평생 5,000여 만원, 받는 돈은 2,000여 만원 각각 늘어나는 셈이다. 이번 개혁으로 기존 국민연금 적자전환(2048년) 및 기금소진 시점(2055년)도 당초 예상보다 각각 7년, 9년 늦춰지게 됐다.

'연금 지급보장' 명문화 … 역대 3번째 연금개혁

군복무에 대한 국민연금 가입기간 인정(크레딧)은 현행 6개월에서 12개월로 늘렸다. 둘째부터 자녀 수에 따라 최대 50개월까지 가입기간을 인정하는 출산 크레딧도 첫째와 둘째는 각각 12개월, 셋째부터는 18개월씩 인정하고 상한은 폐지하기로 했다. 저소득 지역가입자에 대해선 12개월 동안 보험료 50%를 지원할 방침이다. 국가가 국민연금의 안정적·지속적 지급을 보장하는 내용의 '지급보장 명문화'도 국민연금법에 반영하기로 했다.

한편 기초·퇴직·개인연금 등 국민연금과 연계된 다층적 소득보장체계 개편 및 재정안정 문제 등을 논의하는 구조개혁 문제는 국회 연금개혁특별위원회(특위)를 설치해 논의한 뒤 여야 합의로 처리하기로 했다. 모수개혁안을 담은 국민연금법 개정안은 국회 보건복지위원회와 법제사법위원회를 거쳐 이날 오후 본회의에서 처리됐다. 2007년 이후 18년

권성동 원내대표(오른쪽부터)와 우원식 의장, 박찬대 원내대표

만이자, 국민연금이 도입된 후 세 번째 연금개혁이다. 다만 재정안정화 조치로 거론되는 자동조정장치의 경우 여야 간 의견이 엇갈리는 데다 전문가 사이에서 이견이 있고 시민단체의 반발도 심해 향후 구조개혁 과정이 순탄치는 않을 것으로 전망됐다.

HOT ISSUE 14위

안성 고속도로 건설 중 붕괴사고 … 4명 사망·6명 부상

2월 25일 서울세종고속도로 건설현장에서 교각 위에 설치 중이던 교량 상판 구조물이 무너져 내리면서 상부에서 추락한 근로자 10명이 숨지거나 다쳤다. 관계당국은 '거더(Girder, 다리 상판 밑에 까는 보의 일종)'라고 불리는 교량 상판 구조물을 거치하는 과정에서 사고가 난 것으로 추정하고, 현장감식 등을 통해 자세한 경위조사에 나섰다.

최대 높이 52m … 거더 설치 중 무너져

이날 오전 9시 49분께 경기 안성시 서운면 산평리 서울세종고속도로 천안~안성 구간(전체 134km 중 비수도권 구간 일부) 9공구 청룡천교 건설현장에서

교각에 올려놓았던 상판 구조물 4개가 떨어져 내렸다. 이로 인해 상부에서 작업하던 10명이 바닥으로 추락해 4명이 숨지고, 6명이 다쳤다. 사고가 난 교각의 높이는 구간별로 다르지만 최고 52m이며, 상판 구조물이 떨어진 구간 거리는 210m로 알려졌다.

안성 고속도로 공사장 붕괴 현장

사고는 '런처(거더 인양 및 설치장비)'라고 불리는 크레인을 이용해 거더를 교각 위에 거치하던 중에 발생했다. 사고현장의 교량은 바닥 판과 가로 보를 공장에서 사전제작(프리캐스트)한 뒤 현장에서 조립해 현장공정을 단순화한 DR거더 런칭 가설 공법*으로 짓고 있었다. 그런데 거더 설치를 마친 장비를 철수하던 중 거더 4개가 바닥으로 무너져 내린 것이다. 이 구조물을 받치고 있는 교각은 두 개씩 짝을 지어 일렬로 서 있는데, 위에 올려진 구조물이 시차를 두지 않고 거의 동시에 붕괴했다.

> **DR거더 런칭 가설 공법**
>
> 거더란 다리 상판 밑에 깔아 대들보 역할을 하는 구조물을 말한다. 보통은 크레인으로 지상에서 거더를 들어 올려 설치하는데, DR거더는 특수 설치장비인 런처를 활용해 거더를 양옆에서 밀어 설치하는 기술이다. 현장공정을 단순화하고, 구조 효율성을 높인 것이 장점으로 꼽혀왔다.

고용노동부(노동부)는 사고 발생 직후 산재예방감독정책관을 현장에 급파하고 관할 고용노동지청에서 현장출동해 해당 작업 및 동일한 작업에 대해 작업중지를 명령했다. 노동부는 사고원인 조사를 통해 산업안전보건법 및 중대재해처벌법 적용 여부를 검토하는 한편 국토교통부(국토부)를 중심으로 구성된 사고대책본부에 관계기관으로 참여 중이다. 안성을 관할하는 경기남부경찰청은 수사전담팀을 편성하고, 2월 28일 시공사인 현대엔지니어링을 포함해 발주처인 한국도로공사, 하도급사인 장헌산업, 강산개발에 대해 동시다발적으로 압수수색에 나섰다.

서울세종고속도로 안성 구간 교량 붕괴사고

2월 25일 오전 9시 49분께 서울세종고속도로 천안~안성 구간 교량 연결작업 중 교각 위 상판 4~5개 추락

정부, '사망사고 발생' 건설사 다시 공개

한편 사고 이틀 후인 27일 국토부와 노동부는 건설사들의 자발적인 안전관리 강화를 유도하기 위한 방안으로 '건설현장 추락사고 예방대책'을 발표했다. 국토부는 건설업계의 반발로 2023년 중단했던 ==사망사고가 발생한 대형건설사의 명단 공개를 재개하고, 해당 건설사가 어떤 공사를 수행하고 있는지 함께 발표하는 것을 추진==한다고 밝혔다. 건설사 시공능력평가와 공공기관 경영평가에 반영되는 안전관리수

준평가 때는 추락사고 현황을 반영하고, 건설사 최고경영자(CEO)가 현장점검을 통해 근로자 안전을 강화한 성과가 인정된다면 기술형 입찰(공공부문 대규모 공사) 때 가점을 부여한다. 아울러 작업장에서는 발주청, 시공사, 감리 담당자의 이름과 연락처 등을 부착하는 실명제를 추진한다.

국토부는 관계기관과 불시 특별합동점검을 벌여 부실시공과 안전관리 미흡사항을 엄중히 조치하겠다고 밝혔다. 추락사고 발생 때는 건설사 본사 차원에서 모든 현장을 자체 점검한 뒤 점검결과와 재발방지 대책을 제출하도록 한다. 대책이 미흡한 경우 정부가 특별점검에 나선다.

다는 의혹을 수사한다. 또 2022년 지방선거와 재보궐선거, 2024년 총선의 불법·허위 여론조사 등에 명씨 등이 관련돼 있고, 이를 통해 공천거래 등이 있었는지도 수사대상으로 지목했다.

윤석열 대통령과 김건희 여사

HOT ISSUE 15위

'명태균 특검법'…
윤 대통령·김 여사 선거개입 정조준

'명태균과 관련한 불법 선거개입 및 국정농단 사건 등의 진상규명을 위한 특별검사의 임명 등에 관한 법률안(명태균 특검법)'이 2월 27일 국회 본회의를 통과했다. '명태균 특검법'은 이날 본회의에서 재석 274명 중 찬성 182명, 반대 91명, 기권 1명으로 가결됐다. 국민의힘은 '부결' 당론을 정하고 반대투표 했지만, 야당 의원들이 찬성표를 던져 특검법 통과를 이끌었다.

대통령 부부의 선거개입, 특검으로 가린다

법안에 따르면 특별검사는 2022년 대선 경선과정에서 활용된 불법·허위 여론조사에 명씨와 윤석열 당시 국민의힘 대선후보 및 김건희 여사 등이 개입됐

2022년 대우조선 파업* 대응과 창원국가산업단지 선정을 비롯해 정부와 지방자치단체, 각종 기관의 주요 의사결정에 명씨와 김 여사 등 민간인이 개입한 국정농단이 있었다는 의혹도 수사대상에 포함됐다. 명씨를 수사하고 있는 창원지검이 윤 대통령 부부 공천개입 의혹수사를 고의로 지연하고 있다고 보고, 여기에 대검찰청과 대통령실 민정수석실 등의 개입이 있었는지도 수사대상으로 삼았다.

2022년 대우조선해양 파업

2022년 6월 2일 시작된 거제시의 대우조선해양(현 한화오션) 하청노조의 파업이다. 임금 원상회복과 단체협약 등의 사유로 파업을 시작했는데, 이후 전국금속노조의 지지파업이 잇달았고 당시 야권 등도 파업을 지지하면서 규모가 확대됐다. 지난 2024년 12월에는 명태균 씨가 당시 파업의 정부대응에 개입한 정황과 녹취록이 드러나 논란이 되기도 했다.

박찬대 더불어민주당 원내대표는 "명태균 게이트는 12·3 비상계엄의 트리거였고, 특검법은 12·3 내란 사태의 원인과 내막을 밝혀낼 열쇠"라며 "명태균 특검은 정쟁이 아니라 나라를 정상화하자는 것"이라

고 밝혔다. 반면 권성동 국민의힘 원내대표는 의원총회에서 "구속된 브로커(명태균)의 주장을 신의 말씀처럼 떠받들면서 우리 당과 보수진영을 정치수사로 초토화하겠다는 정쟁 특검법"이라고 강하게 비판했다. 그러나 이러한 여야 대치 속에 3월 14일 최상목 대통령 권한대행 부총리 겸 기획재정부 장관은 헌법·형사법 훼손 우려를 이유로 들어 특검법에 대한 재의요구권(거부권)을 행사했다.

명태균 의혹 검찰수사는 창원에서 서울로

앞서 창원지검은 2월 17일 명씨 관련 사건 중간수사 결과를 발표하면서 김영선 전 국민의힘 의원 등을 이해충돌방지법 위반 등 혐의로 추가기소하고, 아직 기소하지 않은 공천개입 및 여론조사 관련 고발 사건은 서울중앙지검으로 이송한다고 밝혔다. 이와 관련해 심우정 검찰총장이 관련자 주거지 등을 고려할 때 서울에서 수사하는 것이 낫겠다는 수사팀 의견 등을 종합적으로 고려해 이송을 결정한 것으로 알려졌다. 그러나 ==정치권의 특검 추진이 가시화하자 공정성 시비를 차단하고 수사의지를 피력하기 위해 선제조치에 나선 것이 아니냐는 비판==이 나왔다.

명태균 씨

한편 서울중앙지검 명태균 의혹 전담수사팀은 2월 28일 오전 10시께부터 창원지검에서 명씨를 정치자금법 위반 혐의 피의자 신분으로 불러 조사했다. 검찰은 이틀간 명씨를 상대로 2022년 6·1 국회의원 보궐선거 당시 윤 대통령 부부가 국민의힘 공천과정에 개입했다는 의혹 등 전반에 대한 사실관계를 확인한 것으로 전해졌다. 특히 윤 대통령이 당시 국민의힘 공천관리위원장이었던 윤상현 의원에게 "김영선을 좀 해줘라"고 얘기하겠다고 한 녹취 등을 근거로 윤 대통령이 공관위에 영향력을 행사했는지도 캐물은 것으로 알려졌다.

또 명씨에게 오세훈 서울시장, 홍준표 대구시장을 만난 횟수와 시기, 장소, 동석자 등을 물으며 두 시장의 여론조사비 대납 의혹과 관련한 추가진술도 받아낸 것으로 알려졌다. 검찰은 명씨가 2021년 서울시장 보궐선거 당시 오 시장을 7차례 정도 만나며 오 시장 측에 13차례 비공표 여론조사를 제공했다는 의혹을 들여다보고 있다. 홍 시장도 측근이 명씨에게 여론조사 비용을 대납한 의혹을 받고 있다.

HOT ISSUE **16위**

'박사방 3배' 234명 잔혹 성착취 … 텔레그램 '자경단' 검거

텔레그램에서 '자경단'이라는 이름의 사이버 성폭력 범죄집단을 조직하고 미성년자를 포함해 남녀 234명을 성착취한 혐의를 받는 김녹완(33)이 구속상태로 재판에 넘겨졌다. 서울중앙지검 자경단 특별수사팀(팀장 김지혜 여성·아동범죄조사1부장)은 자경단 총책 김씨를 **범죄단체조직*** 및 활동, 성착취물과 불법촬영물 제작·유포, 불법촬영물 이용 강요 및 유사강간, 아동·청소년 강간, 공갈 등 혐의로 구속기소했다고 2월 12일 밝혔다.

범죄단체조직 범죄

사형, 무기 또는 장기 4년 이상의 징역에 해당하는 범죄를 목적으로 단체를 조직하거나 이에 가입 또는 구성원으로 활동함으로써 성립되는 죄다. 범죄의 실행행위로서 범죄단체를 조직하는 것뿐만 아니라 가입과 활동행위에 대해서도 모두 처벌하고 있는데, 이는 구체적인 범죄행위의 실행 여부를 불문하고 범죄단체의 결성과 존속 자체를 방지하기 위해서다.

234명에 성착취물 제작·유포, 성폭행 등 혐의

검찰에 따르면 김씨는 2020년 5월부터 올해 1월까지 **국내 최대피해를 야기한 '자경단'을 조직하고 자신을 '목사'라고 지칭하며 성착취물을 제작·유포한 혐의** 등을 받는다. 김씨를 비롯한 조직원들은 아동·청소년 피해자 49명의 성착취물 1,090개를 제작하고 성인 피해자 10명을 협박해 나체사진 286개를 촬영하게 하고, 일부를 유포했다. 또 사회관계망서비스(SNS)에 신체사진이나 신상 등을 유포하겠다고 협박해 피해자들의 일상을 통제·감시하면서 지시에 불응하면 가학적·변태적 행위를 강요한 것으로 파악됐다.

'자경단' 조직도

구분	내용
목사	조직 총괄, 불상의 '오프남'으로 위장해 아동·청소년 강간
집사	피해자 10명 이상 포섭 시 집사로 승급
전도사	목사 지시에 따라 텔레그램 채널 운영 및 성착취물 제작·유포
예비전도사	포섭대상자 물색

자료 / 서울중앙지검

김씨는 자신이 섭외한 남성, 이른바 '오프남'과 성관계하지 않으면 나체사진을 유포하겠다고 협박한 뒤 직접 '오프남'으로 나서 아동·청소년 9명, 성인 여성 1명을 성폭행하기도 했다. 또한 범행과정을 362회에 걸쳐 찍고 촬영영상을 소지했으며, 피해자 2명으로부터 360만원을 갈취한 혐의도 받는다. 뜯어낸 자금은 조직원을 통해 구글기프트 코드로 바꿔 현금화하거나 피해자들 계좌로 순차 송금하게 하는 식으로 세탁한 것으로 나타났다.

김씨는 SNS에 신체사진을 올린 여성, 지인의 허위영상물 제작을 의뢰한 남성 등의 신상정보를 알아내 협박·성폭행하거나 성착취물을 만든 뒤 이를 빌미로 피해자들을 조직원으로 포섭했다. 조직원들에게는 '전도사', '예비전도사' 등 명칭으로 직위를 부여했고, 조직을 이탈하면 '박제채널'을 생성해 성착취물을 유포했다.

'자경단' 운영 텔레그램 채널·그룹

구분	내용
충신의 방	총책이 남성 전도사에게 범행을 지시하는 채널
최고재판소, 면접실	총책과 포섭대상자가 최초로 만나는 대화방
째잘이들, 농농이방, 길냥이 대피소	총책이 여성 전도사·피해자에게 지시하는 채널
고민의 방, 풍기문란단속방	총책이 있는 가운데 선임 전도사가 후임 전도사에게 범행을 지시하는 대화방
박제채널	전도사, 예비전도사가 박제대상 남성(포섭 실패, 탈퇴조직원)의 신상·성착취물을 유포하는 채널
○○○ 교육방	총책 또는 전도사가 피해자를 협박하여 나체사진 등을 전송받거나 다른 사람 포섭을 요구하는 대화방

자료 / 서울중앙지검

단순가담자도 재판행·범죄단체 가입활동죄 적용

피해자는 234명으로 유사사건인 텔레그램 '박사방' 사건(73명)의 3배가 넘는다. 박사방 사건의 주범 조주빈은 성착취물 제작·유포 등 혐의로 2021년 대법원에서 징역 42년이 확정됐다. 중앙지검은 "전국에 산재한 자경단 사건을 집중 송치받는 등 피해자의 인격을 말살하는 엽기적 범행을 저지른 조직범행을 끝까지 추적해 엄단할 예정"이라고 말했다.

피해자들의 신체적·정신적 피해회복, 2차 피해 방지를 위한 불법영상물 삭제, 개명 등도 지원한다. 대검찰청은 '자경단 관련 사범 처리기준'을 마련해 일선 검찰청에 전파하고 철저한 수사와 엄정한 처리를 지시했다. 조직원은 ==일회성 단순가담자도 예외 없이 재판에 넘겨 적극적으로 구속수사하고, 이미 재판 중인 사건도 자경단 가입 여부를 확인해 범죄단체 가입·활동죄를 추가로 적용==하도록 했다.

자경단 수사는 2023년 12월 피해자 1명이 경찰에 고소장을 내면서 시작됐다. 경찰은 텔레그램의 비협조 등으로 수사에 난항을 겪었으나, 텔레그램 운영자에 대한 입건 전 조사에 착수하는 등 압박과 설득 끝에 지난해 9월 범죄 관련 자료를 회신받았다. 결국 올해 1월 경기 성남시 집에서 김씨를 체포한 데 이어 신상도 공개했다. 텔레그램이 한국 경찰의 수사자료 요청에 응한 것은 이번이 처음이다.

HOT ISSUE

17위

일본, 상반된 과거에 대한 태도 … 테러 기승 속 반성도 촉구

일본 내 윤봉길 의사 추모관 건립에 불만을 가진 우익단체 회원의 차량테러가 일어나는 가운데에서도 일본 시민사회는 일제강점기 조선인 강제징용 현장인 **조세이탄광**＊ 유해발굴과 일본 내 조선학교 무상교육 배제 철폐 등 과거와 현재를 두루 아우르며 문제해결을 촉구하고 나섰다.

조세이탄광

야마구치현 우베시 앞바다에 위치한 해저탄광으로 제2차 세계대전 당시 일본의 주요 석탄 공급처였다. 1942년 강제동원돼 노역한 조선인 1,306명이 수몰사고로 사망했으나, 탄광회사 쪽이 입구를 은폐해 진상규명과 희생자 유해발굴이 이뤄지지 못했다. 2024년 9월 갱도 입구 확인에 이어 10월 사고 82년 만에 처음으로 잠수부를 동원해 발굴에 나서기도 했지만, 일본 정부는 현재까지도 "현지 조사라는 것은 현실적으로 대응 가능한 범위를 초과한 것"이라며 외면하고 있다.

수위 높아지는 일본우익의 시위 및 공격

4월 29일, 독립운동가 매헌(梅軒) 윤봉길 의사의 순국지인 일본 이시카와현 가나자와시에 윤 의사의 마지막 행적을 기리는 '윤봉길 의사 순국 추모 안내관'의 개관을 앞두고 일본 우익단체들의 반발이 거세지고 있다. 극우성향의 정치결사체 '황방친구회'는 윤 의사를 '한국인 테러리스트'로 규정하며 "윤봉길 추모관 저지를 위해 항의행동을 개시한다"고 공식발표한 데 이어 건물장소에 대한 시위 및 공격 수위도 높이고 있다. 3월 4일에는 ==우익단체 회원이 자신의 차량으로 추모관 개관을 주도하는 재일본대한민국민단(민단) 지역본부 건물을 향해 돌진하는 사건==까지 발생했다.

차량테러가 일어난 재일본대한민국민단 건물

해당 지역은 일제강점기 중국 상하이에서 폭탄 의거 뒤 일본군에 의해 처형된 윤봉길 의사의 순국기념비와 암장지적비(묘비)가 있는 곳이다. 이 때문에 과거부터 일본 우익단체들이 민단본부 등을 표적으로 삼아 크고 작은 시위를 벌여왔다. 지난 2021년 7월과 8월에는 각각 민단 아이치현 본부 건물과 교토 우토로지구에 방화시도가 있었으며, 같은 해 12월에는 민단 오사카 히라오카 지부 사무실 1층에 해머를 투척하는 일을 벌이기도 했다.

일본 시민단체 "과거에 대한 반성과 문제해결 촉구"

민단에 대한 차량테러가 있기 전 3·1만세운동 106주년을 앞두고는 과거에 대한 반성과 현재까지도 남아 있는 문제에 대한 해결을 일본정부에 촉구하는 행사도 있었다. 2월 28일 일본 시민단체 '조세이탄광 수몰사고를 역사에 새기는 모임(새기는모임)'은 도쿄 참의원 의원회관에서 기자회견을 열어 희생자 유해발굴과 관련해 그간 일본정부와 교섭한 결과를 보고했다. 일본 외무성에 "올해 한일수교 60주년을 맞아 조세이탄광 유해발굴 사업을 '공동 기념사업'으로 지정해달라"고 요구했으나, 안전성을 핑계 삼아 요청을 줄곧 외면해온 일본정부가 이번에도 기존 입장을 되풀이했다는 것이 보고의 핵심이었다. 결국 새기는모임은 모금을 통해 지난해 10월 조세이탄광 사고현장에 잠수부를 투입한 데 이어 올해 4월 1~2일에도 한국 잠수부 두 명이 참여한 발굴작업을 다시 시도할 예정이라고 밝혔다.

조세이탄광 시설물 흔적(일본 야마구치현 우베시)

일본정부의 조선인 차별정책이 사라져야 한다는 목소리도 높아지고 있다. 와다 하루키 도쿄대 명예교수와 시민단체 '일본과 조선을 잇는 전국 네트워크' 등은 같은 날 '조선학교 고교무상화 확충정책 배제를 재차 우려한다'는 성명을 발표했다. ==일본정부가 올해 예산안에 고교수업료 지원금 확대정책을 반영하기로 했으나, 또다시 조선학교를 지원대상에서 배제==했기 때문이다. 모리모토 다카코 '조선학교 무상화 배제에 반대하는 연락회' 공동대표도 "일본은 정치에 아이들을 희생양으로 삼는 행동을 멈춰야 한다"고 말했다.

HOT ISSUE 18위

테이저건 맞고도 흉기난동 … 경찰 쏜 실탄 맞아 피의자 사망

한밤중 거리에서 경찰관을 상대로 흉기난동을 벌인 피의자가 경찰관이 쏜 실탄에 맞아 사망했다. 2월 26일 오전 3시 10분께 광주 동구 금남로4가역 교차로 인근 골목에서 광주 동부경찰서 금남지구대 소속 A 경감이 B씨(51)가 휘두른 흉기에 2차례 찔렸다. A 경감은 B씨를 제압하는 과정에서 총기를 사용했고, 실탄에 맞은 B씨는 대학병원으로 이송됐으나 오전 4시께 사망했다. A 경감도 목 주변과 얼굴을 심하게 다쳐 응급수술을 받았다.

한밤중 흉기 소지하고 여성들 미행, 검문경찰 공격

당시 A 경감은 동료 순경 1명과 함께 '여성 2명이 귀가 중 신원불상의 남성에게 쫓기고 있다'는 내용의 112 신고를 받고 출동했다. 신고내용에 흉기를 소지하고 있다는 내용이 없어 방검복을 착용하지 않은 상태였던 A 경감 등은 신고자가 설명한 인상착의를 토대로 거리를 배회하던 B씨를 발견, 검문을 시도했다. B씨는 경찰과 맞닥뜨리자 종이가방에서 흉기를 꺼내 난동을 부리며 경찰관들을 위협한 것으로 전해졌다.

경찰은 여러 차례 고지에도 B씨가 흉기를 내려놓지 않자 **테이저건***(전기충격총)을 쐈지만, 두꺼운 외투 탓에 테이저건이 위력을 발휘하지 못하자 공포탄을 발포했다. 그 사이 B씨는 2차례 A 경감을 공격했고, 근접거리에서 두 사람이 뒤엉킨 상태에서 결국 실탄 3발이 약간의 시차를 두고 발포된 것으로 조사됐다. 실탄 3발은 모두 B씨의 상반신에 명중됐다. 경찰은 총기사용의 적절성, B씨가 흉기를 소지한 채 일면식

없는 여성들을 뒤따라간 이유 등 정확한 경위를 조사 중이라고 밝혔다.

테이저건

방아쇠를 당기면 본체와 전선으로 각각 연결된 2개의 탐침(전극)이 발사되며, 2개의 탐침이 대상자에게 모두 명중했을 때만 전기가 통해 근육마비 등의 효과를 낼 수 있다. 지침상 대상자의 신체 후면부를 조준해 발사하고, 전면부에 발사할 때는 얼굴이나 목, 급소에 맞지 않도록 흉골 아래나 하체를 조준해야 한다.

광주경찰청 직장협의회는 이날 입장문을 내 "피의자 사망이라는 안타까운 사고가 발생했지만, 정당한 공무수행 및 법 집행과정에서 발생한 사건"이라고 밝혔다. 그러면서 "현장에서 조치한 동료들이 또 다른 피해를 보지 않도록 적절한 조처를 해나가겠다"며 "사망한 피의자와 그 가족에 대해 심심한 위로의 말씀을 전한다"고 덧붙였다.

경찰관에 달려드는 범인들 … 현장 대응력 도마 위

한편 범죄신고를 받고 출동한 경찰관이 흉기 등으로 심각한 공격을 당하는 사건은 심심치 않게 발생하고 있다. 지난해 4월 19일 광주 남구 송하동 한 주택에서도 출동한 경찰관을 향해 흉기를 휘둘러 실탄 발포 등을 통해 검거하는 사건이 발생했다.

당시 행인을 폭행한 혐의를 받던 50대 남성은 경찰이 자신의 자택으로 찾아오자 흉기를 휘두르며 저항했는데, 피의자를 제압하기 위해 출동 경찰관이 공포탄 2발과 실탄 2발을 위협용으로 허공에 쐈는데도 피의자는 저항을 멈추지 않았다. 피의자의 하체를 겨냥해 실탄 1발을 추가로 발포했지만 적중하지 못했고, 다른 경찰관이 테이저건을 쏴 피의자를 검거했다. 이 과정에서 현장 경찰관 3명이 얼굴과 다리 등을 다쳐 병원치료를 받았다.

테이저건

이처럼 경찰관이 공격당하는 사건이 발생할 때마다 대응력을 강화하겠다는 대책이 나오고 있지만, 현장에 적용하는 것은 쉽지 않다는 게 현장 경찰관들의 설명이다. 실제로 우리나라 '경찰관 직무집행법'에 규정된 내용과 세부요건에 따르면 총기사용을 극히 제한적으로만 허용하고 있고, 발포 이후 법적 책임이나 인사상 불이익을 경찰 개인이 오롯이 감당해야 하는 경우가 많아 총기사용을 꺼리는 것으로 알려졌다. 한 현직 경찰관은 "현장 대응능력을 높이기 위해서는 현장의 판단을 존중하고 경찰 개인이 아닌 조직이 책임지는 구조가 필요하다"며 "지금처럼 사후적으로 절차와 규정을 엄격하게 따져 묻거나 개인에게 책임을 묻는다면 어떤 대책을 내놓더라도 대응에는 한계가 있다"고 설명했다.

HOT ISSUE 19위

'K칩스법' 국회 통과 … 반도체기업 세액공제 상향

반도체기업의 공장 증설 등 투자에 세제혜택을 강화하는 이른바 'K칩스법(조세특례제한법 개정안)' 이 2월 27일 국회 본회의를 통과했다. 개정안이 시행되면 반도체기업의 시설투자에 대한 세액공제율은 대·중견기업이 15%에서 20%로, 중소기업이 25%에서 30%로 높아진다. 아울러 신성장·원천기술 및 국가전략기술에 대한 연구개발(R&D) 세액공제 적용기한을 2029년 말까지 5년 연장하고, 반도체 R&D 세액공제는 2031년 말까지 7년 연장하는 법안도 본회의 문턱을 넘었다.

K칩스법 도입에 반도체업계는 환영

K칩스법이 국회 본회의를 통과하면서 국내 반도체업계의 경쟁력 강화에 청신호가 켜졌다. 특히 미국 도널드 트럼프 행정부 출범 등으로 불확실성이 커진 가운데 K칩스법이 국내 반도체산업 경쟁력 강화에 디딤돌 역할을 할 것이라는 기대가 크다. 경제와 안보의 근간으로 부상한 반도체산업을 둘러싼 투자유치 경쟁에서 밀리지 않으려면 경쟁국 수준으로 세제혜택을 늘려야 한다고 업계에서는 주장해왔다.

SK하이닉스의 서버용 D램

미국은 반도체법에 따라 자국에 반도체공장을 짓는 기업에 최대 25% 세액공제를 적용한다. 대만은 반도체 R&D 투자비의 25%나 세액공제를 해준다. 이건재 IBK투자증권 연구원은 "K칩스법 시행이 국내 반도체산업의 글로벌경쟁력 강화에 도움이 될 것으로 기대된다"며 "세액공제율 상향은 투자부담을 경감시켜 국내 반도체기업들이 시설투자와 연구개발에 더욱 적극적으로 나설 환경을 조성할 것"이라고 내다봤다.

반도체 특별법은 '주 52시간 근로제' 두고 난항

반면 반도체 특별법은 주 52시간 근로제 예외 규정을 둘러싼 이견으로 통과에 난항을 겪고 있다. 여야 의원들이 발의한 반도체 특별법은 반도체산업 경쟁력 강화를 위해 정부가 반도체기업에 보조금을 지급하는 것이 핵심이다. 그러나 반도체 R&D 인력을 상대로 주 52시간 근로제 예외를 두는 내용을 법에 포함할지 여부를 놓고 여야 찬반양론이 팽팽하다.

반도체업계에서는 산업이 글로벌경쟁력을 갖추려면 R&D 인력을 대상으로 유연한 근로시간제도가 필요하다고 주장한다. 지금도 반도체 등 첨단산업에 특별연장근로를 지원하지만, 노사합의가 필요하고 정부허가를 받아야 하는 등 절차가 복잡한 편이다. 김정회 한국반도체산업협회 부회장은 "우리나라 반도체산업도 경쟁력 강화를 위해 미국이나 일본처럼 근로자와 기업의 근로시간 선택을 확대할 필요가 있다"고 제안했다. 게다가 주 52시간 근로제 이슈 때문에 법안통과 일정이 계속 늦어지면서 반도체산업 경쟁력 강화를 위한 '골든타임'을 놓칠까 봐 업계에서는 우려한다.

반면 노동계는 주 52시간 적용 예외 규정에 강하게 반발하고 있다. 2월 21일 전국민주노동조합총연맹(민주노총)은 이재명 더불어민주당 대표가 방문해 만난 자리에서 주 52시간 적용 예외를 포함한 반도체 특별법에 대해 강하게 비판한 것으로 알려졌다. 전호일 민주노총 대변인은 이 대표와 양경수 민주노총 위원장 간 회동을 마친 뒤 기자들에게 "주 52시간 노동시간 적용 예외는 절대 용납할 수 없는 내용"이라고 말했다.

기자회견하는 민주노총 광주본부

민주노총 광주본부도 2월 18일 당사 앞에서 기자회견을 열어 "반도체 노동자들의 건강을 해치는 반도체 특별법을 폐기해야 한다"고 주장하기도 했다. 노조는 "노동의 역사는 노동시간 단축의 역사라고 할 수 있다"며 "주 52시간제가 시행되는 것은 그 이상 시간을 노동하게 되면 뇌혈관질병·심장질병에 걸릴 확률이 높기 때문이다"고 강조했다. 그러면서 "우리나라는 포괄임금제*란 미명으로 연장·야간·휴일 노동도 만연한 상황이다"라며 "반도체 노동자들을 희생시키는 특별법의 논의를 멈춰야 한다"고 덧붙였다.

포괄임금제

연장근로, 야간근로, 외근 등 근로형태와 업무의 특성상 근무시간을 정확히 산정하기 어려운 경우 근로계약 체결 시 미리 예정된 수당을 정해 지급하는 방식이다. 본래는 사용자가 근로자의 기본임금을 정하고 여기에 초과근로수당을 더해 지급하게 되는데, 근로시간이 불규칙하거나 특정하기 어려울 때 기본급과 함께 시간외수당을 미리 정해 급여로 지급한다.

HOT ISSUE **20위**

철수시한 만료 … 전환점 맞나?
레바논·이스라엘 전쟁

2025년 2월 18일로 철수시한이 만료됐지만, 정전 협상안이 '레바논에서의 이스라엘군 철수'이었음에도 이스라엘이 레바논 남부 5개 지역에서 계속 주둔을 선언하자 레바논의 무장정파 헤즈볼라는 이를 '점령'으로 규정하고 무장공격을 재개할 수 있음을 시사하며 경고하고 있다.

레바논 공습 피해지역(베이루트 남부 다히예)

하산 나스랄라 전 수장 사진 앞에 있는 헤즈볼라 대원

이스라엘, 정전협정 외면 … 여전히 레바논 주둔

이스라엘의 지상군 파견으로 전면전에 이르렀던 이스라엘군과 헤즈볼라의 전투는 지난해 11월 27일의 정전협정으로 16개월여 만에 중단됐다. 이 정전협정에 따르면 이스라엘군은 60일 이내에 전역에서 완전히 병력을 철수해야 하며, 레바논의 시아파 민병대인 헤즈볼라는 리타니강 이남 지역에서 전투대원 및 무기 등을 철수하고 동시에 레바논 정규군 수천 명이 이 지역에 배치돼야 한다. 하지만 2월 28일이었던 철수시한이 지났음에도 이스라엘군은 국경 부근의 5개 요충지를 여전히 점령한 채 헤즈볼라의 지속적인 침략을 방어하기 위한 것이란 핑계로 주둔을 계속하고 있다.

헤즈볼라의 최고지도자 나임 카셈 사무총장은 3월 9일 "이스라엘군이 더이상 레바논 남부에 주둔하고 있는 것을 용납할 수 없다"면서 헤즈볼라가 아직도 레바논의 국방을 위해 헌신할 의사와 힘이 있음을 강조했다. 카셈 사무총장은 지난해 10월 29일 이스라엘군에게 살해당한 헤즈볼라 전 지도자 하산 나스랄라의 후임자로 TV와의 인터뷰 방송에서 "지난 60일 동안에 걸쳐서 이스라엘군은 헤아릴 수도 없는 정전위반을 저질렀다"면서 "이스라엘이 여전히 레바논의 권리를 침해하면서 위협적인 태도를 유지하고 있는 한 헤즈볼라의 무력은 여전히 국방에 결정적으로 중요한 역할을 할 것"이라고 강조했다. 양측 간 정전협정에도 불구하고 이스라엘은 레바논 내 헤즈볼라 관련 목표물을 계속 공격하고, 이에 헤즈볼라는 무장을 유지한 채 대응하고 있는 것이다.

6번째 레바논 침공 … 민간인·병원 공습피해 다수

2023년 10월 이스라엘 남부를 겨냥한 헤즈볼라에 대한 보복으로 시작된 이스라엘의 레바논 침공은 1978년 레바논에 기반을 둔 **팔레스타인 해방기구***(PLO) 대원들을 국경에서 몰아낸다면서 시작한 군사작전 이래 1982년, 1993년, 1996년, 2006년의 침공에 이어 6번째다. 이번 이스라엘과 레바논 사이에 벌어진 전쟁은 헤즈볼라가 동맹관계인 하마스가 2023년 10월 7일 이스라엘 남부를 겨냥한 치명적인 공세를 가한 다음 날 팔레스타인을 지원하고자 분쟁 중인 국경지역 내 이스라엘 진지를 향해 로켓포를 발사한 것이 계기가 됐다.

> **팔레스타인 해방기구**
>
> 1964년 팔레스타인의 분리독립을 위해 창립된 무장단체다. 설립 이후 요르단과 레바논, 이집트, 시리아 등지에 거점을 마련하고 다양한 층위의 게릴라전을 벌이면서 이스라엘에 대항했다. 1993년 팔레스타인 해방기구와 이스라엘은 유엔 안전보장이사회의 결의문 제242호와 결의문 제338호를 상호수용했는데, 이로써 팔레스타인 해방기구는 이스라엘의 존립권을 인정하고 이스라엘은 팔레스타인 해방기구를 팔레스타인을 대표하는 유일한 기구로서 인정했다.

한편 세계은행(WB)은 이스라엘과 헤즈볼라가 전쟁을 치른 레바논의 복구·재건 비용을 약 110억달러(15조 9,000억원)로 분석했다. 또한 주택 및 제반시설 파괴로 인한 여러 비용을 고려한 손실규모는 약 110억달러로 추산했다. 세계은행 기준 침공 전인 2022년 레바논의 국내총생산(GDP)은 약 210억달러(약 30조 4,000억원)였다. 또한 2023년 10월 7일부터 2024년 11월 20일까지 레바논에서는 ==이스라엘군의 공격으로 3,645명이 숨지고, 1만 5,355명이 다쳤으며, 같은 기간 이스라엘군의 병원 및 의료시설 공격으로 목숨을 잃은 의료진과 환자는 모두 226명에 이른다==는 보고도 있었다.

HOT ISSUE 21위

감사원, 선관위 채용비리 적발… 헌재, "감사원에 감찰 권한 없어"

감사원*이 2월 27일 채용비리에 연루된 선거관리위원회(선관위) 전·현직 직원 32명에 대해 선관위에 징계를 요구하거나 비위내용을 통보했다고 밝혔다. 감사원은 7개 시·도 선관위의 가족·친척 채용청탁, 면접점수 조작, 인사 관련 증거서류 조작·은폐 등의 비위를 골자로 한 '선관위 채용 등 인력관리 실태' 감사보고서를 이날 공개했다. 감사결과 선관위 고위직부터 중간간부에 이르기까지 ==본인의 가족 채용을 청탁하는 행위가 빈번했고, 인사·채용 담당자들은 각종 위법·편법적 방법을 동원==한 것으로 나타났다.

> **감사원**
>
> 국가가 재정을 잘못 사용하거나 공무원이 비리를 저지르고, 행정과 법령·제도에 문제점이 있을 경우 이를 검사하여 수사기관에 고발하는 역할을 하는 대통령 직속 감사기관이다. 다시 말해 독립적인 지위를 가진 현대판 '암행어사' 제도라고도 할 수 있다. 감사원은 국가의 세입·세출에 대한 결산을 검사하고, 국가와 지방자치단체 등의 회계검사도 실시한다.

선관위 경력채용 과정에서 878건 규정 위반

선관위 특혜채용은 주로 국가공무원을 지방공무원으로 채용하는 경력경쟁채용(경채) 과정에서 발생했다. 감사원이 2013년 이후 시행된 경채 291회를 전수조사한 결과 모든 회차에 걸쳐 총 878건의 규정 위반이 있었던 것으로 드러났다. 특히 선관위 고위직·중간 간부들은 인사담당자에게 거리낌 없이 연락해 채용을 청탁했다.

선관위 인사담당자들은 다양한 위법·편법적 방법으로 청탁자의 가족을 합격시켰다. 구체적으로 채용공고 없이 선관위 자녀를 내정했으며, 친분이 있는 내부직원으로 시험위원을 구성하거나 면접점수의 조작·변조 등 갖가지 방법이 동원됐다. 이에 따라 김세환 전 선관위 사무총장과 송봉섭 전 중앙선관위 사무차장의 자녀를 비롯해 고위직 간부들의 가족이 선관위 입성에 성공했다.

김세환 전 선관위 사무총장

적 헌법기관으로 규정한 헌법 개정권자의 의사에 반한다"고 설명했다. 아울러 "감사원의 직무감찰 권한은 행정부 내부통제장치로서의 성격을 갖고 있다"며 "정부와 독립된 헌법기관인 국회, 법원, 헌법재판소는 물론 이들 헌법기관과 병행해 독립된 헌법기관으로 설치된 선관위도 감사원의 직무감찰의 대상에 포함되지 않는다"고 봤다.

감사원은 "공직채용의 공정성이 심각하게 훼손됐다"며 "공정한 채용을 지휘·감독해야 할 중앙선관위는 인사 관련 법령·기준을 느슨하고 허술하게 마련·적용하거나 가족채용 등을 알면서 안이하게 대응했고, 국가공무원법령을 위배해 채용하도록 불법·편법을 조장했다"고 지적했다.

헌재, "감사원의 선관위 감찰은 위헌적"

이날 공개된 감사보고서는 2024년 선관위가 감사원의 직무감찰에 반발해 헌법재판소(헌재)에 제기한 권한쟁의 심판 선고기일이 이날로 잡힘에 따라 애초 계획보다 이틀 앞당겨 공개가 의결되고 전날 헌재에 전달된 것으로 전해졌다. 한편 같은 날 헌재는 선관위가 감사원을 상대로 제기한 권한쟁의심판 청구에 대해 재판관 전원일치 의견으로 인용결정을 내렸다. 헌재는 중앙선관위가 감사원의 직무감찰 대상에 포함되지 않고, 앞서 감사원이 선관위를 상대로 채용 등 인력관리 실태에 관한 직무감찰을 벌인 것은 위헌·위법하다고 밝혔다.

헌재는 "현행 헌법체계하에서 대통령 소속하에 편제된 감사원이 선관위에 관한 직무감찰을 하는 것을 허용한다면 선관위의 공정성, 중립성에 대한 국민신뢰가 훼손될 위험이 있다"며 "이는 대통령 등의 영향력을 제도적으로 차단하기 위해 선관위를 독립

HOT ISSUE **22위**

제주항공 참사·에어부산 화재 … 잇단 항공사고에 안전관리 강화

무안국제공항 제주항공 참사 한 달 만인 1월 28일 김해국제공항에서 에어부산 항공기 화재가 발생하면서 저비용항공사*(LCC)의 안전문제가 또다시 도마 위에 올랐다. 잇따른 사고로 LCC에 대한 안전강화 목소리가 다시 제기된 가운데 정부와 국내 항공사들이 안전관리 강화 대책을 속속 발표했다.

> **저비용항공사**
>
> 기존의 일반항공사(FSC ; Full-Services Carrier)보다 저렴한 가격에 항공권을 판매하는 항공사로 'LCC(Low Cost Carrier)' 또는 '저가항공사'라고도 한다. 보통 기존 항공권의 50~70% 수준에서 가격이 형성되기 때문에 비용절감을 위해 기내 서비스를 최소화하고 단거리 직항 노선에 치중해 운영하고 있다.

전국 공항, '둔덕' 없애고 활주로 안전구역 늘린다

국토교통부(국토부)는 1월 22일 제주항공 여객기 사고의 후속대책으로 '방위각시설(로컬라이저) 등 공항시설 안전 개선방안'을 발표했다. 이번 방안은 제주항공 여객기 사고의 후속대책으로 항공기 비상착

류 시 우려되는 위험요소를 전면적으로 손보기 위해 전국 공항의 항행안전시설과 공항시설 전반에 대한 특별 안전점검과 관계기관 회의, 전문가 회의를 거쳐 마련됐다.

점검결과 '위험한 시설물' 및 방위각시설의 개선이 필요한 곳은 무안공항 외에 김해국제공항(2곳), 제주국제공항, 광주공항, 여수공항, 포항경주공항, 사천공항(2곳) 등 총 7개 공항의 9개 시설물로 확인됐다. 국토부는 이들 공항의 방위각시설 기초대를 지하화하는 방안과 경량철골 구조로 교체하는 방안을 설계과정에서 함께 검토하고, 공항별 관련 설치규정을 준수하면서도 신속하게 추진할 수 있는 방안을 택해 가능한 연내에 모두 마무리할 계획이다.

전국 공항 로컬라이저(방위각시설) 설치 현황

자료 / 한국공항공사, 국토교통부, 환경부 국립생물자원관

또 활주로 종단 안전구역이 권고기준인 240m보다 짧은 경우 이를 늘리거나 항공기 제동효과를 내는 특수시설 도입도 검토한다. 이에 해당하는 공항은 무안공항과 김해공항, 여수공항, 포항경주공항, 사천공항, 울산공항, 원주공항 등 총 7개 공항이다. 이들 공항은 우선 안전구역 확대를 추진하되 공항 부지 내에서 공간 확보가 여의찮으면 활주로 이탈방지시설(EMAS) 도입 등을 통해 충분한 안전성을 확보한다는 계획이다.

국토부는 제주항공 여객기 참사의 1차 원인으로 지목된 조류 충돌(버드 스트라이크) 사고의 재발을 막기 위해 국내 모든 공항에 조류 탐지용 열화상 카메라와 레이더를 도입하고, 공항 주변에 새가 모여들도록 하는 과수원 등의 시설을 안전한 거리로 옮기는 방안도 함께 추진하기로 했다. 또 항공사의 안전운항 개선방안까지 담은 전반적인 항공안전 혁신방안을 4월까지 마무리할 계획이라고 밝혔다.

보조배터리, '선반 보관 금지·지퍼백에 보관' 안내

한편 국내 항공사들은 제주항공 참사 한 달 만에 김해국제공항에서 발생한 에어부산 여객기 화재를 계기로 일제히 기내에서의 보조배터리 등 소형전자기기에 대한 관리강화에 나섰다. 아직 정확한 화재원인이 밝혀지지는 않았지만, 승객과 객실 승무원의 증언 등을 토대로 기내 선반 속 수하물에 있던 보조배터리에서 불이 시작된 것으로 추정되면서 안전성에 대한 경각심이 커진 것이다.

이에 따라 티켓 예약·발권 과정과 탑승수속 단계에서 보조배터리 기내 선반 탑재 금지에 대한 승객 동의절차를 거치거나 보조배터리 등을 좌석 주머니에 보관하도록 안내하고 있다. 보조배터리를 지퍼백에 개별포장해 보관하거나 배터리 단자 및 USB 포트에 절연테이프를 붙여 합선을 방지하도록 안내하는 항공사도 있다. 아울러 모든 항공기에는 배터리 화재진압 전용장비를 탑재하고 기내 화재대응과 관련된 승무원 교육훈련을 강화하기로 했다.

다만 항공사들의 이런 자체 조치는 강제성이 없다는 한계가 있다. 안내에 따르지 않고 선반 안에 보조배터리를 두거나 지퍼백에 넣지 않아도 항공편 이용을 제재하거나 처벌할 규정이 없는 상황이다. 이에 항공안전 주무부처인 국토부는 보조배터리 등의 기내 사용을 효과적으로 규제할 방안을 항공업계와 논의 중이다.

HOT ISSUE 23위

'불안한' 휴전합의 … 이스라엘-하마스 전쟁

2025년 1월 15일 이스라엘과 팔레스타인 무장정파 하마스 간 전쟁을 종식시키기 위한 휴전협정과 인질 및 포로 교환이 합의돼 19일 발효됐다. 그러나 2단계 휴전협상 논의가 교착상태에 빠지면서 가자지구에 또다시 공습이 이어졌다.

15개월 만에 포성 멈춘 가자지구, 그러나 …

이스라엘과 하마스의 휴전협상 합의는 가자지구에서 전쟁이 발발한 지 15개월 만에 이루어졌다. 앞서 중재국인 카타르는 양측에 교전을 중지하기 위한 협상조건을 제시했는데, 하마스와 이스라엘이 각각 인질과 수감자를 석방한다는 조건도 포함됐다.

합의에 따르면 양측은 3단계에 걸쳐 진행될 휴전의 첫 단계에서 교전을 멈추고 인질과 수감자를 교환한다. 이 기간에 하마스는 가자지구에 남은 모든 여성과 어린이, 50세 이상의 고령 인질을 석방하고, 이스라엘은 팔레스타인 수감자 1,000여 명을 풀어준다. 휴전 다음 단계에 관한 구체적인 논의도 이 기간에 진행된다.

휴전협상 합의 소식이 전해진 팔레스타인 거주지역

이스라엘군의 완전철수와 영구휴전, 50세 미만 이스라엘 남성인질 석방 등의 의제를 포함한 2단계 휴전 이행에 관한 논의는 휴전 16일차부터 다시 시작된다. 휴전 3단계에 이르면 숨진 인질의 시신을 포함한 모든 인질의 송환과 더불어 이집트, 카타르 등 중재국과 유엔이 감독하는 가운데 가자지구 재건 등이 이뤄질 전망이다.

이에 따라 이스라엘과 하마스는 휴전 1단계에서 합의한 이스라엘 인질과 팔레스타인 수감자 교환을 마쳤다. 그러나 당초 1단계 휴전 16일째부터 논의하기로 한 2차협상이 이스라엘의 일방적인 주장으로 교착되면서 3월 1일 1단계 휴전이 만료될 때까지도 이루어지지 못했다. 미국의 지원을 받는 이스라엘이 이날 휴전협정의 1단계가 종료된 후 새로운 협상이 이루어져야 한다고 주장하며 협상에 나서지 않은 것이다.

이스라엘 남쪽 가자지구 접경의 이스라엘군 병력

여기에 더해 이스라엘은 가자지구로 향하는 모든 인도주의적 지원도 전면 차단했다. 또한 가자지구에서의 철군 없이 추가 인질석방을 끌어내고자 전기·수도 공급을 끊는 등 가자지구를 강도 높게 봉쇄하는 이른바 '지옥계획'을 추진한다고 발표하기도 했다. 에얄 자미르 신임 이스라엘군 참모총장은 3월 5일 (현지시간) "하마스를 아직 물리친 것은 아니다"라며 "인질을 귀환시키고 결정적 승리를 거두기 위한 군사작전을 계속하겠다"고까지 밝혔다. 자미르 참모총장은 베냐민 네타냐후 이스라엘 총리의 측근 인사로 분류된다. 이스라엘 내에서는 극우파가 전쟁을 재개하라고 네타냐후 총리를 연일 압박하고 있다.

"지원중단·봉쇄는 국제인도법 위반"

이에 이집트 측은 '명백한 위반'이라며 날카롭게 반응했다. 미국과 함께 이번 휴전의 중재자로 나선 두 아랍국가인 이집트와 카타르는 가자지구 재봉쇄에 대해 이스라엘이 "식량을 전쟁무기로 사용"함으로써 국제인도법*을 위반했다고 비난하고 나섰다.

국제인도법

인도주의적인 이유로 사람과 물건에 대한 무력충돌의 영향력을 제한하기 위한 일련의 규칙들로 '전쟁법(Law of War)' 혹은 '무력충돌법(Laws of Armed Conflict)'으로 부르기도 한다. 무력충돌 시 전투능력을 상실했거나 적대행위에 가담하지 않는 사람들을 보호하고, 전투의 수단 및 방법을 제한함으로써 무력충돌의 영향력을 최소화하기 위한 국제법이다. 개별 국가의 실제적 무력사용 여부는 규율하지 않으며, 오직 무력충돌의 상황에서만 적용이 되고 모든 무력충돌 당사자에게 동등하게 적용된다.

공습도 이어졌다. 3월 3일 가자지구에 주둔 중인 자국군을 위협한다는 이유로 이스라엘은 가자지구 남단 라파에서 드론 공격을 감행했고, 남부 칸유니스에서도 이스라엘군의 포격과 총격이 있었다.

이러한 이스라엘의 공세강화에 대응해 하마스도 전투재개를 준비하고 있다는 보도가 나왔다. 카타르 매체 알아라비 알자디드는 하마스와 다른 무장단체들이 이스라엘 인질을 억류한 채 보안조치를 강화하는 등 전시체제로 들어갔다고 보도했다. 아울러 하마스는 전투가 재개되면 급조 폭발물에 사용하기 위해 이스라엘군의 불발탄에서 고성능 폭약을 추출하고 있는 것으로 알려졌다.

양측이 모두 전투재개를 준비하는 것으로 전해지는 가운데 도널드 트럼프 미국 대통령의 중동특사 스티브 위트코프는 양측이 약 50일의 휴전연장에 합의하고 이 기간에 하마스가 즉시 남은 인질의 절반을, 영구종전에 합의하면 나머지를 석방하는 방안을 제시했다. 그러나 결국 19일(현지시간) 이스라엘군이 가자지구 약 80곳을 동시타격하며 지상 군사작전을 재개해 가자지구는 다시 '생지옥'이 됐다.

HOT ISSUE

24위

낸드 속도조절하는 삼성·SK하이닉스 "HBM 비중 확대는 가속"

올해 초 메모리의 공급과잉과 수요둔화로 반도체 업황이 다소 주춤할 전망이다. 이에 삼성전자와 SK하이닉스 등 주요 업체들은 낸드플래시* 메모리 등 일부 제품 감산에 나서는 한편, 고대역폭메모리(HBM)와 같은 고부가제품을 중심으로 시장상황에 대응한다는 전략을 내놨다.

> **낸드플래시**
>
> 플래시 메모리의 한 종류로 기기의 전원이 꺼져도 데이터가 계속 저장되는 비휘발성 저장장치를 말한다. 메모리는 같은 공간에 더 많은 셀이 들어갈수록 용량이 커지는데, 낸드플래시의 경우 반도체 셀을 직렬로 배열해 쓰기속도가 빠르고 대용량·소형화가 가능하다는 점이 특징으로 꼽힌다. 주로 카메라나 스마트폰 등에 사용된다.

주요 업체, 업황 둔화 전망에 '일부 제품 감산'

1월 31일 삼성전자는 4분기 실적발표 후 콘퍼런스콜에서 "메모리 업황은 단기적으로 약세가 전망된다"며 "모바일과 PC 모두 고객사 재고조정이 1분기까지 이어지고, 서버도 그래픽처리장치(GPU) 제약으로 메모리 수요가 이연되는 현상이 발생할 것"이라고 말했다. 지난해 4분기 삼성전자 반도체 사업을 담당하는 DS 부문의 매출은 30조 1,000억원이었으며 이 중 메모리 매출은 23조원이었다. 증권가에 따르면 올해 1분기 삼성전자 DS 부문 내 메모리 사업 매출은 20조원 안팎으로 추정된다.

이러한 ==메모리 업황의 약세는 메모리의 공급과잉과 고객사들의 재고조정이 맞물렸기 때문으로 풀이==됐다. 1월 초 시장조사업체 트렌드포스는 1분기 D램 가격은 8~13%, 낸드 가격은 10~15%가량 떨어질 것으로 예상했다. 특히 주요 업체들이 2023년 3분기부터 이어진 가격하락으로 수익성이 악화된 낸드의 감산에 돌입했거나 할 계획인 것으로 알려졌다.

▲ 삼성전자 'QLC 9세대 V낸드'

트렌드포스는 최근 보고서를 통해 "미국 마이크론, 삼성전자, SK하이닉스(솔리다임 포함), 키옥시아, 샌디스크 등 제조업체들이 (낸드) 감산계획을 세우고 있다"며 "주로 가동률을 낮추고 공정 업그레이드를 지연시키는 방식으로 감산을 시행하고 있다"고 밝혔다. 앞서 마이크론은 최근 실적발표에서 낸드 감산계획을 발표한 바 있으며, SK하이닉스도 1월 23일 실적발표에서 "낸드는 이미 일부 공급사들이 감산을 발표했고, 당사 역시 올해도 지난 2023년부터 이어진 탄력적 투자와 생산기조를 유지할 계획"이라며 "낸드는 지난 다운턴(불황기) 때보다 완만한 조정기를 거칠 것으로 예상한다"고 말했다.

삼성, "HBM3E 개선제품, 2분기부터 공급 가시화"

삼성전자도 이날 "낸드는 업계 내 과거 2년간 이어진 보수적인 캐펙스(CAPEX, 설비투자) 집행과 감산기조 확산으로 늦어도 올 하반기 초부터는 수급에 영향이 있을 것"이라고 봤다. 오히려 하반기가 되면 낸드 공급부족 국면으로 전환할 수 있다는 해석이다. 그러면서 "이러한 상황에서 D램, 낸드 모두 레거시(구형) 제품을 줄이면서 선단공정으로 전환을 가속할 것"이라고 말했다.

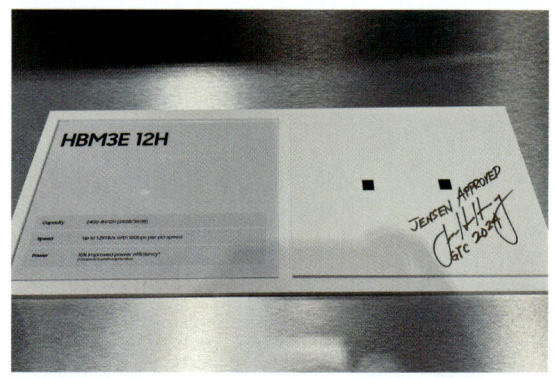

젠슨 황 CEO가 삼성 HBM3E에 남긴 사인

업계에서는 이 같은 일부 제품의 하락세를 올해도 수요가 견조한 HBM 등 고부가·첨단제품이 상쇄시킬 것으로 보고 있다. 올해 1분기 HBM을 포함하면 전체 D램의 가격하락은 0~5% 수준에 그칠 것이라는 게 트렌드포스의 분석이다. 이에 삼성전자와 SK하이닉스는 HBM 공급확대와 차세대제품 개발에 속도를 내며 HBM 비중을 더욱 확대할 방침이다. 삼성전자는 주요 고객사의 차세대 GPU 과제에 맞춰 HBM3E 개선제품을 준비 중이며, 2분기부터 가시적인 공급증가가 이뤄질 전망이다. SK하이닉스 역시 HBM4 12단 제품을 먼저 공급한 이후 고객 요구시점에 맞춰 16단 제품을 공급할 계획이며, 올해 상반기 중 내년 물량 대부분에 대해 가시성을 확보할 수 있을 것으로 예상했다.

한편 이날 블룸버그 통신은 삼성전자가 지난해 12월 엔비디아에 5세대 고대역폭메모리(HBM) 공급 승인을 얻었다고 보도했다. 이 제품은 중국시장을 위해 특화된 엔비디아의 인공지능(AI) 가속기 칩 생산을 위해 공급되고 있는 것으로 전해졌다.

HOT ISSUE **25위**

4,000만 고객정보 알리에 넘긴 카카오페이·애플 … 과징금 83억

고객의 동의를 받지 않고 고객의 개인정보를 중국의 알리페이에 넘긴 카카오페이와 애플페이가 총 83억여 원의 과징금을 물게 됐다. 개인정보보호위원회(개인정보위)는 1월 23일 개인정보보호법을 위반한 카카오페이와 애플페이에 대한 과징금과 시정명령 처분을 전날 전체회의에서 의결했다고 밝혔다.

전체회의 결과를 발표하는 개인정보위 전승재 조사3팀장

이용자 동의 없이 고객정보 542억건 전송

개인정보위의 조사결과 ==카카오페이는 이용자의 개인정보를 이들의 동의 없이 애플의 서비스 이용자 평가를 위해 알리페이에 제공==했다. 당시 카카오페이는 알리페이의 중계를 통해 애플에 고객의 결제정보를 전송하고 있었다. 여기서 애플은 NSF 점수* 산출을 포함한 결제처리와 관련된 개인정보 처리업무를 알리페이에 위탁했다. 이 과정에서 카카오페이는 애플의 수탁사인 알리페이가 NSF 점수 산출모델을 구축할 수 있도록 전체 카카오페이 이용자의 개인정보를 2018년 4~7월 총 3회에 걸쳐 동의 없이 알리페이에 전송했다.

NSF 점수

애플이 자사 서비스 내 여러 건의 소액결제를 한데 묶어 일괄 청구할 경우 자금부족 가능성을 판단하고자 이용자별로 0~100점을 매기는 고객별 점수를 뜻한다. 또 금융기관에서 고객의 신용위험을 분석하거나 예금계좌의 신뢰성을 평가하기 위해 과거 거래내역과 잔고 평균, 예상 현금흐름, 기타 신용정보 등을 활용해 산출하기도 한다.

전송된 개인정보에는 이용자의 휴대전화번호, 이메일주소, 자금부족 가능성과 관련된 정보(카카오페이 가입일, 충전잔고 등) 등 총 24개 항목이 포함됐다. 이 기간 누적 전송건수는 약 542억건으로 중복제거 시 4,000만명으로 추산된다. 카카오페이 전체 이용자 가운데 애플에 결제수단을 등록한 비율은 20% 미만이었음에도 카카오페이는 애플 이용자뿐만 아니라 안드로이드 사용자 등 애플 미이용자까지 포함된 전체 이용자의 정보를 알리페이에 전송했다.

애플의 경우 알리페이에 카카오페이 이용자의 결제정보 전송과 NSF 점수 산출을 위한 개인정보를 처리하도록 위탁하면서 이러한 사실과 함께 정보의 국외이전 내용을 이용자에게 알리지 않은 점도 조사에서 확인됐다. 이들 업체가 개인정보를 국외로 이전한다는 사실을 고지하지 않았던 탓에 카카오페이 이용자의 대부분은 본인의 정보가 해외로 넘어간다는 사실을 알 수 없었다.

국외기업 규제 한계 여실히 드러나

개인정보위는 카카오페이의 정보제공 행위에 대해 '적법처리 근거 없는 국외이전'으로 판단해 과징금 59억 6,800만원을 부과했다. 또 국외이전에 대한 적법성을 갖추도록 시정명령하고, 홈페이지와 애플리케이션에 관련 사실을 공표하도록 했다. 애플의 경우 개인정보의 국외처리 위탁정보 주체에게 고지하지 않은 점에 대해 과징금 24억 500만원을, 위탁 사실을 밝히지 않은 행위에 대해서는 과태료 220만원을 부과했다. 개인정보 처리방침엔 국외이전 사실을 명시하도록 시정명령하고, 홈페이지와 애플리케이션에 관련 사실을 공표토록 했다. 알리페이에는 NSF 점수 산출모델을 파기하도록 시정명령했다.

한편 카카오페이와 애플페이 등에 대한 처분논의가 이뤄진 개인정보위 전체회의에서 애플 측이 성의 없는 답변으로 일관해 질타를 받은 것으로 확인됐다. 당시 전체회의 속기록에 따르면 애플의 국내 대리인은 "정확히 모르겠다", "증빙자료를 갖고 있지 않다" 등으로 답변하며 즉답을 피했다.

이에 대해 관계자들은 다국적기업에 대한 처분은 국내기업과 비교하면 한계가 존재하는 게 현실이라고 짚었다. 개인정보보호법에 따라 국내에 주소나 영업장이 없는 기업의 경우 국내 대리인을 지정하고, 개인정보 보호책임자의 업무와 개인정보 유출 등의 통지 및 신고 업무를 부여해야 한다. 그러나 ==대리인의 대부분이 홍보나 마케팅 업무 정도만 수행하고 있어 주요정보를 확보하고 있지 않은 데다가 클라이언트(본사)의 허락 없이 조사 등에서 바로 답변하기 힘들다.== 상황이 이렇다 보니 대리인 제도의 실효성이 떨어지고, 국내 토종기업에 대한 역차별이라는 지적이 꾸준히 제기돼왔다. 이에 전문가들은 해외기업의 현황을 고려해 국내기업과 규제 형평성을 맞추고 개인

HOT ISSUE **26위**

손정의 회장(왼쪽)과 샘 올트먼 CEO

소프트뱅크·오픈AI 합작사 신설 … "기업용 생성형 AI 제공"

손정의(일본명 손 마사요시) 회장이 이끄는 소프트뱅크그룹과 챗GPT 개발사인 오픈AI가 일본에서 합작사를 만들어 기업용 생성형 인공지능(AI)을 개발, 판매한다. 2월 3일 니혼게이자이신문 등 일본언론에 따르면 손 회장과 샘 올트먼 오픈AI 최고경영자(CEO)는 이날 일본기업 500여 개 사가 참가한 도쿄 행사에서 이런 계획을 발표했다.

소프트뱅크, AI에 주력 … "초인공지능 실현할 것"

합작사의 이름은 'SB 오픈AI 재팬'으로 소프트뱅크그룹 산하의 새로운 중간지주사와 오픈AI가 50%씩 출자한다. 합작사는 '크리스털 인텔리전스'라는 이름의 기업용 AI를 개발해 기업별 인사, 마케팅 등 데이터를 집약하여 고객응대나 문서작성 등 업무를 자동화하거나 의사결정을 지원한다. 소프트뱅크그룹 자회사들이 먼저 도입해 이용료로 오픈AI에 연간 4,500억엔(약 4조 2,477억원)을 지급할 계획이다. 앞서 양사는 1월 21일 미국 소프트웨어 기업 오라클과 함께 AI 합작사 스타게이트를 만들고 향후 4년간 5,000억달러(약 727조억원) 이상을 투자해 미국에 AI 데이터센터 등을 구축하는 '스타게이트' 설립 계획을 발표한 바 있다. 이들은 각 프로젝트의 10~20% 주식을 취득하고, 나머지 자금은 은행과 투자펀드 등에서 조달할 계획이라고 밝혔다.

교도통신 등에 따르면 소프트뱅크그룹의 오픈AI 출자액은 총 20억달러(약 2조 9,000억원)에 달한다. 고토 요시미쓰 소프트뱅크그룹 최고재무책임자(CFO)는 2월 12일 열린 2024년 4~12월 결산 설명회에서 "웹사이트의 월간 접속 수를 비교하면 오픈AI는 다른 서비스와 압도적으로 차이를 벌리고 있다"며 "이만큼 차이가 벌어지면 후속업체가 따라잡는 데 시간이 걸릴 것으로 관측된다"고 말했다. 이어 "그만큼 지지받고 있기 때문에 지금 어디와 협력해야 할지 생각한다면 망설임 없이 오픈AI"라고 덧붙였다. 중국 AI 스타트업 딥시크(DeepSeek)에 대해서는 "새로운 서비스가 계속 나오는 것은 AI 업계가 환영해야 할 일"이라며 "어떻게 평가받을지는 조금 시간을 두고 지켜보고자 한다"고 말했다.

'머스크 오픈AI 인수 제안'에 계획 차질 전망도

한편 일론 머스크 테슬라 CEO가 오픈AI 인수를 '갑작스럽게' 제안하면서 올트먼의 계획이 차질을 빚을 수 있다는 주장이 제기됐다. 머스크가 이끄는 투자자 컨소시엄이 2월 10일(현지시간) 오픈AI의 지배지분을 974억달러(141조원)에 인수하겠다고 제안한 것이다. 올트먼은 즉각 거절했지만, 제안 자체만으로도 그가 야심차게 추진해온 프로젝트들이 영향을 받을 수 있는 것으로 전해졌다.

현재 오픈AI는 비영리법인 이사회가 영리법인을 통제하는 형태인데, 올트먼은 완전한 영리법인으로 전환하기 위해 비영리단체에 일정 지분을 주고 그 통제권에서 벗어나는 방안을 추진하고 있다. 오픈AI를 통제하는 비영리법인의 직원은 단 2명이며, 현금 및 기타자산은 2,200만달러에 불과하다. 가치가 높지 않아 영리법인 전환 시 비영리법인에 큰돈을 들이지 않을 수 있는 셈이다.

하고 투자지분을 모두 처분했다. 이후 오픈AI가 챗GPT를 내놓자 이 AI 챗봇이 정치적으로 편향돼 있다고 비난하며 자체 AI 스타트업 xAI를 설립했다. 지난해에는 올트먼 등 오픈AI 창립자들이 인류를 위한 AI를 개발하겠다는 약속을 어기고 영리를 추구하고 있다며 소송을 제기하기도 했다.

일론 머스크 테슬라 CEO

반면 머스크가 제안한 것은 오픈AI의 **지배지분***으로 오픈AI에 대한 비영리법인의 통제권을 말한다. 그는 오픈AI에 대한 비영리법인 통제권의 가치를 974억달러로 측정했는데, 이는 최소가치의 가이드라인이 된 셈이다. 이에 올트먼은 ==영리법인 전환 시 비영리법인에 머스크가 제안한 금액 이상의 '막대한' 가치를 대가로 줘야 하는 부담==을 안게 됐다.

> **지배지분**
> 의결권이 있는 주식의 50% 이상을 소유해 기업 경영에 관한 지배권을 확보할 수 있는 지분을 말한다. 다만 현실적으로 의결권을 행사하는 경우가 드물기 때문에 훨씬 적은 지분을 개인이나 법인이 소유한 경우에도 지배지분이 형성될 수 있다.

머스크의 오픈AI 인수 제안은 올트먼과의 오랜 악연에서 시작됐다. 머스크는 올트먼과 함께 오픈AI 설립에 참여했다가 2018년 오픈AI 이사직을 사임

HOT ISSUE 27위

지방 미분양 가구 LH가 매입 … 부산·대전·안산 철도 지하화

정부가 지방 건설경기를 짓누르는 미분양 해소를 위해 '악성 미분양' 3,000가구를 한국토지주택공사(LH)가 사들이는 방안을 내놨다. LH가 지방 미분양 가구의 직접 매입에 나서는 것은 2010년 이후 15년 만에 처음이다. 지방 건설투자를 끌어올리기 위해 부산, 대전, 안산에서는 4조 3,000억원 규모의 철도 지하화 사업을 추진한다.

민생경제점검회의에서 발언하는 최상목 권한대행

정부, 지역 건설경기 보완방안 발표

정부는 2월 19일 최상목 대통령 권한대행 부총리 겸 기획재정부 장관 주재로 정부서울청사에서 열린 민

생경제점검회의에서 이 같은 내용의 '지역 건설경기 보완방안'을 발표했다. 최 대행은 "지방 중심의 건설 수주 감소 영향으로 투자·고용 부진이 장기화하고, 준공 후 미분양이 느는 등 부동산시장이 위축돼 지역경제 회복이 지연되고 있다"며 "정부가 지방 건설경기 회복을 적극 지원하겠다"고 밝혔다.

정부는 우선 11년 만에 최대치로 쌓인 악성 미분양 가구를 줄여 부동산시장 회복을 지원하기로 했다. 지난해 12월 말 기준, 준공 후 미분양은 2만 1,480가구로 1년 새 2배로 훌쩍 늘었다. 준공 후 미분양의 80%(1만 7,229가구)는 지방에 쏠려 있다. 앞서 LH는 준공 후 미분양이 5만가구대까지 쌓인 2008~2010년 7,058가구를 매입한 적이 있다. 당시에는 미분양 대부분을 분양가의 70% 이하에 사들였다.

이번에도 ==LH는 분양가보다 낮은 수준으로 준공 후 미분양을 매입해 '든든전세주택'으로 활용할 계획==이다. 든든전세주택은 세입자가 시세의 90% 수준 전세금으로 최소 6년간 살다가 분양받을지 여부를 선택할 수 있는 공공임대주택 유형이다. LH는 미분양 매입신청을 받을 예정이며, 시장상황에 따라 매입규모 확대 여부를 검토하기로 했다.

철도 지하화 우선 추진 … 서울은 제외

정부는 현재 비(非)아파트에만 허용하는 '매입형 등록임대'를 지방의 준공 후 미분양 아파트(85m² 이하)에도 허용하는 방안도 추진한다. 다만 이를 위해서는 민간임대주택법 개정이 필요하다. 또 지방 준공 후 미분양 주택을 구입하면 디딤돌대출 때 이자를 낮춰주는 우대금리를 신설한다. 아울러 지역투자 활성화를 위해서는 부산진~부산, 대전조차장, 안산 초지역~중앙역 세 구간에서 철도 지하화 사업을 추진한다.

지방 주택거래를 늘리기 위한 유동성 확대도 지원키로 했다. 금융기관이 지방 주택담보대출 취급을 늘리면 인센티브를 부여하고, 지방은행이 가계대출 경영계획을 수립할 때는 경상성장률(3.8%)을 초과할 수 있도록 허용한다. 정부는 7월 도입예정인 3단계 '스트레스 총부채원리금상환비율(DSR)'에 대해서는 지방 건설경기 상황을 보아가며 4~5월께 적용 범위와 비율을 결정하겠다고 밝혔다.

건설회사의 **책임준공*** 부담을 완화해주는 방안도 마련한다. 그간 업계에서는 ==책임준공 시 준공기한을 하루라도 넘기면 시공사가 PF사업장 채무를 떠안는 과도한 부담을 지게돼 불합리하다는 지적==이 있어왔다. 제도개선을 통해 민간공사 표준도급계약서와 비슷한 수준으로 공사기한 연장사유를 확대하거나, 책임준공 도과기간에 따라 채무 인수비율을 차등화하는 방식을 적용할 것으로 전망된다.

> **책임준공**
>
> 부동산 프로젝트파이낸싱(PF)대출을 일으킬 때 신용이 약한 영세 시행사를 대신해 시공사(건설사)가 기한 내 준공할 것을 보증하는 제도다. 만약 책임준공 기한을 지키지 못할 경우 시공사가 PF대출 전액을 인수해야 한다.

아울러 정부는 공공공사의 절반 이상을 차지하는 지방자치단체와 지방 공공기관 발주공사에도 공사비 현실화 방안을 적용하기로 했다. 올해와 내년 신규

사업 개발부담금에 대해선 수도권 50%, 비수도권 100% 감면을 추진한다. 다만 개발부담금을 감면하려면 국회에서 개발이익환수법이 개정돼야 한다. 이밖에 정부는 제주항공 여객기 참사 이후 항공안전에 대한 국민 불안이 높아진 점을 고려해 관련 투자를 확대하기로 했다. 2027년까지 2,600억원을 투입해 전국 15개 공항의 시설을 개선한다.

HOT ISSUE **28위**

반군 공세위기 속 민주콩고 미국에 "이권 줄테니 무기 달라"

현지 외국대사관들이 공격을 받는 등 위기로 치달았다가 반군의 일방적인 휴전선언에 소강상태를 보였던 중앙아프리카 국가 콩고민주공화국(DRC, 민주콩고)의 내전이 선언 하루 만에 또다시 격화했다. 이런 가운데 올해 들어 퍼지기 시작한 정체불명의 괴질까지 확산하고 있다.

르완다 지원을 받는 M23의 동부 진격에 항의하는 시위

종족·광물 얽힌 분쟁 … 외세까지 가세

지난 1월 27일 동부 최대도시 고마에 입성, 민주콩고 도시를 장악한 무장반군 엠23(M23, 3월 23일 운동)이 2월 3일(현지시간) 돌연 '인도적 이유'를 내세워 일방적으로 '휴전'을 선포했다. 그러나 하루도 지나지 않아 남키부주의 광산마을인 냐비브웨를 추가로 점령한 것으로 알려졌다. 앞서 점령한 고마는 인구가 100만명이 넘는 북키부 주도로서 광물자원 거래의 중심지다. 고마에서 취합된 광물자원은 르완다를 거쳐 탄자니아 다르에스살람 항구로 옮겨져 수출된다. 이곳에 무장세력이 들끓는 이유다.

르완다 정부의 지원을 받는 것으로 알려진 M23은 2012년에도 반군을 동원해 고마를 점령한 바 있다. 국제사회 압박으로 일주일 만에 철군한 이후 활동이 뜸했다가 2021년부터 무장공격 활동을 재개했다. 때문에 르완다정부가 M23을 동원해 북키부 일대를 아예 자국영토로 편입하려는 게 아니냐는 지적도 나온다. 북키부의 면적은 약 5만 9,000km²로 르완다 (약 2만 7,000km²) 국토의 2배가 넘는다.

한편 M23의 고마 장악 이후 현지에선 치안불안 속 유혈사태도 속출한 것으로 알려졌다. 1월 27일 이른 아침 고마의 교도소에서 화재가 발생해 수감자의 절반이 넘는 2,000여 명이 도주한 데다가 M23이 시민을 대상으로 즉결처형 등 무차별적 폭력을 휘두르면서 피해가 커지고 있다는 것이다. 세계보건기구(WHO)는 2월 3일 자료를 통해 "적어도 900여 구의 주검이 고마 거리에 방치돼 있다. 이미 수습된 주검까지 포함하면 M23의 고마 장악을 전후로 벌어진 유혈사태로 인한 사망자는 훨씬 많을 것"이라고 전했다. 고마에서 벌어진 정부군과 반군의 교전으로 최소 2,900명이 숨진 것으로 추정된다.

민주콩고정부, 채굴권 걸고 미국에 군사지원 요구

민주콩고의 내전은 제1차 세계대전 때인 1916년 지금의 르완다 땅을 장악한 벨기에가 소수 투치족을 내세워 인구의 85%에 이르는 다수 후투족을 '분할통치'하며 시작된 종족 간 갈등에서 그 일차적인 원인을 찾을 수 있다. 여기에 1994년 르완다 대학살*과 그 여파로 발발한 제1차 콩고전쟁으로 격화된 데다가 천연자원의 개발이권을 노린 주변국 및 외세가 반군을 지원하면서 장기화됐다. 천연자원의 보고인 민주콩고의 북부지역을 외세가 지역에 대한 이권을 대가로 반군을 지원하고 있는 것이다. 유엔 조사관들의 조사에 따르면 르완다가 지난 1월 M23을 지원하기 위해 수천명의 병력을 파견했다. 현재 민주콩고에는 각국의 지원을 받는 무장반군이 100개 이상 활동 중이다.

르완다 대학살

1994년 4월 후투족 출신 쥐베날 하비아리마나 르완다 대통령이 전용기 피격으로 사망하자 이 사건에 투치족이 개입했다고 간주한 극단주의적 후투족 민병대 조직이 약 100일간 투치족을 살해하며 일어난 사건이다. 르완다 헌법은 '4월 7일~7월 19일 사이에 일어난 100만명 이상 학살'로 명기하고 있다. 한편 당시 프랑스가 자국 영향력을 확장하기 위해 후투족이 장악한 르완다정부에 병력과 군수물자를 지원한 점도 드러났다.

민주콩고 정부군

한편 반군의 동부 점령이 가시화되자 민주콩고정부는 광물자원 협상을 제안하며 미국에 군사지원을 요청한 것으로 알려졌다. '미국기업에 광산개발을 위한 채굴권을 부여하고, 전략적 광물 비축을 위해 협력하겠다'는 내용의 서한을 미국 국무장관에게 보냈으며, 이를 대가로 미국에 민주콩고군에 대한 장비 지원과 훈련을 요청했다는 것이다. 이에 미국 국무부는 "민주콩고는 첨단기술에 필요한 주요 광물의 상당수를 보유하고 있다"며 "미국은 트럼프행정부의 '미국 우선주의' 정책과 부합하는 분야에서 협력에 나설 용의가 있다"고 밝혔다.

HOT ISSUE **29위**

교사가 문제 팔아 억대 돈벌이 … 사교육 카르텔에 무너진 공교육

공립·사립 교원 249명이 약 6년간 사교육 업체에 모의고사 문제를 제공하고 212억 9,000만원을 챙긴 것으로 드러났다. 감사원은 2월 18일 '교원 등의 사교육시장 참여 관련 복무실태' 감사보고서를 공개하고 이같이 밝혔다. 이들 교원은 2018년부터 2023년 6월까지 사교육 업체와 '문항거래'를 통해 1인당 평균 8,500만원의 수입을 거뒀다.

현직 교사가 문항거래 주도하며 돈벌이

감사원 감사결과 주로 사교육업체에서 잘나가는 유명강사들의 관리 속에 현직 교사들이 문항거래를 주도한 것으로 나타났다. 사교육업체는 자체적으로 문항을 제작할 여력이 없고, 집필능력이 있는 학원강사는 강의로 시간이 부족하기 때문이다. 거래는 사교육업체의 문항제작팀이나 강사가 EBS 교재 집필진 명단을 입수하거나 인맥, 학연 등을 통해 출제능력이 있는 교원을 접촉하는 방식으로 시작됐다. 사교육업체와 교원은 ==문항유형과 난이도별 단가 등을 정해 주로 구두계약을 체결==했으며, 거래는 업체와 교원이 일대일·조직적 형태로 규모를 키우면서 확산한 것으로 조사됐다.

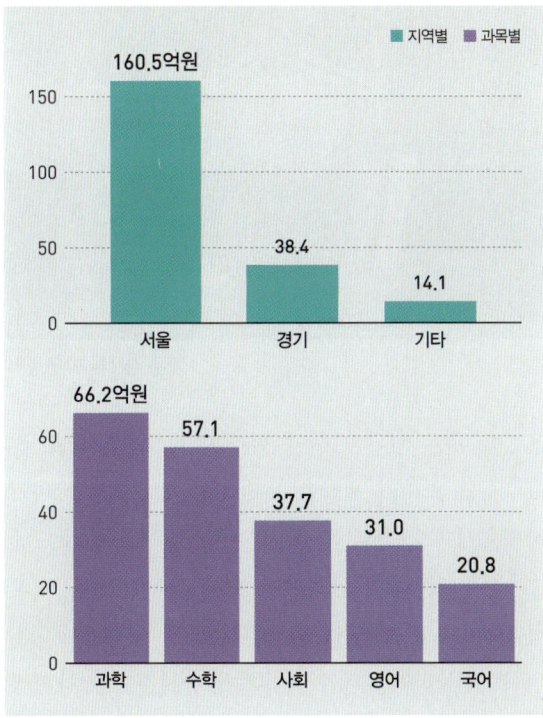

일부 교원은 사교육업체에서 꾸린 문항제작팀에 가담해 팀장 역할을 수행하거나 교원을 섭외해 문항 공급조직을 직접 구성·운영하기도 했다. 이 과정에서 교원이 알선비 명목으로 추가로 수억원을 받거나 대규모 문항제작진을 구성한 뒤 자기 배우자가 설립한 문항 공급업체에 문항을 판매하는 일도 있었다. 교원이 출간 전인 EBS 교재 파일을 유출하거나 판매한 문항을 학교시험에 출제하고, 문항거래 사실이 있음에도 대학수학능력시험(수능) 출제위원으로 참여한 사례 등도 확인됐다.

교육부 지도·감독 소홀로 문항거래 행태 지속

이처럼 문항거래 행태가 광범위하게 퍼질 수 있었던 배경에는 ==한국교육과정평가원*(평가원)의 검증 부실과 교육부의 지도·감독 소홀==이 꼽혔다. 2023학년도 수능 영어 출제위원이었던 국립대 대학교수가 사교육 카르텔에 연루돼 자신이 2022년 감수한 EBS 교재 문항을 수능 영어 지문 23번 문항으로 출제한 일은 평가원의 검증만 제대로 작동했다면 걸러낼 수 있었다.

한국교육과정평가원

교육과정과 교육평가 방법에 관한 연구·개발 및 각종 학력평가에 관한 연구와 시행을 담당하는 정부출연의 전문 연구기관이다. 학교교육의 질적 향상 및 국가교육의 발전에 이바지하는 것을 목적으로 한다. 대학수학능력시험(수능)을 비롯한 각종 검사를 시행하고 평가문항 등에 관해 전문적인 연구와 개발 업무를 수행하고 있다.

평가원은 2023학년도에만 별다른 이유 없이 구매를 누락했을 뿐 2021·2022학년도 수능에서 이 강사의 수능 모의고사를 계속 구매했다. 결과적으로 사설 모의고사에 나온 문제를 걸러내지 못한 셈이다. 또 평가원은 수능 이후 23번 문항과 관련한 이의신청이 126건이나 접수됐는데도 해당 문항에 대한 이의심사를 하지 않았다. 감사원은 해당 대학교수에 대해서는 소속 국립대에 주의를, 문항 출제 및 이의심사 업무를 부당하게 처리한 평가원 담당자 3명에 대해서는 평가원에 문책(각각 해임, 정직, 경징계)을 요구했다.

교육부 역시 2016년 7월 시도교육청에 학원용 문항 매매행위 금지와 관련한 공문을 시달한 이후 인수인계 누락 등을 사유로 들어 교원의 문항거래에 대한 지도·감독에 소홀했던 것으로 파악됐다. 감사원은 "교원들이 사교육업체에 문항을 제작·판매하고 돈을 받는 행위는 국가공무원법 64조와 청탁금지법 8조를 위반한 것"이라고 지적했다. 감사원은 비위의 정도가 크다고 판단되는 공립교원 8명과 사립교원 21명 등 총 29명에 대해 관할 시도교육청에 징계 요구 및 비위를 통보하고, 나머지 220명에 대해서는 교육부에 시도교육청과 협의해 적정한 조치를 하도록 통보했다.

HOT ISSUE 30위

악플·자극적 보도에 멍드는 스타들, 비극의 고리 끊으려면

배우 김새론 씨가 25세의 젊은 나이에 세상을 떠나자 연예인을 향한 과도한 '악플(악성 댓글)'과 악성보도 문제가 또다시 불거졌다. 연예인이 비난에 시달리다가 끝내 세상을 떠나면 추모와 함께 자성의 목소리가 나오지만, 시간이 지나면 스타들을 향한 비난이 다시 활개 치며 비극이 반복되고 있다.

설리·구하라·이선균 … 악플에 얽힌 비극의 고리

지난 2월 16일 세상을 떠난 김새론 씨는 2022년 음주운전 사고로 3년간 활동을 중단했다. 이미 출연 중이던 넷플릭스 시리즈 '사냥개들'에서 하차했고, 이후 연극을 통해 복귀하려 했으나 이 역시 싸늘한 시선에 막혔다. 사회관계망서비스(SNS)에 올린 사진 하나하나가 '음주운전'이란 낙인과 함께 기사화됐고, 카페에서 일한 사실이 알려졌을 때도 조롱 섞인 비난이 뒤따랐다.

배우 김새론 씨 영결식

2023년에는 배우 이선균 씨가 마약투약 혐의로 경찰수사를 받다가 세상을 등진 바 있다. 당시 이씨의 피의사실과 관련된 온갖 사실이 무분별하게 보도됐고, 인터넷상에서 인격적인 모독이 이어졌다. 이른바 '사이버 렉카'라고 불리는 유튜브 채널들에서는 이씨의 사생활에 관한 이야기가 반복적으로 다뤄졌고, 기성 언론까지 이씨의 사적인 녹취를 보도했다.

이보다 앞서 2019년 가수 설리(본명 최진리)와 구하라 씨가 잇달아 세상을 떠나는 비보가 전해졌을 때도 악플에 대한 자성론이 대두됐다. 설리는 인터넷에서 '설인업(설리 인스타그램 업로드)'이란 말이 나올 정도로 SNS에 올리는 일상사진 한 장, 영상 한 편이 관심을 받았고, 성희롱에 가까운 악플을 감내해야 했다. 구씨 역시 전 연인으로부터 협박당해 긴

법정공방을 이어가는 과정에서 누리꾼들의 성희롱 섞인 댓글에 시달렸는데, 생전 이에 대한 심적 고통을 직접 호소하기도 했다.

포털 댓글 막혀도 악플 여전

이처럼 악플이 사회적인 문제가 되자 네이버와 다음 등 국내 대형 포털사이트는 2020년 연예기사 댓글을 폐쇄했다. 하지만 이제는 악플이 포털에서 유튜브, 인터넷 커뮤니티 등으로 자리를 옮겨 활개 치고 있다. 곽금주 서울대 심리학과 명예교수는 "(악성 댓글을 다는 사람들은) 얼굴이 알려지거나 잘나가는 사람이 실수했을 때 그것으로 위안을 얻고 (악플러들 사이의) 소속감도 느끼는 것"이라고 분석했다. 그러면서 "개개인이 자신과 별 관련 없는 일에 (과격한 댓글) 자제하고 절제하는 성숙함이 필요하다. 제도적으로는 악성댓글을 단 사람의 실명을 공개하거나 사이트에서 퇴출하는 등 제재와 처벌이 강화돼야 한다"고 강조했다.

일부 누리꾼들이 연예인의 사건·사고에만 유독 엄격한 기준을 내세우며 비판한다는 견해도 있다. 심석태 세명대 저널리즘대학원 부원장은 정치인이나 공직자와 달리 연예인의 인기는 상황의 변화에 따라 깨지기 쉬운 성질이 있다며 "연예인의 경우 여론이 밀면 밀리고, 바로 사과하거나 자숙한다. 그래서 (뉴스 소비자들이) 잘 밀리는 쪽을 더 세게 미는 경향이 있다고 본다"고 분석했다.

악플을 유도하는 자극적인 영상이나 일부 누리꾼들의 자극적인 반응을 실어 나르는 보도행태도 문제로 꼽힌다. 박영흠 성신여대 미디어커뮤니케이션학과 교수는 "정치인에겐 비교적 관대하면서 연예인에겐 과도하게 도덕적인 것을 요구하는 문화가 있는데, 언론이 이를 받아서 전달한다"며 "언론과 누리꾼이 상호작용하면서 비난을 증폭시킨다"고 지적했다. 이어 "비난하고 공격해서 클릭을 유발하는 것이 수익을 낳기 때문에 (연예인에게) 기회를 주는 방식으론 나아가지 않는 것 같다. 제목도 덜 자극적으로 다뤄져야 한다"고 꼬집었다.

상황이 이렇자 과거에는 악플을 감내하는 분위기였던 연예계도 최근 '무관용 원칙'에 입각해 적극적인 법적 대응에 나서고 있다. 특히 SNS, 온라인 커뮤니티, 블로그 등을 넘어 소속 연예인을 겨냥한 '사이버 렉카'로 법적 대응의 범위를 넓히는 분위기다. 그룹 아이브(IVE)의 소속사 스타쉽엔터테인먼트가 멤버 장원영 씨를 상대로 악성루머를 퍼뜨린 유튜브 채널 탈덕수용소* 운영자를 찾아내 고소한 사례가 대표적이다. 강다니엘과 방탄소년단의 뷔·정국도 잇따라 해당 운영자를 상대로 손해배상 소송을 냈고, 각각 수천만원의 배상판결을 받아냈다.

> **탈덕수용소**
> 아이돌을 비롯한 연예인들의 악성루머를 소재로 영상을 제작해 올리던 유튜브 채널이다. 대표적인 '사이버 렉카'로 분류된다. 조회수를 올리기 위해 검증되지 않은 내용을 악의적으로 편집하여 왜곡된 정보를 전달하고 허위사실을 유포해 논란이 됐다. 2023년 채널 폐쇄 전까지 8만명의 구독자와 1억 6,000만회의 누적 조회수를 기록했던 것으로 알려졌다.

이슈&시사상식
간추린 뉴스

제207호

화제의 뉴스를 간단하게!
간추린 뉴스

'대왕고래' 탐사시추 1차 결과 발표 … 경제성은 부족

대왕고래 시추선 '웨스트 카펠라'호

동해 심해 가스전 유망구조인 '대왕고래'가 가스전으로 개발되기 어렵다는 결과가 발표됐다. 2월 6일 산업통상자원부는 대왕고래에 대한 1차 탐사시추 결과 "시추과정에서 가스 징후를 일부 확인했지만, 경제성을 확보할 수 있는 수준은 아니었다"고 밝혔다. 이에 정부는 대왕고래에 대한 추가 탐사시추는 진행하지 않기로 하고 현장에서 철수한다고 밝히면서도 이번 결과를 나머지 6개 유망구조 후속 탐사에서 활용할 수 있다고 덧붙였다. 오는 5~6월경 정밀분석 결과가 나올 예정이지만, 전체 프로젝트 추진에 대한 논란은 더 커질 것으로 보인다.

조업선원 구명조끼 무상지급 … 화재 대비 건설현장 점검도

정부와 여당은 최근 어선 전복, 침몰 등 인명사고의 주된 원인 중 하나로 구명조끼 미착용이 지적된다며 2월 21일 어선사고의 재발방지를 위해 팽창식 구명조끼를 조업선원에게 무상지급하기로 했다. 어선원 안전 감독관 확충과 어선 위치발신 작동의무 위반 시 제재 강화도 추진하고, 해양수산부는 별도로 '인명피해 저감 TF'를 가동하기로 했다. 당정은 또 부산 기장군 호텔 신축 공사장 화재를 계기로 안전취약 건설현장 1,700곳을 선정해 해빙기 대비 안전점검도 실시하고, 추락사고 예방을 위한 건설안전 종합대책을 마련할 방침이다.

국민안전점검 당정협의회

인권위 "대학의 종교과목 필수수강 규정은 종교의 자유 침해"

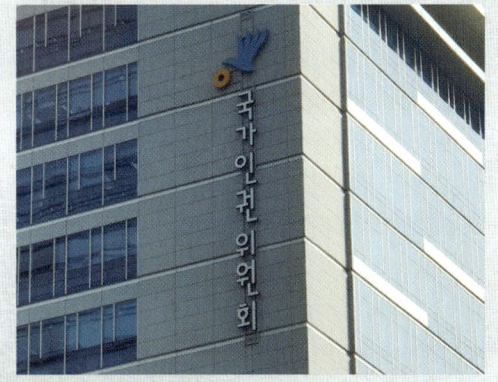

채플을 비롯한 종교과목을 수강하지 않으면 학생들이 졸업할 수 없게 한 것은 종교의 자유 침해에 해당한다는 국가인권위원회의 판단이 나왔다. 기독교 단체가 설립한 A대학에 다니는 비기독교인 학생 B씨는 이 대학에 다니는 모든 학생이 두 종류의 기독교 과목을 수강해야 하며, 이를 듣지 않을 경우 졸업이 불가능해 종교의 자유가 침해됐다며 인권위에 진정을 제기했다. 인권위는 대학이 종파적 교육을 필수화할 때는 비기독교인 학생을 위해 수강거부권을 인정하거나 대체과목을 개설하는 등 종교의 자유를 침해하지 않을 방법을 모색해야 한다고 판단했다.

민법 전면개정 추진 … 재산법 분야부터 시작

법무부가 민법 전면개정을 위해 본격적 절차를 시작했다. 법무부는 2월 7일 국민생활과 밀접하게 관련되는 법률행위, 채무불이행, 손해배상, 계약의 성립·효력·해제, 담보책임 등 계약법 규정에 관한 조문 200여 개를 고친 일부 개정안을 입법예고했다. 개정안은 판례와 학설로 축적된 해석과 법리를 반영해 실제 규범으로서의 역할을 높이고, 분쟁해결과 권리구제 방식을 현대화하며, 쉬운 표현으로 쓰여 있는 법을 만드는 데 역점을 뒀다. 이번 개정은 의견수렴과 법제처 심사, 국무회의 등을 거쳐 올해 상반기 중 개정안이 국회에 제출될 예정이다.

정몽규, 축구협회장 4연임 … 득표율 85%

독단운영 등으로 사퇴압박을 받던 정몽규 HDC그룹 회장이 1차 투표에서 유효투표(182표)의 절반을 넘긴 156표를 얻어 85.7% 득표율로 대한축구협회 회장 4연임에 성공했다. 천안축구종합센터, 디비전 시스템 구축 등 '초대형 사업'이 진행 중인 만큼 축구인들은 사업을 안정적으로 마무리할 수장으로서 정 회장을 '재신임'한 것으로 풀이됐다. 문체부 관계자는 연임에 대해 "법원이 징계를 정지시켜 우리가 할 수 있는 게 별로 없다. 항고결과에 따라 조처해야 할 것 같다"고 말했다. 한편 정 회장은 이번을 마지막으로 더는 축구협회 회장직에 도전하지 않겠다는 의사를 밝혔다.

정몽규 대한축구협회 회장

'배 타고 출퇴근' 이르면 상반기에 … 한강버스 시범운행

2월 27일 한강을 누빌 새로운 수상교통수단인 '한강버스' 두 척이 물살을 가르며 내달렸다. 두 배의 최대속력은 약 30km/h로 시범운항에서는 평균속력 20km/h로 안정적 운항을 선보였다. 시범운항은 아라김포터미널에서 여의도 선착장 인근 진성나루까지 이뤄졌지만, 실제 운항에서는 마곡·망원·여의도·잠원·옥수·뚝섬·잠실 7개 선착장을 오가게 된다. 서울시는 상반기 내 정식 운항을 시작한다는 계획이다. 출퇴근시간대 15분 간격으로 운행을 시작하며 추가로 한강버스가 한강에 도착하는 시점에 맞춰 운항횟수를 단계적으로 확대해 나간다는 방침이다.

시범운전 중인 한강버스

2036 하계올림픽 유치 국내 후보지에 '전북' 선정

전북특별자치도가 2036년 하계올림픽 유치에 도전할 국내 후보지로 선정됐다. 전라북도는 최근 올림픽 유치 도시들의 콘셉트인 '지방도시 연대'를 통한 국가 균형발전 실현에 초점을 맞춰 표심을 끌었다. 국제올림픽위원회(IOC)가 지향하는 인접 도시 연대를 통한 비용절감 요구에 부합하고, 수도권에 집중된 인프라·경제력의 분산으로 균형발전에 새로운 모델을 제시할 수 있다는 점을 강조했다. 2036 하계올림픽 국내 후보도시로 선정된 전라북도는 국제올림픽위원회(IOC) 신임 위원장 선거결과에 따라 유치전략을 달리할 것으로 전망됐다.

작년 주택임대 중 월세가 60% … 빌라시장에서 상승폭 가팔라

대법원 등기정보광장에 따르면 2024년 주택 월세비중이 역대 최고치인 57.7%에 달했다. 이는 대법원에 확정일자 정보가 취합되기 시작한 2014년 이후 가장 높은 수치다. 이처럼 월세비중이 급격하게 늘어난 것은 2022년부터 불거진 전세사기 여파로 빌라(연립, 다세대)시장의 전세 기피현상이 심화하고 있어서다. 국토교통부에 따르면 2024년 1~11월 아파트 월세비중은 44.2%로 2022년(43.1%)에 비해 소폭 증가한 반면, 연립·다세대 등은 2022년 동기간 59.5%에서 지난해는 69.5%로 10%p 늘었다.

시중은행 부당대출 3,875억원 적발 … 우리은행이 2,334억원

2024년 지주·은행 등 주요 검사결과 금융감독원은 우리은행, KB국민은행, NH농협은행에서 3,875억원에 달하는 대규모 부당대출을 적발했다. 일부 대출에 대해서는 금품이나 향응을 받은 정황까지 확인됐다고 금감원은 지적했다. 우리은행의 경우 손태승 전 회장 친인척 관련 부당대출 적발규모가 지난해 금감원 검사 때의 2배(2,334억원)로 늘어났다. 금감원은 이번에 확인된 법규 위반사항에 대해서는 무관용의 원칙에 따라 엄정제재하는 한편, 지난해 정기검사 대상이 아닌 지주·은행은 이번 검사내용에 대한 자체 점검계획을 업무계획에 반영토록 할 계획이다.

우리은행 본점

샘 올트먼 오픈AI 최고경영자 한국 찾아 … 산업계 인사들과 만남

샘 올트먼 오픈AI 최고경영자(CEO)

오픈AI의 CEO 샘 올트먼이 2월 4일 방한해 인공지능(AI) 산업 주도권 다지기에 나섰다. 올트먼은 이날 오전 20~30분 단위로 일정을 쪼개며 수많은 국내 산업계 리더들을 만났다. 이런 '광폭 행보'는 글로벌시장에서 격화되고 있는 AI 패권경쟁과도 무관치 않다. 오픈AI가 반도체산업의 '양대산맥'인 삼성과 SK를 비롯해 카카오·크래프톤처럼 업계를 선도하는 기업을 만나 우군을 형성하는 모양새다. 한 익명 관계자는 "오픈AI의 첫 행보가 개발자 워크숍이었는데, 폐쇄형 AI와 오픈소스 AI 간 '글로벌 표준 전쟁'의 서막처럼 보인다"고 평했다.

1인당 3~4개 구독시대 … 세대별 선호도는 달라

소비시장 전반에 구독경제가 확산하는 가운데 2030세대가 가장 구독하고 싶은 서비스는 '생성형 AI', 4060세대가 선호하는 구독서비스는 '건강·생활가전'인 것으로 나타났다. 대한상공회의소(상의)는 마크로밀 엠브레인과 성인 남녀 1,000명을 대상으로 '소비자 구독 서비스 이용실태'를 조사한 결과 이 같은 분석이 나왔다고 밝혔다. 상의는 "학습 및 자기계발에 관심이 높은 2030세대와 건강을 중시하는 4060세대 소비자의 라이프스타일이 반영된 결과"라며 "지금은 생활밀착형 상품에 대한 수요가 증가하고 있다"고 분석했다.

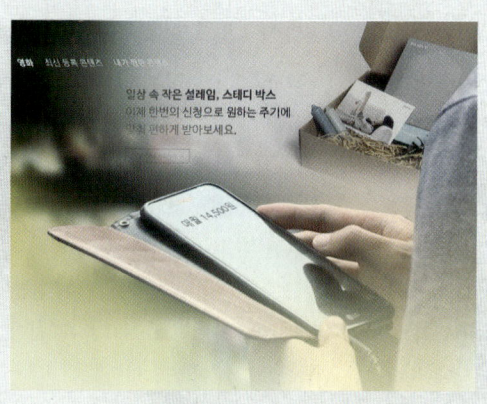

자동차사고 경상자는 향후치료비 원천 배제 … '나이롱 환자' 방지

정부가 자동차보험금을 과다수령하는 '나이롱 환자'를 없애기 위해 경상환자에 대한 '향후치료비' 지급을 원천차단한다. 향후치료비란 치료가 종결된 뒤 발생할 수 있는 추가치료에 대해 사전적으로 지급하는 금액을 말한다. 경상환자가 8주 넘게 장기치료를 받으려면 보험사에 추가서류를 제출해야 하고, 그 필요성이 인정되지 않으면 보험금 지급보증이 중단된다. 이로써 가벼운 자동차사고가 발생했을 경우 내야 하는 합의금이 대폭 줄어들 것으로 기대된다. 합의금은 통상적으로 치료비를 제외한 향후치료비, 위자료, 휴업손해 등 명목으로 구성된다.

서부지법 난동 가담 78명 기소 … 특수건조물침입 등 혐의

복구 작업 중인 서부지법

서울서부지법에서 발생한 집단난동 등 폭력행위 가담자들이 무더기로 재판에 넘겨졌다. 서울서부지검 전담수사팀은 서부지법 불법 폭력점거 등 사건과 관련해 3월 7일까지 총 78명을 기소했다고 밝혔다. 이들은 지난 1월 18~19일 윤석열 대통령의 구속영장이 발부되자 법원에 난입하거나 기물을 파손한 혐의(특수건조물침입 등)를 받는다. 3월 10일 먼저 기소된 63명 중 23명이 첫 재판을 받았으며, 피고인 수가 많아 기일을 나눠서 재판이 진행 중이다. 이들의 직업은 자영업자, 유튜버, 회사원 등으로 다양했으며 교사도 포함된 것으로 알려졌다.

검찰, '부당합병 1·2심 무죄' 이재용 사건 대법원 상고

검찰이 부당합병·회계부정 의혹으로 기소돼 1·2심 모두 무죄가 선고된 이재용 삼성전자 회장에 대해 대법원에 상고하기로 결정했다. 이 회장에 대한 1·2심 판결은 앞서 삼성그룹의 지배권 승계 작업과 분식회계를 인정했던 법원의 판결과도 배치될 뿐 아니라 관련 소송들이 다수 진행 중인 점도 종합적으로 고려했다고 밝혔다. 삼성과 재계는 다소 아쉬워하는 모습이다. 재계 관계자는 "1심과 2심에서 모두 무죄선고가 나왔기에 대법원에서 결론이 바뀌기는 쉽지 않겠지만, 사법리스크를 계속 떠안게 된 만큼 삼성에는 상당한 부담이 될 것"이라고 말했다.

'살인예고글' 올리면 최대 징역 5년 … 형법 개정안 국회 본회의 통과

'온라인 살인예고' 등으로 불특정 다수에게 공포감을 조성하거나 위협하는 행위에 대해 징역형 처벌이 가능해진다. 국회는 2월 27일 본회의에서 이 같은 내용의 형법 개정안을 의결했다. 개정안은 불특정 다수를 상대로 무차별 범죄를 예고하는 행위를 처벌하는 '공중협박죄'를 신설해 5년 이하의 징역 또는 2,000만원 이하의 벌금에 처하도록 했다. 이상동기 범죄가 빈발하고, 인터넷 방송과 게시판 등을 통한 공중협박 행위가 지속되는 가운데 현행법의 한계가 지적됨에 따른 것이다. 이날 국회 본회의를 통과한 형법 개정안은 공포한 날부터 바로 시행된다.

4대 은행 요주의여신 8,000억원 증가 … 부실채권 급증 우려

주요 시중은행에서 잠재 부실여신이 증가한 것으로 나타났다. 금융권에 따르면 2024년 말 4대 은행의 요주의여신은 총 7조 1,115억원으로 2023년 말(6조 9,920억원)보다 8,230억원 증가했다. 은행 여신은 정상, 요주의, 고정, 회수의문, 추정손실 등 다섯 단계로 나눠진다. 고정, 회수의문, 추정손실 여신을 합해 고정이하여신, 즉 부실채권으로 분류하는데 요주의여신은 부실화 직전단계다. 요주의여신은 연체기간이 90일을 넘기면 고정이하로 분류된다. 향후 차주 사정에 따라서 부실채권 급증의 단초가 될 수도 있다.

코코아 글로벌 재고 바닥 … 합성초콜릿 생산은 늘어

세계적으로 초콜릿 원료인 코코아 재고가 저점을 향해가면서 초콜릿 제조사들에 비상이 걸렸다. 파이낸셜타임스(FT)는 지난 2월 14일(현지시간) 코코아 주요 거래시장인 미국 뉴욕과 영국 런던에서 코코아 재고가 사상 최저수준으로 떨어졌다면서 이같이 보도했다. 인터콘티넨탈익스체인지(ICE)의 런던시장에서 가용할 수 있는 코코아 재고는 1년 전만 해도 10만톤(t)을 넘었지만 최근 몇 달은 2만 1,000t 수준으로 급감했다는 것이다. 업체들은 초콜릿 제품 가격을 올리거나 합성초콜릿 등 대체재로 눈을 돌리고 있는 것으로 전해졌다.

독일 총선에 중도보수 대승·극우당 주류입성 … 연정까지는 수개월

2월 23일(현지시간) 치러진 독일 연방의회 총선거에서 중도보수 기독민주당(CDU)·기독사회당(CSU) 연합이 제1당을 차지했다. 최종 개표결과에 따르면 299개 선거구 정당투표에서 CDU가 22.6%, CSU는 6.0%의 득표율을 기록했다. 최근 몇 년 동안 급성장한 극우 독일대안당(AfD)이 창당 이후 최고 득표율인 20.8%로 뒤를 이었고, 현 집권여당인 독일사회민주당(SPD)은 16.4%로 제3당으로 전락했다. 독일 정치권 좌우를 대표하는 CDU·CSU 연합과 SPD는 2월 28일(현지시간) 연립정부 구성에 나섰다. 다만 독일 연립정부협상은 통상 수개월 걸린다.

프리드리히 메르츠 기독민주당(CDU) 대표

일본 또 '다케시마의 날' 도발 … "일본 영토" 억지 되풀이

'다케시마의 날' 행사에서 경계 업무 중인 일본 경찰

일본이 2월 22일 '다케시마(竹島, 일본이 주장하는 독도의 명칭)의 날' 행사를 계기로 독도가 자국 땅이라는 억지주장을 되풀이했다. 시마네현은 이날 오후 현청 소재지에서 독도를 일본 고유 영토라고 주장하는 다케시마의 날 기념식을 개최했다. 일본정부는 2013년부터 올해까지 다케시마의 날 행사에 정무관을 파견했다. 한국 외교부는 이에 대해 대변인 성명을 내고 "이 행사를 즉각 폐지할 것을 다시 한 번 엄중히 촉구한다"고 밝혔다. 외교부는 이날 청사로 주한일본대사관 총괄공사를 불러 '다케시마의 날' 행사 주최에 대한 항의의 뜻을 표했다.

스웨덴 교육시설 대낮 총기난사로 용의자 포함 11명 사망

스웨덴 교육시설에서 2월 4일(현지시간) 낮 12시 30분께 무차별 총격이 일어나 범인을 포함해 11명이 숨졌다. 총격이 일어난 곳은 만 20세 이상 이민자를 대상으로 초·중학교 교육을 비롯해 스웨덴어 수업과 직업훈련 등을 제공하는 학교라고 현지매체들은 전했다. 범행동기는 즉각 파악되지 않았지만, 경찰은 테러와의 연관성은 확인되지 않았으며 용의자의 단독범행인 것으로 일단 보고 있다. 그동안 흉기난동, 갱단총격 등이 아닌 무차별 총격이 비교적 드물게 일어났던 스웨덴 사회는 이번 사건으로 큰 충격에 빠졌다.

총기난사 현장에 출동한 스웨덴 경찰

북극 동토 녹으면 농작물 위협하는 세균 깨어나

극지연구소는 북극 영구동토층이 녹으면 병원균이 깨어나 농작물에 피해를 줄 수 있다는 연구결과를 2월 4일 발표했다. 연구팀은 알래스카에서 채집한 토양을 실험실로 옮긴 뒤 동토가 녹는 환경을 조성하고 세균 등을 관찰했다. 연구결과 감자무름병을 일으키는 세균 슈도모나스 속의 균주가 동토층에 있는 것으로 드러났다. 균주들은 동토가 녹을 때는 식물 병원성 계통의 개체가 부활하면서 감염성을 띠고 개체수도 증가했다. 신형철 극지연구소장은 "잠재적 위협에 선제적으로 대응하기 위해 북극현장과 실험실에서 식물 병원균을 지속해서 추적하겠다"고 했다.

호주 해변에 밀려든 돌고래 150여 마리 구조 실패 ··· 안락사 결정

태즈메이니아섬 해변에 좌초된 흑범고래 157마리

호주 해변으로 밀려든 돌고래 떼 157마리를 구조하는 작업이 실패해 당국이 아직 살아 있는 개체를 모두 안락사시키기로 했다. AP·AFP 통신에 따르면 2월 18일(현지시간) 저녁 호주 남동쪽 태즈메이니아섬 해변에서 돌고래 일종인 흑범고래 157마리가 발견됐다. 당국은 돌고래들을 깊은 바다로 옮겨서 살리려고 시도했지만, 태즈메이니아섬과 해당 해변이 사람이 접근하기 어려운 외진 곳인 데다가 날씨와 바다상태가 거칠어서 구조에 실패했다. 환경 당국의 사고 관리자는 "전문가의 수의학적 평가에 따라 이들 동물을 안락사시키기로 결정했다"고 말했다.

고용지표 4년 만에 최대 악화 ··· 취준생 55.2% "어디든 취업하면 다닐 것"

2025년 1월 청년층(15~29세)의 체감실업률과 고용률이 약 4년 만에 가장 큰 폭으로 악화한 것으로 나타났다. 2월 16일 통계청 국가통계포털(KOSIS)에 따르면 1월 청년층의 체감실업률은 1년 전보다 0.8%포인트(p) 오른 16.4%를 기록했다. 증가폭은 2021년 2월(26.8%)의 3.7%p 이후 3년 11개월 만에 가장 컸다. 이러한 가운데 커리어플랫폼 사람인은 신입 취준생 464명을 대상으로 '올해 취업목표'를 조사한 결과 55.2%가 목표기업 형태와 관련해 '취업만 되면 어디든 관계없다'고 답했다고 밝혔다.

이슈&시사상식 포토뉴스

저출생 시대, 전국 곳곳에서 '나홀로' 입학식

유일한 신입생이 된 아이들

학령인구가 감소하면서 구도심과 농촌을 중심으로 신입생을 찾기 어려워졌다. 이에 입학식을 하지 못하거나 '나홀로' 입학식을 하는 학교들이 늘고 있다.

교육부 자료에 따르면 2025학년도 전국 초등학교 1학년 취학 예정 아동은 35만 6,258명으로, 10년 전과 비교하면 약 21.8%(9만 9,421명) 감소했다.

1980년대에 학급 수 90여 개, 학생 수 5,000여 명에 달할 정도로 큰 학교였던 광주 중앙초등학교는 올해 단 1명의 입학생을 맞이했다.

대구 군위군에서는 신입생 부족으로 4개 초등학교 입학식이 한곳에서 동시에 열렸다. 총 10명의 신입생이 부계초등학교 강당에서 합동 입학식을 진행했다.

교육 전문가들은 국가가 아이 낳고 기르기 좋은 세상을 만들어야 하며, 출산·육아 지원 제도를 자유롭게 사용할 수 있는 사회가 조성돼야 한다고 입을 모았다.

2월 23일 교육부가 제출한 '전국 17개 시도교육청 폐교 현황'에 따르면 올해 폐교 예정인 초·중·고교는 49곳으로 집계됐다.

핵심 브리핑

3월 4일 일부 초등학교에서 신입생 부족으로 나홀로 입학식 또는 합동 입학식이 진행됐다. 교육당국과 지역주민들이 아이들의 웃음소리가 점점 작아지고 있는 학교를 살리기 위해 팔을 걷어붙이고 있지만, 효과가 크지는 않다. 저출생 지속으로 향후 학령인구 감소가 더욱 가속화될 것으로 예상되며, 지역별 학교 통폐합 문제도 심화할 가능성이 클 것으로 보인다.

이슈&시사상식
팩트체크

'착오 송금' 알면서 써도 될까?

What?

예금보험공사가 그동안 누적된 착오 송금 내용을 분석해보니 은행의 계좌 또는 간편송금 계정에서 송금할 때 착오 송금이 발생한 경우가 약 87%였으며, 이 가운데 스마트폰의 모바일 앱을 이용할 때 발생한 경우가 64.5%였다. 비대면 은행 거래가 늘면서 착오 송금을 둘러싼 후속조치도 주목을 받고 있다.

착오 송금인 줄 알고도 쓰거나 소유하면 '횡령죄'

2024년 12월 자신의 금융계좌에 들어온 2,000만원이 잘못 송금된 돈임을 알고도 개인적으로 사용한 20대 남성 A씨에게 벌금형이 선고됐다. A씨는 피해자 B씨가 착오를 일으켜 잘못 보낸 2,000만원을 은행계좌로 송금받았다. A씨는 피해자의 신고를 접수한 금융기관 고객센터에서 송금 착오 사실을 안내하는 문자메시지를 받았지만 돌려주지 않았다. 그 뒤 A씨는 B씨가 송금한 돈을 생활비와 빚을 갚는 데 쓴 혐의로 수사를 받은 뒤 재판에 넘겨졌다.

2021년에는 C씨가 계좌번호를 잘못 입력해 120만원을 착오 송금했는데 수취인 D씨는 1년 4개월 동안이나 반환을 거부하며 예금보험공사 직원들에게 폭언과 난동을 부리기도 했다.

이런 사례를 보듯이 잘못 송금된 돈이지만 엄연히 내 계좌로 들어온 돈이니 '내 소유'라고 생각한 것일 수 있다. 하지만 착오 송금임을 인지하고도 착오 송금된 돈을 소비하거나 반환을 거부하는 경우 횡령죄로 처벌받을 수 있다. 또한 착오 송금은 부당이득으로 간주할 수 있어 민사적으로도 반환 의무가 있다. 이에 따라 송금인은 부당이득 반환청구 소송을 제기할 수 있으며, 반환 거부 시 추가적인 이자 지급 및 소송비용의 부담 가능성이 있다.

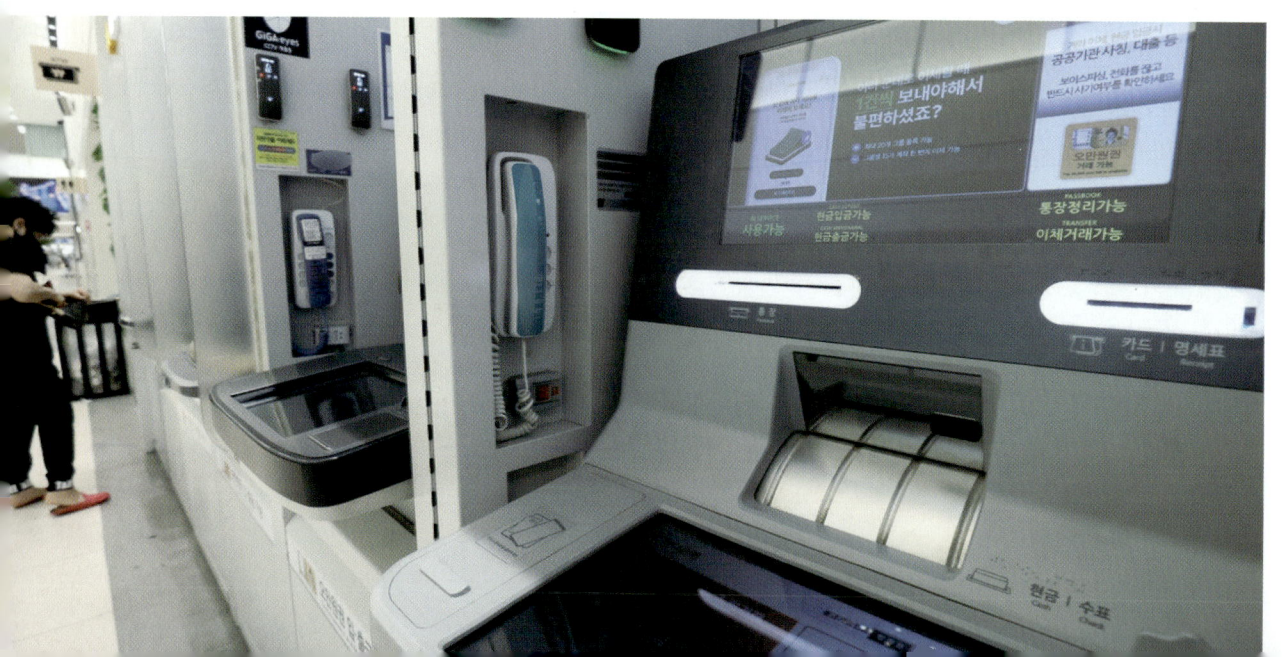

2018년 대법원은 착오 송금의 경우 수취인이 송금인에게 해당 예금액 상당의 돈을 반환할 의무를 지고 있기 때문에 수취인을 횡령죄 성립요건인 보관자의 지위에 있다고 판결을 내린 적이 있다. 수취인이 착오 송금된 금액에 대해 보관자의 지위에 있다고 간주하며, 불법취득 의사를 가지고 착오 송금된 돈을 인출하면 횡령죄가 성립하게 된다. 횡령죄로 처벌될 경우 벌금뿐만 아니라 금액 등에 따라 징역형 등의 처벌을 받을 수 있다.

예금보험공사 주도로 착오 송금 반환지원제 운영

우리나라의 경우 돈을 잘못 보냈을 때 어려움을 해결해주기 위해 예금보험공사가 착오 송금 반환지원 제도를 시행하고 있다. 2021년 7월 6일 이후 발생한 착오 송금에 한해 잘못 이체한 날로부터 1년 이내에 신청할 수 있다. 다만 시행일 이전에 발생한 착오 송금은 지원대상이 아니다.

착오 송금 시 먼저 금융회사를 통해 수취인에게 반환을 요청해야 하며, 미반환된 경우에 예금보험공사에서 반환지원 신청을 받는다. 반환지원 신청대상은 착오 송금 수취인으로부터 미반환된 5만원 이상~1억원 이하의 착오 송금이다.

반환지원 절차는 다음과 같다. 금융사를 통한 사전 반환 신청단계에서 착오 송금 수취인이 자진반환 불응 시 착오송금인은 예금보험공사에 반환지원을 신청하고, 지원대상에 해당할 경우 예금보험공사는 착오 송금인으로부터 부당이득반환채권을 매입한다.

예금보험공사는 금융사, 통신사, 행정안전부 등을 통해 착오 송금 수취인의 연락처 및 주소를 확보한 뒤 착오송금 수취인에게 연락해 자진반환을 권유해 회수하게 된다. 착오 송금 수취인이 자진반환에 응하지 않을 경우 법원의 지급명령을 통해 회수를 진행하며, 회수 완료 시 회수액에서 회수에 든 비용을 차감한 후 잔액을 착오송금인에게 반환하게 된다.

착오 송금 막으려면 '자주 쓰는 계좌' 등록 유용

착오 송금으로 인한 피해를 막기 위해 자주 이체하는 계좌는 '최근 이체계좌' 또는 '자주 쓰는 계좌' 목록에 등록해 사용하는 것이 좋다. 목록은 주기적으로 정리하고 선택 시 정확한 계좌인지 재확인이 필요하다. 모바일뱅킹 앱의 1만원, 10만원, 100만원 등 금액 버튼을 활용해 금액 입력 오류를 줄일 수도 있다.

은행들도 착오 송금을 막기 위해 노력하고 있다. 시중은행들은 모바일뱅킹 등을 이용할 때 입력한 계좌번호의 예금주명과 금액을 확인할 수 있는 화면을 제시하고 있다. 6개월 또는 2년 등 일정기간 내 송금 이력이 없는 계좌나 같은 날 동일인에게 동일 금액 송금 시 중복이체 가능성을 팝업창으로 안내하기도 한다.

착오 송금이 발생한다면 발견 즉시 은행에 신고하는 것이 좋다. 착오 송금인 줄 알면서 돈을 쓰거나, 반환을 거부하면 '횡령죄'로 형사처벌이 가능하다. 민사소송이 진행될 경우 착오 송금된 금액은 물론 추가 이자비용까지 부담할 수 있다.

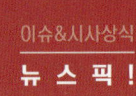
이슈&시사상식
뉴스픽!

집단이익에 무릎 꿇나?
다이소 영양제

우리나라의 대표적인 할인체인 '다이소(아성다이소)'가 지난 2월 전국매장에서 칼슘제, 루테인, 오메가3 등 건강기능식품을 3,000~5,000원에 팔기 시작해 관심이 집중됐다. 그러나 대한약사회 등 약사들이 다이소에 입점한 제약사를 겨냥해 불매운동을 거론하며 집단적으로 반발하자 일부 제약사가 판매시작 닷새 만에 철수를 결정했다. 소비자들은 선택권을 침해당했다며 약국을 상대로 분통을 터뜨리고 있다.

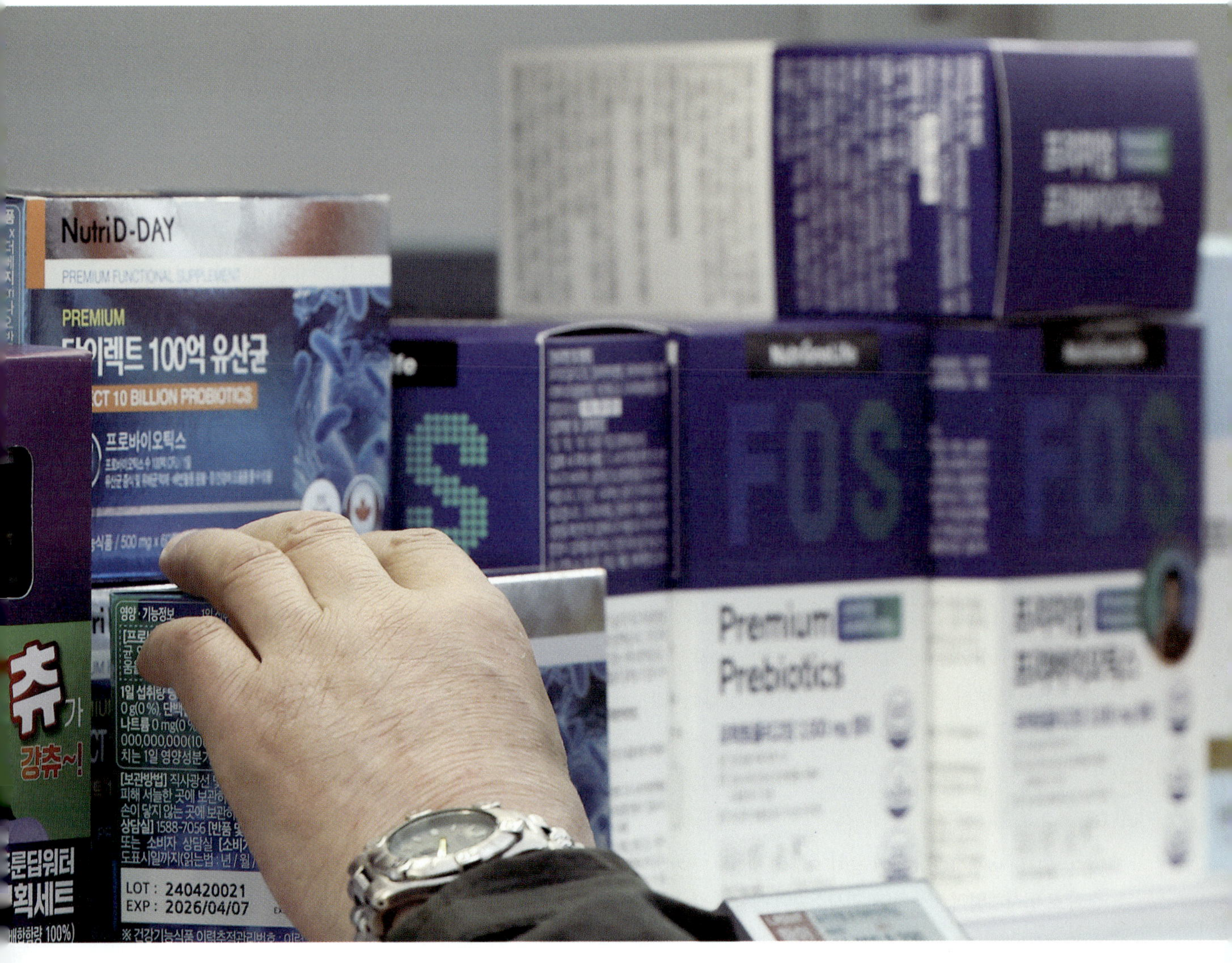

다이소에 건강기능식품(영양제, 이하 건기식)이 입점했다. 제약사들이 반창고 같은 의약외품을 납품한 적은 있지만 건기식을 파는 것은 처음이다. 그러나 다이소가 저렴한 가격을 내세워 시장을 공략하는 만큼 가격경쟁력 측면에서 뒤처질 수밖에 없는 약사들이 다이소 입점 제약사에 대해 보이콧을 선언하는 등 반발이 커졌고, 입점 제약사들이 철수하거나 철수를 검토하고 있다는 소식이 전해지는 상황에 이르렀다. 그러자 공정거래위원회(공정위)가 나섰다. 제약사의 철수결정에 공정거래법 위반의 소지가 있는지 확인하겠다는 것이다. 약사단체가 제약사에 압박을 가해 특정 유통채널과의 거래를 중단시켰다면 공정거래법 위반에 해당할 수 있어서다.

애초 다이소는 '온 가족 맞춤 건강식품'이라는 문구와 함께 영양제 판매대를 별도로 마련하고, 제약사들과 함께 '검증된 건기식'을 '합리적으로' 쉽게 살 수 있다고 홍보했다. 가격은 3,000~5,000원으로 설정했다. 성분을 대폭 줄이고 대량생산으로 비용을 최소화했다는 설명을 덧붙였다. 평균가격이 2~3만원대인 건기식을 최대 10배 저렴하게 구매할 수 있다는 소식은 소비자들을 끌어들였고, 판매 직후 재고가 동날 정도로 높은 판매량을 기록했다.

약사들은 반발했다. 당장 약국의 전체 건기식 점유율은 5% 내외로 크지 않은 수준이지만, 미래에는 약국매출을 이끌 '희망'으로 언급되기 때문이다. 2024년 한 설문조사에 따르면 약사 19.1%가 향후 약국매출을 견인할 품목으로 건기식을 꼽았다. 대한약사회는 즉각 "유명 제약사가 수십년간 건강기능식품을 약국에 유통하면서 쌓아온 신뢰를 악용해 약국보다 저렴한 가격에 생활용품점으로 공급하고 있는 것처럼 마케팅을 펼치고 있는 것에 대해 강력히 규탄한다"며 다이소에 입점한 제약사들을 압박했다. 그 결과 다이소에 건기식을 입점한 대웅제약과 종근당건강, 그리고 다이소 전용 프로바이오틱스와 비타민C 츄어블정, 쏘팔메토아연 등 9종의 건기식을 출시했던 일양약품이 판매 시작 5일 만에 철수를 결정, 다이소용으로 생산된 초기물량을 모두 소진한 이후 추가물량을 제공하지 않기로 하며 사실상 입점을 철회했다. 이번 결정은 권영희 대한약사회(약사회) 회장 당선인을 만난 직후 이뤄진 것으로 알려졌다.

약사, "함량 미달, 가격만으로 소비자 우롱했다"

- ❖ 대부분 함량 미달, 원료출처 불분명
- ❖ 상담 없이 무분별한 섭취 … 오남용 우려
- ❖ 수십년 쌓아온 약국·약사에 대한 신뢰 붕괴

약사들이 중심이 돼 만든 단체인 '약사의 미래를 준비하는 모임'도 '수십년간 약사들을 등쳐먹은 제약회사들의 만행에 분노한다'는 제목의 성명서를 냈다. 이 모임은 "다이소 피비(PB) 건강기능식품의 가격은 그간 제약회사에서 약국에 공급했던 가격을 뛰어넘는, 상상도 못했던 수준"이라며 "이는 제약회사들이 약국과 약사들을 얼마나 호구로 여겨왔는지 보여주는 사례로 볼 수밖에 없다"고 지적했다. 이어 "제약회사들은 처방전을 발급하는 의사들에게는 쓸개라도 빼 줄 것 같이 영업하면서 정작 약을 다루는 약사들은 제품의 신뢰도를 높이는 도구로만 사용하다가 패싱했고, 의료대란 상황 속에서 국민이 필수적으로 사용해야 하는 의약품들의 생산도 소홀히 해 약을 품절시키고 다른 약들과 함께 공급하는 등의 끼워팔기 신공을 펼치기까지 했다"고 비난하며 제약사를 공격했다.

▲ 품절대란 중인 다이소 건강기능식품 판매대

다이소 건기식 자체에 대한 비판도 잇따랐다. 약사들은 SNS 등 저마다의 소통채널을 통해 약국의 건기식과 다이소의 건기식의 성분·함량을 비교하며 '근본적으로 가성비가 높지 않다'는 평가를 내놨다. 다이소 제품들은 주성분의 함량을 낮추거나 주성분의 흡수를 돕기 위해 더한 추가성분들의 함량을 낮추거나 아예 빼는 식으로 가격을 맞췄기 때문에 약국용 건기식처럼 원하는 만큼의 효능을 기대하기 어렵다는 것이다. 아울러 원료출처가 표시돼 있지 않는 점도 신뢰가 어려운 부분이라고 지적했다.

다이소에서는 약사의 상담을 받을 수 없다는 점도 문제로 꼽았다. 약사들은 건기식을 과자처럼 무분별하게 섭취하게 됐다며 "건강기능식품을 가격비교만으로 구입하고 복용 중인 약물과의 상호작용 검토도 없이 섭취하는 것이 국민건강에 좋은 영향을 미칠 것인지 의문"이라고 주장했다.

제약사, "가격 맞춘 제품 … 소비자 선택에 맡겨야"

- ❖ 고물가 시대에 높은 가성비·낮은 진입장벽
- ❖ 가격·효능은 소비자 선택의 문제
- ❖ 제약사, 유통경로 확대·미래고객 확보

반면 소비자들은 건기식에 손쉽게 접근할 수 있다는 점에서 환호한다. 저렴한 가격과 더불어 다이소 매장 위치가 주거지나 역세권 또는 학교나 직장가 상권 등 도보나 대중교통만으로 쉽게 방문할 수 있는 곳이라는 점, 즉 접근성이 높다는 점에서도 호응이 크다. 또한 보통 3개월 단위로 구매하는 약국의 제품과 달리 1개월 단위로 구매할 수 있다는 것을 다이소 제품의 매력으로 꼽는다.

제약사들도 "다이소와 약국에서 판매되는 건기식은 아예 비교군으로 보기 어려운 제품"이라며 성분 및 함량의 차이를 인정한다. 다만 이미 3,000~5,000원이라는 가격에 맞추기 위해 성분·함량을 조절했다는 점을 분명하게 밝혔다면서 약국에만 비싸게 공급했다거나 과대광고를 했다는 주장에 반박한다. 즉, 복합성분과 높은 함량을 원하면 종전처럼 약국에서, 저렴한 가격을 원하면 다이소에서 구매할 수 있게 소비자 선택권을 넓혔다는 것이다. 또한 다이소 건기식은 모두 우수제조관리기준(GMP) 인증을 받은 제조시설에서 생산되며, 식품의약품안전처 인증을 받은 제품들이므로 안전성 등을 우려할 필요가 없다고 밝혔다.

그럼에도 제약사들이 다이소 입점에 한 발 물러서는 모양새를 보이는 것은 의약품의 거래관계에서 약사와 약국이 '갑'이기 때문이라는 지적이 나온다. 약사가 복약지도 시 성분이 비슷한 약을 선택·판매할 수 있다는 점을 감안했을 때 제약사나 의료품 도매업체 등은 소위 선택을 받는 입장이기 때문이다.

그렇다고 경기불황이 지속되고 있는 가운데 새로운 유통채널을 확보해야 하는 제약사 입장에서는 'MZ세대의 백화점'으로 불리며 젊은 소비자들이 몰리고 있는 다이소를 포기하기는 쉽지 않다. 앞서 다이소에 진출한 화장품업계가 매년 100%가 넘는 매출성장세를 보이고 있는 점도 고민의 지점이다. 실례로 종근당건강의 더마 코스메틱 브랜드의 일부 제품은 다이소 론칭 한 달 만에 25만개를 판매한 데 이어 4개월 만에 누적 판매량 100만개를 돌파했다.

소비자, "이익집단의 갑질에 소비자 권리 침해됐다"

약품을 둘러싼 약사들의 집단반발은 이번이 처음이 아니다. 2011년에도 약국에서만 팔던 국내 의약품 품목당 생산액 2위 박카스를 비롯한 일부 의약품을 동네 슈퍼 등에서 팔겠다는 정부정책에 약사들이 집단반발한 일이 있었다. 당시 약사들은 박카스 불매운동을 비롯해 '당번약국 5부제'를 보이콧하겠다며 정부를 압박했다. 이때 박카스 제조회사인 동아제약은 약사들 눈치를 보면서도 "백신과 같은 필수 의약품의 경우 공문을 보내 공급을 촉구할 수 있지만, 박카스와 같은 의약외품까지 정부가 규제할 근거는 없다"며 유통경로 다변화에 방점을 찍었다. 박카스의 의약외품 지정을 매출을 획기적으로 확대할 수 있는 기회로 여긴 것이다.

결국 동아제약은 박카스를 약국 판매용(박카스D)과 편의점 및 일반 유통용(박카스F)으로 구분해 판매했고, 그 결과 2015년 박카스 단일품목 매출로만 2,000억원을 초과하는 성과를 냈다. 그리고 현재는 일반 유통용 박카스F의 매출성장세가 약국 판매용 박카스D를 압도하고 있다. 이것이 약사들이 건기식의 다이소 입점을 우려하는 대목인 동시에 제약사가 다이소를 포기할 수 없는 이유다.

문제는 집단반발에 의한 제약사들의 입점포기가 단순히 그들만의 리그가 아니라는 점이다. 제약사가 허위·과장광고를 하지 않는 한 어디에서 무엇을 구매할 것인가를 선택하는 것은 소비자의 몫이다. 때문에 한국소비자단체협의회도 "건기식은 의약품이 아닌 만큼 소비자는 자유롭게 구매할 권리를 가진다"며 약사들이 우월적 지위를 이용해 소비자 권리를 침해했다고 문제를 제기했다. 또한 "정당하지 않은 이유로 합법적인 유통이 제한되는 것은 공정한 시장 질서를 해치고 소비자의 권리를 침해하는 행위"라고 목소리를 높였다.

자료 / 아성다이소

한편 대형마트가 폐점위기에 처한 가운데에서도 전국 다이소 매장은 2024년 11월 기준 1,519개로 2020년(1,339개) 대비 180개(13%) 늘었고, 매출은 2020년 2조 4,216억원에서 2023년에는 3조 4,604억원(영업이익 2,617억원)으로 43% 급증했다. 특히 화장품 매출신장에 힘입은 2024년 매출은 4조원이 넘을 것으로 기대된다. 오프라인 유통채널 중 다이소만큼 빠르게 성장하는 곳이 없다는 의미다. 이것이 대기업들이 기존의 고가·명품 이미지를 벗으면서까지 다이소에 입점하는 주된 이유로 꼽힌다.

이슈&시사상식
이슈평론

치매환자 100만명 시대
돌봄 구멍 없어야

NEWSPAPER

치매환자 내년 100만명 …
'슬픈 병' 수발 자녀들 남몰래 눈물

중증 치매를 앓는 홀어머니를 모시는 A씨(43)는 가슴에 늘 묵직한 돌을 올려놓은 듯한 심경이다. 형제자매가 없어 어머니 돌봄은 오롯이 A씨의 몫이었다. 요양병원에 모시는 게 죄스러웠으나 자신의 직장 문제로 어쩔 수 없었다. 경제적 부담도 상당하다. 식비와 간병비 등을 포함해 매달 90~100만원 수준이다. 추가로 병원비가 들기도 한다. A씨는 "미혼이어서 그럭저럭 괜찮지만 가정이 있고 아이들이 있다면 어떨지 모르겠다"고 했다.

2025.03.13. 국민일보

초고령사회로 치매환자 100만명 눈앞

3월 12일 보건복지부(복지부)가 발표한 치매 역학조사와 실태조사 결과에 따르면 올해 치매환자 수는 97만명이다. 내년 100만, 2044년엔 200만명을 넘을 것으로 추정됐다. 우리나라 노인인구가 지난해 1,000만명을 넘어서 빠르게 증가하는 만큼 대표적인 노인성 질환인 치매환자의 동반 증가 역시 피할 수 없는 결과다.

치매의 고통은 환자 본인이나 가족에게만 한정되지 않는다. 복지부 조사에 따르면 시설·병원이 아니라 가정에 머무는, 즉 지역사회 치매환자의 절반 이상(52.6%)이 1인 가구였고 27.1%가 부부 가구, 19.8%가 자녀동거 가구였다. 치매환자는 일상생활

에 어려움을 겪는 경우가 많은 만큼 혼자 살든 같이 살든 가족이나 다른 돌봄인력의 도움이 절실하다. 실제로 치매환자와 같이 살지 않는 가족도 주당 평균 18시간을 이들의 돌봄에 썼다.

치매환자 가족의 경제적 부담 상당해

조사에 따르면 지역사회 치매환자 가족의 45.8%는 돌봄부담을 느끼고, 40%가량은 치매환자로 인해 신체적·정신적·경제적인 변화를 포함한 삶의 부정적인 변화를 경험했다고 답했다. 무엇보다 가족의 가장 큰 어려움은 경제적 부담이었다. 지역사회 환자 가족의 38.3%, 시설·병원에 있는 환자 가족의 41.3%가 경제적 부담을 호소했다. 이번 조사결과 환자 1인당 연간 관리비용은 지역사회에 머무는 경우 1,733만 9,000원, 시설·병원에 있는 경우 3,138만 2,000원이었다.

특히 지역사회에 머무는 경우 돌봄비 비중(67.0%)이 보건의료비(25.3%)보다 월등히 많아 전체 비용의 3분의 2에 달했다. 시설·병원 환자도 전체 비용의 절반 가까이(48.9%)가 돌봄비였다. 이 때문에 치매환자 가족은 우선 필요한 정책으로 경제적 비용경감을 꼽았다. 가족뿐 아니라 건강보험 재정에도 치매의 경제적 부담은 상당하다. 지난해 노인성 질병 급여비는 2019년 대비 28% 늘어난 6조원 안팎으로 추정된다.

국가의 적극적 도움으로 부담 덜어줘야

빠르게 늘어나는 치매환자로 '간병 지옥', '돌봄 지옥'이라는 말까지 나오는 상황에서 사회 전체적인 부담을 줄이기 위해선 국가차원의 대응이 필수적이다. 전문가들은 우선 치매 검진과 예방, 사례관리, 환자가족 지원 등의 역할을 담당하는 지역 치매관리기관인 전국 256곳 치매안심센터의 역할이 중요하다고 입을 모은다.

환자가족의 가장 큰 어려움인 경제적 부담을 해소하기 위한 지원책도 절실하다. 건강보험 재정의 합리화를 통해 노인성 질병 급여를 확대하는 등의 노력이 필요하다. 복지부는 이번 조사결과를 토대로 제5차 치매관리종합계획(2026~2030년)을 수립할 계획이다. 아울러 가족의 돌봄부담 경감을 위해 장기요양 재가서비스 확대를 추진해 돌봄 필요도가 높은 중증 수급자의 재가급여 월 한도액을 시설 입소자 수준으로 단계적으로 인상한다는 계획을 세웠다.

초고령사회로 치매환자는 점점 늘어나고 돌볼 인구는 줄어드는 시점에서 치매환자 돌봄과 치료를 개인에게만 떠맡길 수는 없다. 이와 함께 환자의 가족이 치매에 대한 과도한 공포나 우려로 불필요한 부담을 지지 않도록 국가가 정확한 정보를 제공해야 할 것이다.

이슈&시사상식
세계는 지금

아메리카노 대신
캐나디아노

쥐스탱 트뤼도 캐나다 전 총리

관세전쟁으로 미국과 캐나다의 갈등이 최고조에 이른 상황에서 캐나다의 일부 카페들이 애국심 고양 차원에서 아메리카노를 캐나디아노로 '개명'하고 있다고 미국 일간 워싱턴포스트(WP)가 2월 25일(현지시간) 보도했다. 트럼프 대통령이 관세부과 위협에 '캐나다가 미국의 51번째 주가 될 것'이라는 도발까지 서슴지 않자 캐나다인들은 불쾌감을 숨기지 않으며 이를 국가적 자존심의 문제로 받아들인 것이다.

미국 관세폭탄에 캐나다 카페도 뿔났다

캐나다 서부의 브리티시 컬럼비아에 본사를 둔 키킹호스는 2월 초 SNS 게시물을 통해 캐나다 전역의 커피숍에서 메뉴명 아메리카노(Americano)를 캐나디아노(Canadiano)로 변경하자고 제안했다. 실제로 토론토에 있는 카페 벨렘은 메뉴판에서 아메리카노를 지우고 캐나디아노라고 써놓았다. 카페 주인 윌리엄 올리베이라는 자신의 가게가 '정치적 장소'가 되길 원하지는 않았다고 말하면서도 '지금 당장 캐나다를 지지하는 모습을 보여주는 것이 중요했다'고 설명했다.

카페만이 아니다. 온타리오의 기념품 가게에는 '캐나다는 판매용이 아니다'라고 적힌 옷이 등장했으며, 기업가들은 캐나다산 상품 여부를 식별해주는 앱을 개발했다. 또한 최근 열린 양국 하키 국가대항전에서 캐나다 팬들은 미국 국기를 향해 야유를 퍼부었다. 도널드 트럼프 미국 대통령의 최측근으로 꼽히는 일론 머스크 테슬라 최고경영자의 캐나다 시민권을 박탈하자는 청원이 인기를 끌면서 청원자가 24만명을 넘어서기도 했다.

동맹국도 예외 없다 … 관세부과 강행

미국이 3월 4일(현지시간)부터 캐나다, 멕시코, 중국에 새로운 관세를 부과하고 3개국이 보복에 나서면서 트럼프 대통령이 일방적으로 시작한 '관세전쟁'이 격화하는 양상을 보이고 있다. 미국은 이날부터 캐나다와 멕시코에서 수입한 제품에 25% 관세를, 중국에서 수입한 제품에는 2월에 부과한 10%에 이어 10%의 추가관세를 부과하기 시작했다. 다만 캐나다와 멕시코에 대한 고율관세 부과에 미국경제도 타격을 받자 트럼프 대통령은 지난 3월 6일(현지시간) 미국·멕시코·캐나다 무역협정(USMCA)이 적용되는 품목에 한해서는 관세를 한시적으로 면제한다고 한 발 물러섰다.

쥐스탱 트뤼도 캐나다 전 총리는 "미국은 가장 가까운 파트너이자 동맹, 친구인 캐나다를 상대로 무역전쟁을 시작했다"면서 미국의 관세를 '매우 어리석은 짓'이라고 비판한 바 있다. 클라우디아 셰인바움 멕시코 대통령도 미국의 관세가 모욕적이고 일방적이라고 비판하면서 "트럼프정부 결정에 아무런 정당성이 없다"고 반박했다.

보복에 나선 3개국, 세계무역전쟁 격화되나

트럼프 대통령의 관세부과 명분은 마약단속이다. 그는 3개국을 통해 '좀비마약'으로 불리는 마약성 진통제 펜타닐이 미국으로 다량 유입되고 있다고 주장하며 3개국이 펜타닐 유입을 충분히 차단할 때까지 관세를 부과하겠다는 입장이다. 무역도구인 관세를 다른 외교현안을 해결하는 압박수단으로 사용한 것이다. 트럼프 대통령의 자의적인 관세부과에 3개국은 강하게 반발하며 맞대응에 나섰다.

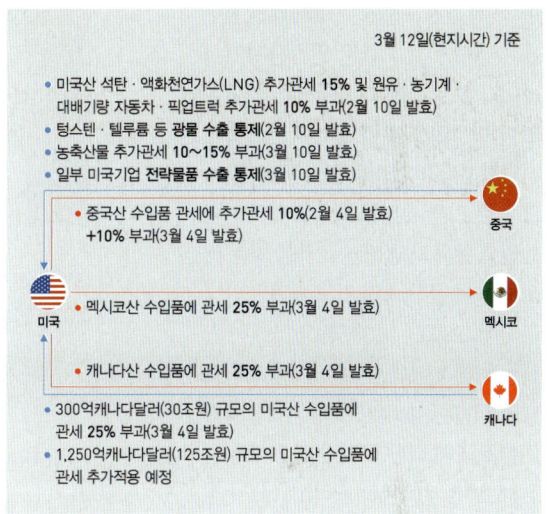

미국발 관세전쟁

지난 3월 10일(현지시간) 캐나다가 미국의 캐나다산 목재 및 낙농제품에 대한 관세부과 방침에 대응해 미국에 수출하는 전기에 25%의 수출세를 부과하겠다고 하자 트럼프 대통령은 캐나다산 철강·알루미늄 관세를 25%에서 50%로 올리겠다고 발표했다. 이에 캐나다가 전기료 할증을 잠정중단했고, 미국도 추가관세 조치를 철회했다. 이처럼 트럼프 대통령은 보복관세에 위축되지 않는 모습이며 오히려 '눈에는 눈' 대응으로 압박수위를 더 높이고 있다. 미국과 이들 3개국의 무역전쟁이 전면전으로 확산할 경우 우리나라를 비롯한 세계경제에 미치는 부정적인 영향이 작지 않을 것으로 전망된다.

이슈&시사상식
찬반토론 ❶

"학교선택 vs 면학방해"

학교선택권 확대

학교는 학습의 장이기도 하지만 인간관계와 사회생활을 미리 경험하는 곳이기도 하다. 그런 의미에서 남녀공학은 다양한 인간관계를 경험할 수 있게 한다. 동성친구뿐만 아니라 이성친구를 사귐으로써 제한된 인간관계에서 벗어나 넓은 인간관계를 가질 수 있다. 또한 이성과 어울리면서 자연스럽게 성역할에 대한 학습을 할 수 있다. 남녀의 서로 다른 특성을 배우고 이해하면 성인이 됐을 때 올바른 교제를 하는 데도 도움이 된다. 학교가 학습뿐만 아니라 인성교육과 사회화를 담당해야 한다는 점에서 남녀공학은 남녀분리학교보다 적합한 셈이다. 또한 남녀공학이 이성교제에 대한 우려가 크고 내신경쟁에 있어 남학생이 불리하다고 주장하기보다는 우리 교육이 진학·취업에 치중돼 있다는 반성이 있어야 한다.

특히 여중·여고·여대의 존재이유는 사회의 성차별로 인한 학업기회 박탈을 채우는 데 있었다. 하지만 오늘날 학업의 기회는 남녀 모두에게 열려 있다. 때문에 최근에는 여대에 대한 선호비율이 점차 낮아지고 있다.

남녀공학 전환에는 현실적인 문제도 있다. 교육청이 남녀공학으로 전환을 유도하는 건 기본적으로 학령인구 감소로 단성학교의 모집난이 불가피하기 때문이다. 또한 통학의 편리성과 학교선택권에 대한 보장도 중요한 문제다.

2025년 남녀공학으로 전환하는 학교가 서울에서만 7곳인 것으로 나타났다. 서울시교육청에 따르면 올해 3월부터 사립 6개 여학교(성암국제무역고, 송곡여중, 송곡관광고, 경복비즈니스고, 동국대사범대부속여중, 동국대사범대부속여고)와 공립 1개 여학교(성동글로벌경영고)가 남녀공학으로 전환한다. 그중 역사가 95년(1930년 개교)이나 되는 동국대사범대부속여고는 공학 전환과 함께 교명이 '동국대사범대부속가람고'로 바뀐다.

이들 학교가 남녀공학으로 전환하는 주된 이유는 저출생으로 인한 학령인구 감소로 성별을 구분해서 신입생을 받기 어려워졌기 때문이다. 특성화고의 경우 학과개편 등 재구조화 사업의 일환으로 공학으로 전환하기도 한다. 서울시교육청은 남녀공학으로 전환하는 학교에 학교별 맞춤교육 과정을 운영할 수 있도록 학교당 3년간 총 6억 9,000만원을 지원하고 있다. 2026학년도 남녀공학전환 준비도 올해 상반기에 계획해 추진할 예정이다. 학교에서 내부 구성원 협의와 동의를 거친 후 교육청에 신청하면 교육청이 관계부서 협의 등을 통해 검토한 후 전환 여부를 결정하는 방식이다.

남녀공학 전환

반면 학령인구가 감소하는 가운데 학급과 교사 수를 일정하게 유지하려면 남학생을 받아야 한다는 판단에서 2025학년도부터 남녀공학으로 전환될 예정이었던 춘천의 유봉여중(1964년 설립)은 재학생과 학부모 반대로 결국 여중으로 남게 됐다. 학교 관계자는 "구성원의 의견을 수렴해 여학교의 특색과 장점을 더 살리는 방향을 고민하고 있다"면서 남녀공학 전환결정을 번복했다.

남녀공학 전환은 대학가에서도 화두다. 상명여대는 1996년 남녀공학으로 전환해 상명대로 바뀌었고, 성심여대는 가톨릭대와 통합했으며, 대구의 효성여대는 대구가톨릭대와 통합돼 남녀공학이 됐다. 덕성여대처럼 남학생의 학부입학을 전면적으로 검토하거나 학부·대학원 차원에서 남학생의 지원을 전면적으로 검토하는 학교도 있다. 반면 동덕여대는 학교 측에서 남녀공학 전환에 대한 논의를 했다는 소식이 알려지자 재학생 및 동문들이 점거, 농성, 동맹휴업 등의 실력행사를 하며 강력하게 반발했고, 결국 원점에서 다시 논의하기로 했다. 교육부에 따르면 2024년 기준 전국에서 남은 4년제 여자대학은 동덕여대, 이화여대 등 7곳이며, 한양여대를 비롯한 전문대를 더하면 모두 14곳이다.

"학생들의 학교 선택권을 확대한다"
"학교 간 격차 및 선호도 편차 해소"

"여성이 존중받는 몇 안 되는 공간"
"입시경쟁·면학분위기에 불리"

반대

단일성만의 공간 필요

2024학년도 기준 서울에 위치한 전체 중·고등학교 708개교 가운데 단성학교는 241곳으로 34.0%나 차지한다. 조선처럼 남녀칠세부동석을 지켜야 하는 시대가 아님에도 여전히 단성학교가 유지되고 있는 이유는 남녀공학 학생들보다 자신감이 더 높고 학업성취도가 더 좋다는 데 많은 이들이 공감하고 있기 때문이다. 학생 입장에서는 동성에 대한 유대감과 통일성이 큰 동시에 성별에 대한 부담감을 줄여 학업에 집중하게 되며, 이성 간의 경쟁·편견 없이 자유롭게 학업과 활동에 전념할 수 있다.

학교 입장에서는 남녀 각각의 학습스타일에 맞는 맞춤교육 제공이나 질풍노도의 청소년들을 통제하는 데도 용이하다. 미국의 경우 단성교육이 청소년 이탈률을 줄이고 10대 임신율을 줄였다는 보고도 있다. 또한 이성에 대한 경쟁심이 줄어드는 만큼 정신적인 압박이 줄어들 뿐 아니라 정서적인 자기통제력이 성장하고 자아상, 미래에 대한 계획도 더 구체적으로 확립한다는 연구결과도 나왔다.

남녀공학 전환은 비단 재학생만의 문제가 아니다. 특히 30년 이상 오래된 학교가 남녀공학으로 전환한다는 것은 역사와 전통을 저버린다는 것이며, 특히 지역사회의 경우 구심점을 잃어버리는 결과를 낳는다.

"의사 보호 vs 의사 특혜"

찬성

불필요한 사법절차 줄어

이대목동병원 신생아 중환자실에서 신생아 4명이 잇달아 사망한 일로 관련 종사자들이 구속기소되는 등 사법절차를 밟으면서 소아청소년과 전공의 지원율이 급감했다. 필수의료과에 종사하다가 환자가 사망하면 언제든 구속될 수 있다는 공포감을 의사들에게 심어줬기 때문이다.

우리나라는 의료사고에 대한 형벌화가 다른 나라에 비해 과도하다. 영국은 2013년부터 2018년까지 총 151건의 의료인 중과실치사죄 혐의 중 기소된 사건은 모두 23건이며, 그중 유죄판결을 받은 건 4건에 불과하다. 또한 영국과 호주, 뉴질랜드에서는 단순과실로 형사처벌을 받은 사례가 없다. 반면 우리나라는 연평균 업무상과실치사상으로 기소된 의사 수가 300명이 넘으며 연평균 기소율은 43.2%에 달한다.

무엇보다 건강보험이 적용되는 의료 및 공공의료는 기본적으로 필수의료로 봐야 한다. 공동체 전체의 이익을 위한 행위에 사회적·국가적 보호가 따라야 하는 것은 당연한 이치다. 이런 제도적 보호장치가 없다면 필수의료 분야 종사자들이 과도한 형사처벌 부담으로 인해 의료현장을 떠나는 것을 막을 방법이 없다. 즉, 특례법은 안정적인 진료환경을 조성하기 위한 기본적인 방어막이라 할 수 있다.

1년 넘게 이어지고 있는 의정갈등으로 전공의 1만명 이상이 의료현장을 떠나면서 환자와 국민이 심각한 어려움을 겪고 있는 상황에서 정부가 의료사고 관련 형사처벌 특례(특례법) 도입을 검토하고 있다. 3월 6일 보건복지부(복지부)는 국회 보건복지위원회 소속 김미애 국민의힘 의원이 주최한 '의료사고 안전망 강화를 위한 정책토론회'에서 다음과 같은 방안을 공개했다.

정부는 우선 의료사고의 특수성을 고려해 환자의 상해 정도가 아닌 의료진 과실의 경중 등 사고의 원인을 중심으로 형사기소 체계를 전환할 계획이다. 이에 따라 환자와 의료진이 합의하면 형사처벌을 면책하는 반의사불벌이 의료행위 전반에 폭넓게 인정될 방침이다. 특히 정부는 사망사고의 경우에도 필수의료 행위에 한해 반의사불벌 적용을 검토한다. 아울러 필수의료 사망사고는 사고 당시의 긴급성이나 의료진의 구명활동 등을 고려해 처벌을 줄이거나 면제하도록 한다. 반의사불벌(反意思不罰罪)이란 '피해자가 가해자의 처벌을 원하지 않으면 형사처벌할 수 없다'는 의미다. 즉, 필수의료 행위 중 발생한 사망사고라 하더라도 유족 동의가 있다면 의료진의 형사처벌을 면하게 한다는 것이다.

의사 형사처벌 특례

이를 위해 의료계, 환자·시민사회, 법조계 등으로 구성되는 의료사고심의위원회를 신설해 늦어도 150일 안에는 필수의료·중과실 여부를 판단하기로 했다. 해당 특례법은 의료계 숙원이었던 필수의료 사법리스크 경감을 위한 정부의 대답으로 평가된다. 그동안 의료계는 의료진 7명이 사건발생 5년 만인 2022년 대법원에서 무죄를 확정받은 이대목동병원 신생아 사망사건 등을 거론하며 필수의료를 기피하는 원인으로 의료사고에 따른 소송부담을 줄곧 지목해왔다.

한편 특례법에는 ▲ 필수의료 분야와 전공의에 대해서는 책임보험·공제 가입을 위한 보험료 지원과 ▲ 종합보험공제 가입 의사의 경우 의료행위로 인해 환자가 중상해 피해를 입을 시 필수의료에 한해 공소대상에서 제외된다는 내용도 담겼다. 이를 위해 의료기관 개설자를 대상으로 기관 내 의료사고에 대한 책임보험(공제)에 의무적으로 가입하게 하고, 국가와 지방자치단체가 예산 범위에서 보험료 일부를 지원할 계획이다. 복지부 관계자는 "의료사고 안전망 구축을 위한 의료분쟁조정법 개정 전에라도 할 수 있는 것을 미리 시행할 계획"이라며 "올해 안에는 입법이 완료되도록 지원하겠다"고 말했다.

반대: 이익집단에 면책특권 주나

의료사고 피해자가 울분을 해소하는 근본적인 방법은 충분한 설명과 진정성 있는 사과, 신속한 피해보상이 이뤄지는 것이다. 그러나 현재 의료사고 피해자와 유족들은 사과는 고사하고 충분한 설명조차 듣지 못하는 실정이다. 소송을 해도 의료인 과실의 입증책임에 고액의 소송비용까지 부담해야 한다. 이런 상황에서 특례법이 도입되면 피해자의 권리는 더욱 약화될 수밖에 없다. 의료인의 면책강화보다 의료사고 피해자 보호를 위한 제도를 먼저 개선해야 하는 이유다.

정부가 중과실 여부를 판단하고 수사 여부를 결정하기 위해 신설한다는 '의료사고심의위원회'에 대한 우려도 있다. 기관의 전문성을 위해서는 구성원이 의료인일 수밖에 없고, 그렇게 되면 자칫 의료계에 유리한 방향으로 운영될 수 있다. 객관성 담보가 쉽지 않다는 말이다.

또한 특례법이 도입되면 반복적인 의료사고에도 불구하고 의사면허가 유지되는 일도 있을 수 있다. 현재도 이미 우리나라는 고위험 필요의료 진료과 의사가 실형판결을 받는 예가 극히 드물다. 또한 세계적으로도 사망 의료사고와 관련해 형사처벌을 면제하는 나라는 없다. 결국 특례법은 환자의 안전을 위협하고 의료 자체에 대한 신뢰에 부정적인 영향을 줄 수 있다.

"처벌 위협 없이 의료행위에 집중"
"과도한 처벌은 현장이탈 부추겨"

"의료계의 과도한 사법리스크 주장은 가짜"
"의료사고 피해자 보호는 더욱 취약해져"

HOT ISSUE QUIZ

한 달 이슈를 퀴즈로 마무리!

01 (   )(이)란 미국 에너지부에서 정책적인 이유로 특별한 고려가 필요한 국가를 지정할 때 사용하는 용어를 뜻한다.

02 중국의 인공지능 스타트업 '딥시크'의 AI 모델이 (   ) 개발사 오픈AI 등의 모델을 일부 앞선 것으로 나타나 큰 충격을 안겼다.

03 (   )은/는 정신적·신체적 질환이 있는 교원이 교직수행을 제대로 판단할 수 있는지 가늠하기 위한 장치다.

04 정치권에서 개헌논의가 본격화한 가운데 의회의 권력을 견제하기 위해 행정부에 (   )을/를 부여하는 방안이 제안됐다.

05 포천 공군 전투기 오폭사고 당시 사용된 폭탄 (   )은/는 무유도방식으로 투하됐다.

06 (   )(이)란 새로 개발된 제품이나 서비스에 대해 대중이 적응하고 받아들이기 전까지 겪는 침체기를 뜻한다.

07 (   )은/는 투자대상을 결정하지 않은 상태에서 펀드를 조성한 뒤 투자자를 모색하고 투자하는 방식의 펀드를 말한다.

08 미국이 우크라이나 측에 러시아와의 전쟁을 지원한 대가로 전략광물 개발권 확보를 골자로 한 (   ) 체결을 요구했다.

09 경제성장률, 물가상승률, 실업률 등 경제상태를 표현하는 데 기초적인 자료가 되는 주요 거시경제지표는 (   )에 해당한다.

10 (   )은/는 매년 3월 중국에서 열리는 최대 정치행사로 국가 운영방침과 정책방향이 제시돼 전 세계의 이목이 쏠린다.

11 국내 최초 (   ) 넥스트레이드가 개장하면서 투자자들의 편익제고가 기대되고 있다.

12 국민연금 자동조정장치란 연금재정에 영향을 미칠 수 있는 변화요소를 수용해 연금액과 (   )을/를 자동으로 조정하는 장치다.

13 지난 2월 붕괴사고가 발생한 서울세종고속도로 건설현장에서는 공정과정을 단순화하기 위해 (   )을/를 적용 중이었다.

14 우리나라 헌법에서는 범죄의 실행행위로서 (   )을/를 조직하는 것뿐만 아니라 가입과 활동행위에 대해서도 모두 처벌하고 있다.

15 제2차 세계대전 당시 일본의 주요 석탄 공급처였던 (　　)은/는 일제강점기 조선인 강제징용 현장 중 하나로 알려져 있다.

16 경찰이 사용하는 (　　)은/는 2개의 탐침이 대상자에게 모두 명중했을 때에만 전기가 통해 근육마비 등의 효과를 낼 수 있어 현장상황에 따라 위력을 발휘하지 못할 수도 있다.

17 반도체기업의 공장 증설 등 시설투자 및 연구개발에 세제혜택을 강화하는 (　　)이/가 국회 본회의를 통과했다.

18 이스라엘과 (　　)이/가 양측 간 정전협상에도 불구하고 서로에 대한 공격과 대응을 멈추지 않으며 대립을 이어갔다.

19 (　　)은/는 국가가 재정을 잘못 사용하거나 공무원이 비리를 저지른 경우, 또는 행정과 법령·제도에 문제가 있을 경우 이를 검사하여 수사기관에 고발하는 역할을 한다.

20 최근 잇따른 사고로 (　　)의 안전문제가 논란이 되자 정부와 국내 항공사들이 안전관리 강화 대책을 속속 발표했다.

21 (　　)(이)란 인도주의적인 이유로 사람과 물건에 대한 무력충돌의 영향력을 제한하기 위해 규정한 국제법을 말한다.

22 (　　)은/는 플래시 메모리의 한 종류로 쓰기속도가 빠르고 대용량·소형화가 가능하다는 점이 특징으로 꼽힌다.

23 의결권이 있는 주식의 50% 이상을 소유해 기업 경영에 관한 지배권을 확보할 수 있는 지분을 (　　)(이)라고 한다.

24 (　　)은/는 부동산 PF대출을 일으킬 때 신용이 약한 시행사를 대신해 시공사가 기한 내 준공할 것을 보증하는 제도다.

25 공립·사립 교원들과 사교육 업체 간 문항거래 행태가 광범위하게 퍼질 수 있었던 이유로 (　　)의 검증 부실과 교육부의 지도·감독 소홀이 꼽혔다.

26 유튜브 채널 (　　) 운영자는 연예인과 관련해 검증되지 않은 내용을 악의적으로 편집·유포하여 여러 연예인 및 소속사로부터 고소를 당했다.

---

01 민감국가　02 챗GPT　03 질환교원심의위원회　04 국회해산권　05 MK-82　06 캐즘　07 블라인드 펀드　08 광물협정　09 펀더멘털　10 양회　11 대체거래소(ATS)　12 보험료율　13 DR거더 런칭 가설 공법　14 범죄단체　15 조세이탄광　16 테이저건　17 K칩스법(조세특례제한법 개정안)　18 헤즈볼라　19 감사원　20 저비용항공사(LCC)　21 국제인도법　22 낸드플래시　23 지배지분　24 책임준공　25 한국교육과정평가원　26 탈덕수용소

필수
시사상식

시사용어브리핑	94
금융상식 실전문제	100
시사상식 기출문제	106
내일은 TV퀴즈왕	112

화제의 용어를 한자리에!
시사용어브리핑

F4 회의 거시경제 및 금융·통화 당국 수장 4명의 비공개 간담회   ▶ 경제·경영

'Finance 4'의 축약어로 거시경제·금융현안 간담회로도 불린다. 경제부총리, 한국은행 총재, 금융위원장, 금융감독원장이 매주 한 차례 비공개로 모여 정책현안을 논의하는 회의다. F4라는 명칭은 2023년 1월 범금융 신년인사회에서 추경호 당시 부총리가 본인을 포함해 김주현 위원장, 이복현 금감원장, 이창용 총재까지 4명을 F4라고 지칭하면서부터 사용됐다. 경제·금융 당국 수장들이 직접 모여 기관별로 분산된 각종 정보를 공유하기 때문에 빠른 의사결정이 가능하다.

왜 이슈지?
지난해 12·3 비상계엄 직후 열린 'F4 회의'에서 결정된 무제한 유동성 공급조치가 비상계엄을 지원하기 위한 것이 아니냐는 의혹이 제기되면서 비공개 협의체인 F4 회의의 법제화를 추진해야 한다는 목소리가 나오고 있다.

비욘드 GDP(Beyond GDP) 복지와 후생, 사회적 발전을 반영한 측정지표   ▶ 경제·경영

국내총생산(GDP)을 넘어섰다(Beyond)는 뜻으로 지속가능성이나 사회적 복지와 같은 질적성장을 고려한 지표다. 그동안 GDP는 국가의 경제적 성과를 보여주는 중요한 지표인 것은 분명하나 인간의 복지나 삶의 질을 측정하기에는 한계가 있다는 지적을 받아왔다. 예를 들어, 지속가능하지 않은 방식의 산업이 발달하면 GDP는 상승하지만 그 과정에서 발생하는 탄소배출 등 환경비용은 수치에 포함되지 않는다. 다만 비욘드 GDP가 개발되더라도 핵심 경제지표로 자리 잡은 GDP의 유용성은 여전히 유효할 것으로 보이며, 이에 따라 비욘드 GDP는 보조적인 지표로 활용될 것으로 전망된다.

왜 이슈지?
지난해 9월 뉴욕에서 열린 유엔 미래정상회의에서는 **비욘드 GDP**가 공식의제로 제안됨에 따라 이와 관련된 사회적 논의가 계속해서 확장될 것으로 보인다.

스폿워크(Spot Work) 필요한 시간에 맞춰 단시간 일하는 근로방식

▶ 사회·노동·교육

자신이 원하는 시간에 맞춰 단시간 일하는 방식으로 일본 고용시장에서 급증하고 있는 근로형태다. 단기 또는 프로젝트성 계약이라는 측면에서 '긱 워크(Gig Work)'와 유사하지만, 업무위탁 방식인 긱 워크와 달리 기업과 고용계약을 맺는 형태로 이뤄진다는 점이 특징이다. 스마트폰 앱을 통해 구직·채용을 진행하며, 시간에 얽매이지 않고 자투리 시간을 활용할 수 있다. 인구 고령화에 따른 구인난 심화, 물가상승으로 인한 부업수요 증대를 스폿워크 활성화의 주요 원인으로 볼 수 있다.

왜 이슈지?

'스폿워크' 최대 플랫폼 타이미에 따르면 2021년 12월 200만명이던 수준의 가입자가 지난해 12월 1,000만명을 돌파했다.

유럽 패싱 유럽이 국제정치의 주요 의사결정 과정에서 배제되는 현상

▶ 국제·외교

국제정치에서 유럽 국가들이 주요 의사결정 과정에 배제되거나 소외되는 현상을 말한다. 지난 2월 18일(현지시간) 미국과 러시아의 주도로 진행된 러시아·우크라이나 전쟁 종전협상 과정에서 유럽 국가들이 배제되면서 유럽 패싱 논란이 불거졌다. 유럽의 안보에 직접적인 영향을 미치는 사항임에도 불구하고 협상 테이블에서 제외된 것이다. 이러한 유럽 패싱 논란은 향후 국제정치에서 유럽의 역할과 위상에 대한 논의를 더욱 심화시킬 것으로 예상된다. 이에 유럽 국가들은 유럽 정상회의 등 공동의 대응을 통해 자신들의 입장을 강화하고 국제사회에서 영향력을 확대하고자 노력하고 있다.

왜 이슈지?

미국이 우크라이나와 러시아 간 전쟁을 종식하고자 하는 협상에서 유럽을 배제하고 있다는 주장이 나오면서 **유럽 패싱**이 논란되고 있다.

기프테크 기프티콘 거래로 부수입을 얻는 행위

▶ 경제·경영

모바일 상품권을 뜻하는 기프티콘과 재테크를 합친 신조어로 부수입을 얻기 위해 사용하지 않는 기프티콘을 거래하는 행위를 뜻한다. 판매자는 기프티콘을 판매해 현금으로 바꾸고, 구매자는 정가보다 저렴한 가격에 구매한다. 기프테크가 활성화되며 중고거래 플랫폼 시장도 등장했다. 해당 플랫폼에서는 기프티콘을 등록하면 유효기간과 같은 관련 정보를 자동으로 확인해준다. 일부 금융사들은 2030세대를 잡기 위해 기프티콘 중고거래 플랫폼과 제휴를 맺어 서비스를 제공하고 있다.

왜 이슈지?

경기침체가 장기화하면서 한 푼이라도 벌기 위해 **기프테크**를 통해 부수입을 얻는 사람들이 늘고 있다. 기프티콘 시장이 성장하며 거래되는 상품의 유형도 다양해지고 있다.

호프코어(Hope Core) 긍정적인 생각과 희망을 담은 콘텐츠

▶ 문화·미디어

행복이나 희망 같은 긍정적인 감정을 강조하는 콘텐츠 경향을 뜻하는 신조어로 희망을 의미하는 'hope'와 스타일을 의미하는 'core'의 합성어다. 지난해 우리나라에서 유행한 '럭키비키'의 해외버전으로도 볼 수 있다. 부정적인 사회 분위기에 맞서 세상을 긍정적으로 바라보자는 메시지를 던지며 SNS를 중심으로 새로운 트렌드로 떠오르고 있다. 일각에서는 이와 같은 현상을 불안정한 사회와 공격적인 SNS 콘텐츠로 생긴 불안을 완화하려는 수단으로 설명하기도 한다.

왜 이슈지?
젊은 세대 사이에서 긍정적인 마인드를 강조하는 트렌드가 빠르게 확산하고 있으며, 글로벌 숏폼 동영상 플랫폼 틱톡에서는 '**호프코어**' 해시태그를 단 게시물의 수가 160만개가 넘을 정도로 큰 인기를 끌고 있다.

스무트-홀리 관세법 1930년 미국이 제정한 관세부과법

▶ 경제·경영

1930년 대공황 발생 당시 미국이 자국 산업을 보호하기 위해 제정한 관세법이다. 1929년 보호무역주의자인 리드 스무트 상원의원과 윌리스 홀리 하원의원이 발의한 법안으로 2만여 개가 넘는 수입품에 평균 59%, 최고 400%의 관세를 부과하는 것을 골자로 한다. 당시 훌쩍 뛰어오른 미국 관세율에 캐나다, 영국 등 무역 상대국들이 보복관세와 수입제한 조치 등으로 맞서며 1929년 약 90억달러였던 세계 무역량은 1년 만인 1933년 약 30억달러로 급감했다. 이로 인해 스무트-홀리 관세법은 대공황을 악화시킨 미국 최악의 정책 중 하나로 꼽히고 있다.

왜 이슈지?
최근 미국 경제학자들은 트럼프 대통령이 무역확장법 232조에 의거해 수입 철강과 알루미늄에 이어 목재까지 고율관세를 부과하는 것이 **스무트-홀리 관세법**과 유사하다고 우려했다.

스파크캣(SparkCat) 스마트폰 앱을 통해 정보를 빼내는 악성코드

▶ 과학·IT

스마트폰에 저장된 가상화폐 지갑의 비밀번호를 노리는 악성코드다. 그리스 신화의 트로이 목마처럼 앱에 숨어 있다가 사용자들이 다운로드하면 기기에 침투한다. 다수의 사용자들이 가상화폐 지갑을 만들 때 받는 보안문구를 스크린샷 형태로 저장하는데, 기기에 침투한 스파크캣은 광학문자인식(OCR ; Optical Character Recognition) 기술을 이용해 저장된 보안문구 이미지에서 키워드를 감지한다. 해커는 스파크캣이 전송한 이미지에서 가상화폐 암호를 확보해 자산을 탈취한다.

왜 이슈지?
글로벌 보안기업 '카스퍼스키'는 2월 10일 애플과 구글의 앱 장터에서 악성코드 '**스파크캣**'을 발견했다고 밝혔다. 카스퍼스키의 분석에 따르면 스파크캣은 최소한 지난해 3월부터 활동했으며, 감염된 앱들은 24만회 이상 다운로드된 것으로 나타났다.

주거안정장학금 원거리 대학에 진학한 기초·차상위 계층 대학생 주거비 지원 제도

▶ 사회·노동·교육

주거지와 대학 간의 거리가 멀어 통학이 어렵거나 주거 관련 비용부담이 큰 기초·차상위 계층 대학생에게 월 최대 20만원의 주거안정비용을 지원하는 제도다. 주거안전비용에는 전·월세 임차료를 비롯한 포괄적인 주거 관련 비용이 해당된다. 원거리 대학 진학 여부는 대학 소재지와 부모의 주민등록상 주소지가 서로 다른 교통 권에 있는지를 기준으로 판단한다. 주소지가 속한 지역이 대학이 속한 시를 기준으로 경계가 맞닿아 있는 경 우에는 비용을 지원받을 수 없다. 주거안정장학금은 대상 학생이 주거비를 지출한 이후 대학이 지급하는 사후 정산 방식으로 이뤄지며, 부정수급할 경우 관련 법률에 따라 환수절차가 진행된다.

> **왜 이슈지?**
> **주거안정장학금**은 청년들의 주거부담 경감이라는 국가적 사명을 위해 정부와 국회 등의 적극적인 협력과 재정지원으로 마련돼 올해 처음으로 시행된다.

키친 클로징(Kitchen Closing) 집에서 요리를 하지 않고 끼니를 사서 해결하는 현상

▶ 사회·노동·교육

주방을 최소화하거나 아예 없애는 것을 이르는 말로 집에서 요리를 하지 않고 음식을 사먹는 현상을 뜻한다. 주요 원인은 1인 가구 증가와 식자재 가격 상 승으로 볼 수 있다. 특히 다량의 식자재를 보관하기 어렵거나 가사노동에 시 간을 할애하기 어려운 1~2인 가구의 비중이 높아지며 키친 클로징이 더욱 늘 고 있다. 배달서비스의 발달도 이러한 현상의 원인으로 볼 수 있다. 빠른 생활 속도와 편리함을 중시하는 현대인의 소비패턴에 맞춰 더욱 확산될 것으로 보인다.

> **왜 이슈지?**
> 최근 '**키친 클로징**' 문화가 보편화하면서 즉석조리식품(델리) 분야가 오프라인 유통업계의 격전지로 떠올랐다. 이에 대형마트 업계는 간편 식 코너를 늘리는 등 델리의 판매비중을 높이고 있다.

AI 에이전트(AI Agent) 스스로 작업을 수행하는 자율지능형 인공지능시스템

▶ 과학·IT

사용자가 요구하는 다양한 작업을 수행하기 위해 스스로 계획을 세워 실행하는 인공지능시스템이다. 사람을 대신해 이메일 발송이나 쇼핑과 같은 복잡한 작업을 수행한다. AI 에이전트는 크게 3단계로 작동한다. 우선 센서를 통해 환경을 분석하고 데이터를 수집한다. 이를 바탕으로 목표를 달성하기 위한 행동을 계획하고, 계 획된 행동을 실행한다. 목표를 달성하기 위해 스스로 계획을 수립하고 실행한다는 점에서 단순 AI 챗봇의 수 준을 넘어선 것으로 볼 수 있다. 반복적이고 시간이 오래 걸리는 작업을 빠르고 효율적으로 처리할 수 있지만, 품질 높은 데이터가 없거나 예측 불가한 환경에서는 성능이 떨어질 수 있다.

> **왜 이슈지?**
> 3월 3일 스페인에서 개막한 '제3회 MWC25 바르셀로나 포럼'에서 우리나라의 삼성, SK텔레콤, LG유플러스 등을 비롯한 글로벌 이동통신 사들이 **AI 에이전트**를 활용한 기술을 선보였다.

대잔류시대(Big Stay) 퇴사·이직 대신 현재 직장에 머무르기를 선택하는 현상

▶ 사회·노동·교육

경기침체 및 불확실한 시장환경에 대한 두려움으로 직장인들이 퇴사나 이직 대신 현재 직장에 남아 있기를 선택하는 사회적 현상을 말한다. 팬데믹 시기에 직장인들이 대규모로 퇴사하던 '대사직시대(The Great Resignation)'와 대비되는 현상이다. 고용업계에서는 최근 고용시장 위축으로 취업 및 이직이 어려워진 탓에 직장인들이 퇴사를 자제하고 있게 된 것으로 보고 있다. 개인의 목표와 조직의 방향성 일치, 안정적인 수입 등으로 개인의 의지에 의해 직장에 머물기를 선택하는 '자발적 잔류'와 현재 직장에 불만족하면서도 개인적인 두려움이나 경제적인 이유로 직장을 그만두지 못하는 '비자발적 잔류'로 구분할 수 있다.

왜 이슈지?
경제적 불확실성과 안정추구 욕구로 인해 미국에서 시작된 **대잔류시대**는 최근 한국사회 직장문화에서도 확산되며 빠른 경력이동보다는 안정적이고 지속가능한 경로를 선호하는 경향이 강해지고 있다.

AI 준비지수 국가의 인공지능 도입준비 수준을 나타낸 지수

▶ 과학·IT

AI 준비지수(AIPI ; AI Preparedness Index)는 마우로 카자니가 박사가 한 국가의 인공지능(AI) 도입준비 정도를 다른 국가와 비교하기 위해 국제통화기금(IMF) 논문을 통해 발표한 지수다. 한 국가의 준비수준은 AI 도입과정에서 위험 요인을 관리하고 혜택을 극대화하는 데 중요한 역할을 한다. AIPI는 AI 도입에 필수적인 거시구조 지표로 구성되며, ▲ 디지털 인프라 ▲ 혁신 및 경제 통합 ▲ 인적자본 및 노동시장 정책 ▲ 규제 및 윤리 총 네 가지 부문으로 이루어져 있다.

왜 이슈지?
한국은행에 따르면 우리나라의 **AI 준비지수**는 IMF가 조사한 165개국 중 15위에 해당하는 것으로 나타났다. 혁신 및 경제통합 분야에선 3위를 기록했지만, 규제 및 윤리와 디지털 인프라는 각각 18위, 인적자본 및 노동시장 정책은 24위에 머물렀다.

중학개미 중국·홍콩 주식에 투자하는 개인투자자

▶ 경제·경영

중국과 홍콩 주식에 투자하는 개인투자자를 일컫는 말이다. 코로나19 시기에 기관과 외국인에 맞서 국내주식을 대거 사들였던 '동학개미', 미국 등 해외주식에 투자하는 '서학개미'에 이어 등장한 용어다. 2022년 러시아의 우크라이나 침공으로 미국과 중국의 갈등이 심화되면서 중화권 증시가 급등락을 반복하자 많은 투자자들이 저점매수에 나섰다. 그후 상해 종합지수와 홍콩에 상장된 중국 본토 기업들로 구성된 홍콩H지수(HSCEI) 등은 2024년 초까지 하락세를 보였다. 이런 상황에서 딥시크가 '저비용 고효율' AI 모델을 선보이며 등장하자 중국 기술주들이 주목받기 시작하며 중학개미가 늘어나는 추세를 보이고 있다.

왜 이슈지?
최근 인공지능 스타트업 딥시크의 등장 이후 중화권 주식시장이 기술주를 중심으로 가파르게 상승하면서 미국 증시에 투자하는 서학개미 대신 **중학개미**가 떠오르고 있다.

농업e지 개인 맞춤형 대농민서비스를 제공하는 플랫폼

▶ 사회·노동·교육

정부의 다양한 지원사업을 농민들이 한눈에 확인할 수 있도록 만든 플랫폼이다. 농민들은 지원사업을 확인하기 위해서 일일이 관공서를 찾아가거나 복잡한 사업지침서를 확인하는 대신 농업e지에 자신의 농업경영체 정보를 등록하면 맞춤형 지원사업을 쉽게 확인할 수 있다. 2005년에 비슷한 농림사업정보시스템이 있었으나, 공무원 중심으로 설계돼 실용성이 떨어진다는 지적을 받았다. 이에 2023년 관련 예산 1,226억원을 확보해 시스템을 구축했고, 지난해 12월 2일 공식 출범했다.

왜 이슈지?

최근 이상기후가 잦아짐에 따라 기후재난에 가장 취약한 농업인이 미리 재해에 대비할 수 있도록 **농업e지**에서는 2월 21일부터 '농업 기상재해 조기경보 알림서비스'를 제공하고 있다.

홍수전략 의도적으로 대량의 정보를 쏟아내 여론을 선점하는 전략

▶ 국제·외교

대중의 관심을 선점하고 상대가 대응할 틈을 주지 않기 위해 의도적으로 많은 정보를 쏟아내는 전략을 의미한다. 이 전략은 정치적 목적을 달성하기 위해 언론과 대중이 특정 이슈에 집중할 시간을 차단하고, 논란이 커지기 전에 새로운 사건을 제시해 관심을 분산시킨다. 주로 정책적 논란을 무마하거나 여론의 주도권을 장악하는 수단으로 사용된다. 도널드 트럼프 미국 대통령은 취임 이후 홍수전략을 적극적으로 구사하며 여러 차례 논란을 일으켰다. 그러나 이런 전략이 오히려 전 세계적인 혼란을 초래했을 뿐만 아니라 공화당 내부에서도 혼선을 유발하고 있다는 비판이 제기되고 있다.

왜 이슈지?

파격적 정책들을 압도적인 규모로 쏟아내 **'홍수전략'**으로 불렸던 트럼프 대통령의 통치 스타일이 1기 때보다 더 강력하게 진행되고 있다.

보수환수제 경영부실에 대한 책임으로 경영진 보수를 환수하는 제도

▶ 경제·경영

경영진이 고의 또는 과실로 회사에 손해를 끼치거나 위법행위 등을 했을 경우 이미 지급한 보수를 비롯한 보상을 돌려받는 제도다. 미국의 사베인즈-옥슬리 법에서 처음 제시됐으며, 경영진이 재무실적을 부풀리거나 재무제표를 수정해 주가를 조작하는 행위를 막기 위해 도입됐다. 경영진의 책임감을 높이고, 주주와 투자자의 신뢰를 확보하기 위한 장치로 활용된다. 기업의 투명성과 윤리적 경영에 대한 사회적 요구가 높아지면서 보수환수제에 대한 관심이 높아지고 있다.

왜 이슈지?

금융권에서 발생한 횡령, 부당대출 등 크고 작은 금융사고로 더불어민주당이 지난해 4월 총선공약으로 금융기관 경영진을 대상으로 한 **보수환수제**의 도입을 제시했다.

금융상식 실전문제

01 IT 비즈니스 환경 분석은 외부환경 분석, 내부환경 분석, 내부 및 외부 통합환경 분석으로 나눌 수 있다. 다음 중 내부환경 분석에 속하는 것은?

① SWOT 분석 ② 7S 분석
③ PEST 분석 ④ 5 Forces 분석

해설 7S 분석은 맥킨지(McKinsey)사에서 만든 내부환경 분석기법으로 공유가치, 전략, 시스템, 조직구조, 구성원, 스타일, 관리기술 등 기업의 하드웨어적인 요소와 소프트웨어적인 요소를 함께 분석한다.
① SWOT 분석 : 외부 시장환경의 기회요인과 위협요인, 내부적 강점과 약점을 동시에 분석하는 내부 및 외부 통합환경 분석
③ PEST 분석 : 정치·경제·사회·기술의 기회요인과 위협요인의 영향을 분석하는 외부환경 분석
④ 5 Forces 분석 : 신규 진입자, 구매자, 대체재, 공급자, 기존 경쟁자 관점에서 해당 산업의 구조를 분석하는 외부환경 분석

02 다음 중 금융기관의 방만한 운영으로 발생한 부실자산이나 부실채권만을 사들여 별도로 관리하면서 전문적으로 처리하는 구조조정 전문기관은?

① 배드 뱅크(Bad Bank) ② 헤지 펀드(Hedge Fund)
③ 역외 펀드(Off-shore Fund) ④ 페이퍼 컴퍼니(Paper Company)

해설 배드 뱅크(Bad Bank)는 금융기관의 부실자산을 정리하는 방법의 일종으로, 금융기관의 부실채권이나 부실자산만을 사들여 이를 전문적으로 처리하는 은행이다. 은행이 부동산이나 기계설비 등을 담보로 기업에 대출을 해줬다가 부도로 인해 기업의 대출자금이 부실채권이 됐을 때 이용한다.
② 헤지 펀드(Hedge Fund) : 시장의 흐름에 따라 상대적으로 높은 수익을 추구하는 일반 펀드와 달리 다양한 시장환경에서도 절대수익을 창출하려는 목적을 가진 펀드
③ 역외 펀드(Off-shore Fund) : 투자자가 속한 국가가 아닌 제3국에서 조성된 펀드
④ 페이퍼 컴퍼니(Paper Company) : 물리적 형태로는 존재하지 않고 서류 형태로만 존재하면서 기능을 수행하는 회사

03 다음 중 바이플레이션 현상의 사례로 가장 적절한 것은?

① 생선값이 급등하면서 육류값 또한 급등하고 있다.
② 농산물 생산량이 감소하면서 농산물 가격이 급등해 전체적인 물가 또한 급등했다.
③ 최저임금 인상으로 임금은 증가했지만, 물가 또한 올라 가계의 경제상황은 전과 비슷하다.
④ 수도권의 부동산 가격은 증가하지만, 비수도권의 부동산 가격은 하락하고 있다.

> **해설** 바이플레이션(Biflation)이란 인플레이션과 디플레이션이 동시에 일어나는 경제적인 현상을 뜻하는 용어이므로, 가장 가까운 사례는 ④이다.
> ① 수산물 가격 급등에 영향을 받아 일반 물가수준이 상승하는 현상인 피시플레이션(Fishflation)에 관한 설명이다.
> ② 농산물 가격의 급등으로 인해 인플레이션이 발생하는 현상을 뜻하는 애그플레이션(Agflation)에 관한 설명이다.
> ③ 임금이나 원재료비 등 생산요소의 가격 상승으로 인해 생산비가 올라가서 생기는 물가의 상승을 뜻하는 코스트 인플레이션(Cost Inflation)에 관한 설명이다.

04 무역에서 보편적으로 사용하는 거래조건의 해석에 대한 국제통일규칙인 인코텀즈에 대한 설명 중 옳지 않은 것을 〈보기〉에서 모두 고르면?

───── • 보기 • ─────

ㄱ. 강행법규에 해당한다.
ㄴ. 국제상업회의소(ICC)에서 5년마다 개정한다.
ㄷ. 은행이나 운송인에 대해서는 다루지 않는다.
ㄹ. 국제거래뿐만 아니라 국내거래에서도 사용 가능하다.

① ㄴ
② ㄱ, ㄴ
③ ㄴ, ㄷ
④ ㄷ, ㄹ

> **해설** 인코텀즈(Incoterms)는 정형무역거래조건(International Commercial Terms)의 약칭으로, 무역계약에 사용되는 각국의 조건을 통일하고자 국제상업회의소(ICC)가 만든 국제규칙이다.
> ㄱ. 인코텀즈를 제정하는 ICC는 민간조직이므로 인코텀즈는 국제법의 효력을 갖지 못한다. 인코텀즈는 무역거래의 관습들을 명문화한 '자치적 관습입법'에 해당한다.
> ㄴ. 인코텀즈는 ICC에서 10년마다 개정한다. 가장 최근의 개정은 '인코텀즈 2020'으로, 2020년 1월 1일부터 적용됐다.
> ㄷ. 인코텀즈는 무역거래의 당사자인 매도인과 매수인 간의 의무에 대해서만 다룬다.
> ㄹ. 국제거래에 있어 점차 국경의 중요도가 낮아지는 추세로, 국제거래와 국내거래의 차이가 희미해지고 있다. 순수한 국내거래에서도 인코텀즈가 사용되기도 한다.

01 ② 02 ① 03 ④ 04 ②

05 다음 중 '이것'에 해당하는 용어로 가장 적절한 것은?

> 알파고 쇼크 이후 금융투자 시장에서 '이것'에 대한 높은 관심을 보이고 있다. 빅데이터와 투자 알고리즘을 활용해 개인의 자산운용을 자문하고 관리해 주는 자동화된 서비스다.

① 로보어드바이저(Robo-advisor)
② 시스템 트레이딩(System Trading)
③ 홈 트레이딩 시스템(Home Trading System)
④ 모바일 트레이딩 시스템(Mobile Trading System)

해설 로보어드바이저(Robo-advisor)란 로봇을 의미하는 '로보(Robo)'와 투자자문가를 의미하는 '어드바이저(Advisor)'의 합성어로, 고도화된 알고리즘과 빅데이터를 이용해서 프라이빗 뱅커(Private Banker, 고액 자산가의 자산관리를 도와주는 금융전문가)를 대신해 PC나 모바일로 포트폴리오를 관리·수행하는 온라인 자산관리 서비스다.
② 시스템 트레이딩(System Trading) : 일정한 조건에서 매매 규칙을 사용해 투자수익률을 높이는 매매 방법으로 컴퓨터 프로그램을 이용해 주식을 운용하는 방식
③ 홈 트레이딩 시스템(Home Trading System) : 투자자가 증권회사에 가거나 전화를 이용하지 않고 온라인을 통해 주식 매매를 하는 방식
④ 모바일 트레이딩 시스템(Mobile Trading System) : 스마트폰을 이용해 개인투자자의 주식을 거래하는 방식

06 다음 제시문에서 빈칸에 들어가기 알맞은 용어는 무엇인가?

> (   )은/는 원래 보험시장에서 사용하던 용어로, 추후에 리스크 관리 분야에서도 사용하게 됐다. 정부가 뒤를 받쳐줄 것이라는 믿음, 혹은 절대 망하지 않을 것이라는 믿음 하에 정당한 리스크를 감수하지 않는 것을 뜻한다. 이는 윤리적으로나 법적으로 자신이 해야 할 최선의 의무를 다하지 않은 행위를 나타내는데, 점차 법 또는 제도적 허점을 이용하거나 자기 책임을 소홀히 하는 행동을 포괄하는 용어로 확대됐다.

① 포이즌 필
② 역선택
③ 내부자 거래
④ 도덕적 해이

해설 도덕적 해이(Moral Hazard)는 보험시장에서 시작해 점차 대중적으로 쓰이게 된 용어다. 대리인이 사용자를 위해 어떤 임무를 수행할 때 발생하는 문제로, 대리인의 부적절하거나 비도덕적인 행위에 따른 위험을 지칭한다.
① 포이즌 필(Poison Pill) : 주식용어로 기업사냥꾼들의 적대적 인수합병(M&A) 시도로부터 기업의 경영권을 방어하기 위한 수단이다. 적대적 M&A 인수자에게 불리한 조건으로 작용하게 됨에 따라 인수자로 하여금 인수의지를 약하게 만드는 역할을 한다.
② 역선택 : 의사결정에 필요한 정보가 불충분해 불리한 선택을 하게 되는 현상을 뜻한다. 상대나 물건에 대한 정보가 부족해서 가치에 비해 높은 가격을 지급하거나, 같은 가격으로 더 낮은 가치를 선택하는 것을 가리킨다.
③ 내부자 거래 : 특정 기업의 직무 또는 지위를 맡은 사람이 기업 내부정보를 이용해 자기 회사의 주식을 거래하는 행위다. 이러한 거래는 부당이익으로 취급되고 대부분의 국가에서는 이를 범죄로서 처벌한다.

07 다음 중 앰비슈머(Ambisumer)에 대한 설명으로 옳은 것은?

① 가치관의 우선순위에 있는 것에는 소비를 아끼지 않지만, 우선순위에 없는 것에는 소비를 아낀다.
② 친환경 유기농 제품을 선호한다.
③ 아름다움을 추구하는 경향이 강해 주로 미용과 관련된 상품을 구매한다.
④ 관습이나 광고에 얽매이지 않고, 항상 새로운 무언가를 시도하는 체험적 소비를 한다.

> **해설** 앰비슈머(Ambisumer)는 자신의 가치관에 부합하는 소비를 할 경우에는 돈을 아끼지 않고 최고의 가치를 추구하지만, 그 외의 것에 관해서는 최대한 돈을 아끼는 소비자를 뜻한다.
> ② 그린슈머(Greensumer) : '녹색(Green)'과 '소비자(Consumer)'의 합성어로, 친환경 또는 유기농 제품을 선호하는 소비자
> ③ 보테슈머(Beautesumer) : '아름다움(Beauty)'과 '소비자(Consumer)'의 합성어로, 아름다움을 추구하는 소비자
> ④ 트라이슈머(Trysumer) : '시도하다(Try)'와 '소비자(Consumer)'의 합성어로, 제품을 구매하기 전에 직접 사용해보고 구매를 결정하는 소비자

08 다음 〈보기〉의 직원 중 실업에 대해 옳은 설명을 한 사람은?

— 보기 —

김사원 : 경기적 실업은 경기변동 과정에서 자연스럽게 생기는 실업 형태로 알고 있습니다. 침체기가 오면 증가하고 번영기가 되면 감소하지만, 파생되는 사회문제가 크다는 점에서 문제시되고 있습니다.
최주임 : 실업의 주요 형태 중 가장 단기적인 유형으로 구조적 실업이 있어. 노동시장의 구조적 변화로 인해 발생하는 실업이야.
박대리 : 노동자가 자신에게 가장 유리한 직장을 찾기 위해서 정보수집 활동에 종사하고 있을 동안 발생하는 실업상태를 마찰적 실업이라고 해.
정대리 : 계절적 실업은 산업현상이 계절적인 변동을 겪으면서 발생하는 비교적 규칙적인 실업이야.

① 김사원, 박대리
② 최주임, 정대리
③ 김사원, 최주임, 박대리
④ 김사원, 박대리, 정대리

> **해설**
> • 김사원 : 경기적 실업은 경기침체로 인해 유발되는 실업이다.
> • 박대리 : 마찰적 실업은 노동수급의 일시적 부조화에 따른 실업이다.
> • 정대리 : 계절적 실업은 어떤 산업현상이 계절적으로 변동하기 때문에 일어나는 단기적 실업으로, 자연적 요인, 계절적 요인에 따라 해마다 순차적·규칙적으로 나타나는 실업이다. 경제의 발전, 생산 방법의 진보로 점차 소멸하는 추세다. 주로 농업, 건설업, 관광업 등 고용기회가 변동하는 산업에서 일어난다.
> • 최주임 : 구조적 실업은 산업구조의 변화와 함께 필연적으로 발생하는 만성적·장기적인 실업 상태다.

05 ①　06 ④　07 ①　08 ④

09 다음 중 블록체인(Block Chain)에 대한 설명으로 가장 적절한 것은?

① 온라인 거래정보를 체인에 저장해 데이터를 관리하는 방식이다.
② 분산원장기술을 적용해 데이터를 분산·보관하고 중앙에서 관리한다.
③ 블록체인에 참여하는 모든 사용자는 똑같은 데이터의 사본을 나눠서 보관한다.
④ 가장 마지막에 생성된 블록을 제네시스 블록이라고 한다.

> **해설** 블록체인(Block Chain)이란 일정시간 동안 발생한 모든 거래정보를 블록(Block) 단위로 기록해 모든 구성원들에게 전송하고, 블록의 유효성이 확보될 경우 이 새 블록을 기존의 블록에 추가 연결(Chain)해 보관하는 방식의 알고리즘을 말한다. 블록체인의 데이터는 모든 사용자가 동일한 정보를 보관할 수 있도록 하기 때문에 한 부분의 정보가 손실돼도 금방 복구할 수 있다.
> ① 온라인 거래정보는 수정할 수 없도록 블록에 저장된다.
> ② 블록체인은 데이터를 분산하고 체인으로 연결해 관리하는 분산 컴퓨팅 기술이다.
> ④ 가장 처음 생성된 블록을 제네시스 블록이라고 한다. 즉, 제네시스 블록은 그 앞에 어떤 블록도 생성되지 않은 최초의 블록을 말한다.

10 다음 중 프로젝트 파이낸싱(Project Financing)에 관한 설명으로 가장 적절하지 않은 것은?

① 프로젝트 파이낸싱은 도로, 항만, 철도 등과 같은 SOC 사업, 대형 플랜트 설치, 부동산 개발 등 다양하게 활용되고 있다.
② 프로젝트 파이낸싱의 대상이 되는 사업 대부분의 경우에는 사업 규모가 방대해 거대한 소요자금이 요구될 뿐만 아니라 계획사업에 내재하는 위험이 매우 크다.
③ 프로젝트 파이낸싱의 담보는 프로젝트의 미래 현금수지의 총화이기 때문에 프로젝트의 영업이 부진한 경우에도 프로젝트 자체 자산의 처분 외에는 다른 회수 수단이 없다.
④ 프로젝트 파이낸싱은 특정한 프로젝트로부터 미래에 발생하는 현금흐름(Cash Flow)을 담보로 해당 프로젝트의 수행에 필요한 자금을 조달하는 금융기법을 총칭하는 개념으로, 금융비용이 낮다는 특징이 있다.

> **해설** 프로젝트 파이낸싱(Project Financing)은 건설이나 대형사업과 같은 특정 프로젝트에서, 사업성과 미래에 발생할 현금흐름(Cash Flow)을 담보로 삼아 그 프로젝트의 수행과정에 필요한 자금을 조달하는 금융기법이다. 프로젝트별로 자금조달이 이뤄지기 때문에 투자사업의 실질적인 소유주인 모기업의 자산 및 부채와 분리해서 프로젝트 자체의 사업성에 기초해 소요자금을 조달해야 하고, 다양한 위험이 있기 때문에 상대적으로 금융비용이 많이 투입되는 특징이 있다.

11 많은 사람들이 공동으로 사용하는 자원의 경우 적정한 수준 이상으로 그 자원이 이용돼 결과적으로 모두 피해를 보는 비효율성이 발생하기 쉬운데, 공해상에서의 어류 남획 문제가 대표적인 예다. 흔히 '공유자원의 비극(Tragedy of the Commons)'으로 불리는 이러한 문제가 발생하는 근본적인 원인은 무엇인가?

① 공유자원은 배제성과 경합성을 갖지 않기 때문이다.
② 불확실성과 정보의 부족에 따라 발생하는 시장실패 때문이다.
③ 개별 경제주체의 의사결정이 현실에서 합리성 가정을 위배하기 때문이다.
④ 개인이 의사결정 시 그 결과로 발생하는 외부효과를 고려하지 않기 때문이다.

> **해설** 공유자원의 비극(Tragedy of the Commons)이란 공유지와 같은 공유자원은 소유권이 설정되지 않아서 구성원의 자율에 맡길 경우 과다하게 사용돼 고갈될 위험에 처할 수 있다는 내용이다. 공유자원의 소비는 경합적이지만 배제가 불가능하다. 어떤 사람이 공유자원을 소비하면 다른 사람이 사용할 수 있는 양이 줄어드는 부정적인 외부효과가 발생하지만, 각 개인의 입장에서 보면 자신의 이익이 최대가 되는 만큼 공유자원을 사용하는 것이 합리적이다. 모든 사회구성원들이 합리적으로 행동해 자신에게 최대의 이익이 되는 만큼 공유자원을 사용하고자 하면, 자원이 과다하게 이용되는 '공유자원의 비극'이 발생한다.

12 다음 내용이 설명하고 있는 '이것'으로 가장 적절한 것은?

> '이것'은 온라인에서 아바타를 이용해 사회적·경제적·문화적 활동을 하는 등 가상세계와 현실세계의 경계가 허물어져 혼재하게 되는 것, 또는 그러한 세계관을 이르는 말이다. '확장된 가상현실, 인터넷의 다음 버전'이라고 말할 수 있다. 그러나 이러한 세계는 가상과 현실의 경계를 넘나들기 때문에 이용자가 과몰입해 중독되면 자칫 현실이 황폐화될 수도 있다.

① 파싱(Parsing)
② 지그비(Zigbee)
③ 메타태그(Metatag)
④ 메타버스(Metaverse)

> **해설** 메타버스(Metaverse)는 웹상에서 아바타를 이용해 사회·경제·문화적 활동을 하는 등 가상세계와 현실세계의 경계가 허물어지는 것을 가리킨다.
> ① 파싱(Parsing) : 컴퓨터에서 컴파일러(언어번역 프로그램) 또는 번역기가 원시부호를 기계어로 번역하는 과정의 한 단계로, 각 문장의 문법적인 구성 또는 구문을 분석하는 과정을 가리킨다. 원시 프로그램에서 나타난 토큰의 열을 받아들여 이를 그 언어의 문법에 맞게 구문 분석(Parse) 트리로 구성한다.
> ② 지그비(Zigbee) : '지그재그(Zigzag)로 움직여 정보를 동료에게 전달하는 벌(Bee)처럼 정확하고 경제적인 기술'이라는 뜻으로, 홈 오토메이션 및 무선 네트워크를 위한 표준기술이다. 저속·근거리·저전력·저비용을 특징으로 한다.
> ③ 메타태그(Metatag) : HTML(하이퍼텍스트 생성언어)로 이뤄진 문서의 맨 위쪽에 위치하는 태그다. <head>태그(문서의 머리를 나타내는 태그) 사이 또는 뒤에 있어도 되지만, 반드시 <body>태그(문서의 몸통을 나타내는 태그) 앞쪽에 위치해야 한다. 브라우저와 검색엔진을 사용할 수 있도록 문서의 정보를 포함하고 있다.

시사상식 기출문제

01 제42대 대한체육회장으로 당선된 인물은?

[2025년 한겨레]

① 유승민
② 이기흥
③ 강태선
④ 강신욱

해설
2025년 1월 14일 제42대 대한체육회장에 당선된 인물은 유승민 전 대한탁구협회장이다. 유 회장은 당시 3연임을 노리던 이기흥 전 회장을 저지하는 이변을 일으켰다. 당시 이 전 회장과 체육회가 각종 비리·비위 의혹으로 몸살을 앓고, 또한 정부와 대립각을 세우고 있었던 터라 젊은 리더가 이끄는 체육회의 혁신을 원하던 체육계가 유 회장의 손을 들어준 것으로 해석됐다.

02 파나마운하에 대한 설명 중 틀린 것은?

[2025년 한겨레]

① 대서양과 태평양을 잇는 운하다.
② 수에즈운하와 세계 양대 운하로 꼽힌다.
③ 1977년 지미 카터 미 행정부 때 운영권이 파나마로 반환됐다.
④ 2024년 재당선된 도널드 트럼프 미국 대통령이 운하의 운영권 환수 가능성을 예고했다.

해설
파나마운하는 중남미의 파나마 지협을 가로질러 태평양과 대서양을 연결하는 길이 82km의 운하다. 수에즈운하와 더불어 세계 2대 운하로 꼽힌다. 운하의 운영권은 미국이 갖고 있었으나 1977년 파나마운하조약을 체결해 1999년 운영권이 파나마로 이전됐다. 그런데 트럼프 대통령이 최근 다시 운하의 환수 가능성을 거론해 화제가 됐다.

03 기존의 DRAM을 수직으로 적층해 데이터 처리 속도를 강화한 메모리의 명칭은?

[2025년 한겨레]

① HBM
② VDM
③ RAM
④ SRAM

해설
HBM은 우리나라의 SK하이닉스가 세계 최초로 고안해 양산한 고대역폭메모리로 DRAM을 수직으로 적층해 데이터 처리 속도를 대폭 강화했다. 이러한 적층구조는 기반 면적당 훨씬 높은 데이터 용량을 확보할 수 있게 한다. HBM은 인공지능이나 빅데이터처럼 방대한 양의 데이터를 연산하고 처리해야 하는 첨단 IT기술 구현의 강력한 무기가 되고 있다.

04 다음 중 한강 작가의 소설 작품이 아닌 것은?

[2025년 한겨레]

① 〈채식주의자〉
② 〈소년이 온다〉
③ 〈흰〉
④ 〈서랍에 저녁을 넣어두었다〉

해설
한강은 우리나라의 소설가이자 시인으로 2024년 노벨 문학상 수상자다. 1994년 서울신문 신춘문예 소설 부문에 낸 〈붉은 닻〉이 당선되면서 소설가로 데뷔했다. 대표작으로는 장편소설 〈소년이 온다〉, 〈흰〉, 〈작별하지 않는다〉와 소설집 〈채식주의자〉 등이 있다. 〈서랍에 저녁을 넣어두었다〉는 2013년 출간된 한강 작가의 시집이다.

05 영국 옥스퍼드대가 선정한 2024년 올해의 단어는? [2025년 한겨레]

① Vax
② Rizz
③ Brain Rot
④ Goblin Mode

해설
뇌 썩음(Brain Rot)은 옥스퍼드 영어사전을 편찬하는 옥스퍼드대학이 선정한 '2024년 올해의 단어'다. 사람들이 사회관계망서비스(SNS)를 통해 넘쳐나는 정보나 자극적인 숏폼 콘텐츠를 과잉소비하면서 집중력 저하, 문해력 약화 등 정신적·지적 퇴화가 심각해지는 현상을 꼬집은 단어.

06 기후변화 문제에 대처하기 위해 세계기상기구와 유엔환경계획이 1988년에 공동설립한 기구는? [2025년 한겨레]

① UNCOD
② PACD
③ UNFCCC
④ IPCC

해설
IPCC(Intergovernmental Panel on Climate Change)는 '기후변동에 관한 정부 간 패널'로 1988년 기후변화에 대처하기 위해 세계기상기구(WMO)와 유엔환경계획(UNEP)이 공동설립한 기구다. 기후변화의 과학적 근거를 제시하는 보고서를 작성해 발표하고 있다.

07 사회적 약자에 대한 물리적 장애물을 제거하자는 운동 또는 정책을 영어로 표현한 것은? [2025년 한겨레]

① Delphi Method
② Barrier Free
③ Universal Design
④ Normal Crush

해설
베리어프리(Barrier Free)란 장애인 및 노인 등 사회적 약자들이 편하게 살아갈 수 있게 물리적·심리적 장애물을 제거하자는 운동 및 정책을 뜻한다. 장애가 있는 사람들이 일상생활에서 겪는 물리적인 장애를 제거하려는 운동으로 시작하여, 최근에는 자격이나 시험 등의 제도적·법률적 장벽과 차별·편견 등 마음의 벽까지 허물자는 운동으로 확대됐다.

08 2030년 월드컵 공동개최국가에 해당하지 않는 나라는? [2025년 한겨레]

① 모로코
② 스페인
③ 포르투갈
④ 알제리

해설
2030 FIFA 월드컵의 개최국은 모로코, 스페인, 포르투갈이다. 아울러 FIFA 월드컵 100주년을 기념해 개막전 개최를 아르헨티나, 우루과이, 파라과이에서 치른다. 월드컵 역사상 최초로 3개 대륙에서 동시 개최하는 대회이다.

01 ① 02 ③ 03 ① 04 ④ 05 ③ 06 ④ 07 ② 08 ④

09 〈의지와 표상으로서의 세계〉를 쓴 독일 철학자는?
[2024년 SBS]

① 니체
② 쇼펜하우어
③ 칸트
④ 헤겔

해설
〈의지와 표상으로서의 세계〉를 쓴 독일의 철학자는 아르투어 쇼펜하우어다. 쇼펜하우어가 1818년 출판한 철학 저작으로 인식론과 형이상학 등을 다루는 쇼펜하우어의 가장 대표적인 저작이다. 그는 이 저작에서 세계를 의지와 표상으로 설명하는데, 의지는 일반적인 의미만이 아닌 갈망과 욕망, 이를 위한 노력 등을 포함하는 개념이다. 당시 독일 철학계 내에서 지배적이었던 이성주의를 탈피하는 시도였다는 평가를 받는다.

10 사람을 속이기 위해 디자인된 온라인 인터페이스를 뜻하는 말은?
[2024년 SBS]

① 레드 패턴
② 다크 패턴
③ 그린 패턴
④ 화이트 패턴

해설
다크 패턴(Dark Pattern)은 애플리케이션이나 웹사이트 등 온라인에서 사용자를 기만해 이득을 취하는 인터페이스를 말한다. 영국의 UX 전문가인 '해리 브링널'이 만든 용어로 온라인 업체들이 이용자의 심리나 행동패턴을 이용해 물건을 구매하거나 서비스에 가입하게 하는 것이다. 가령 웹사이트에서 프로그램을 다운받아 설치할 때 설치 인터페이스에 눈에 잘 띄지 않는 확인란을 숨겨 추가로 다른 프로그램이 설치되게 만든다든지, 서비스의 자동결제를 은근슬쩍 유도하기도 한다.

11 우리나라 법률·행정과 관련된 다음 설명 중 옳은 것은?
[2024년 SBS]

① 현재 우리나라의 헌법은 10차 개정 헌법이다.
② 현재 국회 교섭단체는 여당인 국민의힘만 해당한다.
③ 국회의원의 임기는 4년이다.
④ 지방자치단체장의 임기는 5년이다.

해설
현재 우리나라의 헌법은 1987년 대통령 직선제로의 개헌이 이뤄진 제9차 헌법이며, 현재 국회의 교섭단체는 국회의 20석 이상을 차지하고 있는 국민의힘과 더불어민주당이다. 지방자치단체장의 임기는 4년이다.

12 서울 63빌딩에 분관을 설립하고 있는 프랑스의 미술관은?
[2024년 SBS]

① 퐁피두 센터
② 오르세 미술관
③ 루브르 박물관
④ 오랑주리 미술관

해설
퐁피두 센터(Centre Pompidou)는 프랑스 파리에 위치한 미술관으로 1977년 개관했다. 오르세, 루브르와 함께 파리 3대 미술관 중 하나다. 퐁피두라는 이름은 프랑스의 제19대 대통령인 조르주 퐁피두에서 따왔다. 피카소, 칸딘스키부터 설치미술, 비디오아트까지 다양한 현대미술을 관람할 수 있다. 퐁피두 센터는 경영난 타개책으로 해외에 분관 사업을 추진하고 있다. 2024년 5월에는 우리나라의 63빌딩에 분관 유치가 확정되기도 했다.

13. 다음 중 우리나라의 주식시장에 해당하지 않는 것은?
[2025년 종로구시설관리공단]

① 코스넷
② 코스닥
③ 코스피
④ K-OTC

해설
코스닥은 상대적으로 규모와 수익은 작지만 성장 가능성이 높은 기업이 상장되어 있는 시장이며, 코스피는 주로 대기업이 상장되어 있는 주식시장이다. K-OTC는 금융투자협회가 운영하는 한국장외주식시장으로 기관·전문투자자 전용 비상장 주식시장이다.

14. 우리나라의 2025년 시간당 최저임금은?
[2025년 종로구시설관리공단]

① 8,720원
② 9,620원
③ 9,860원
④ 10,030원

해설
우리나라의 최저임금은 2025년에 비로소 시간당 1만원의 시대를 맞이했다. 최저임금위원회는 2025년도 최저임금을 시급 기준으로 전년도보다 1.7% 오른 10,030원으로 의결했다. 최저임금을 월급으로 환산하면 209만 6,270원(월 노동시간 209시간 기준)이다.

15. 2023년 상반기 뉴욕증시를 이끈 7개의 빅테크 기업을 뜻하는 용어는?
[2025년 화성산업진흥원]

① FNGS
② 매그니피센트 7
③ FANG
④ BATMMAAN

해설
매그니피센트 7은 2023년 미국 연방준비제도(Fed, 연준)의 금리인상 속도조절에 대한 기대감과 인공지능(AI) 열풍의 영향으로 주가가 급등한 알파벳, 애플, 메타, 마이크로소프트, 아마존, 엔비디아, 테슬라 등 7개 기술기업을 일컫는 말이다. '매그니피센트(magnificent)'란 '참으로 아름다운', '훌륭한'이라는 뜻이고, 매그니피센트 7은 '훌륭한 7개 주식'이라는 뜻이다.

16. 중국의 인공지능 스타트업으로 2024년 말 챗GPT를 능가하는 성능의 인공지능 모델을 개발한 기업의 이름은?
[2025년 화성산업진흥원]

① OpenELM
② Qwen
③ 딥시크
④ 엑사원

해설
딥시크(DeepSeek)는 2023년 중국의 량원펑이 설립한 인공지능(AI) 스타트업이다. 지난 2025년 1월 상대적으로 더 적은 인력과 비용만으로 챗GPT를 능가하는 성능의 AI 언어모델을 공개해 충격을 줬다. 그런가하면 딥시크는 스스로 중국정부와 정치에 대한 비판을 검열하고, 아울러 Open AI의 학습 데이터를 무단으로 수집했다는 의혹이 불거지기도 했다. 또한 중국으로 사용자의 개인정보를 전송하는 것으로 알려져 논란을 낳았다.

09 ② 10 ② 11 ③ 12 ① 13 ① 14 ④ 15 ② 16 ③

17 역사상 최초로 인류를 우주로 보낸 소련의 우주선은?
[2025년 부평구문화재단]

① 프로스페로
② 스푸트니크 1호
③ 보스토크 1호
④ 로히니 D1

해설
미국과 우주진출 경쟁을 벌이던 소비에트 연합(소련)은 1968년 4월 12일 우주선 '보스토크 1호'를 쏘아 올려 최초로 유인 우주탐사에 성공했다. 당시 탑승했던 우주비행사 '유리 가가린'은 대기권 밖의 우주까지 진출해 비행한 뒤 지구로 귀환했다.

18 우리 헌법에서 보장하고 있는 국민의 5대 기본권에 해당하지 않는 것은?
[2025년 부평구문화재단]

① 평등권
② 자유권
③ 사회권
④ 생존권

해설
기본권은 인간다운 생활을 영위하기 위해 헌법이 보장하는 국민의 권리를 뜻한다. 우리나라 헌법 제10조에서는 인간의 존엄과 가치 및 행복추구권을 기본이념으로 하며, 평등권, 자유권, 참정권, 사회권, 청구권을 기본권으로 규정하고 있다.

19 어떤 논리가 부분적으로 성립하여도 전체적으로는 성립하지 않는 경우를 뜻하는 오류는?
[2024년 광주광역시공공기관통합채용]

① 절약의 역설
② 죄수의 딜레마
③ 공유지의 비극
④ 구성의 오류

해설
구성의 오류는 논리학에서 유래한 개념으로 어떤 논리 또는 원리가 부분적으로는 성립해도 전체에 대해서는 반드시 성립하지는 않을 수 있는 경우를 말한다. 부분적으로 논리가 성립함을 발견하고 이를 전체에 성급하게 대입하면서 발생하는 오류다. 이를 경제학에서는 어떤 선택이 개인에게는 합리적이지만 사회 구성원 모두가 같은 선택을 했을 때 오히려 모두에게 해가 되는 경우로 설명한다.

20 다음 중 한국어와 한글의 언어학적 특징에 대한 설명으로 틀린 것은?
[2024년 광주광역시공공기관통합채용]

① 한국어는 형태상 굴절어에 해당한다.
② 한국어는 제주어와 함께 한국어족에 속한다.
③ 한글은 말소리를 기호로 나타낸 표음문자에 해당한다.
④ 한글은 총 24자의 음소문자이다.

해설
한국어는 형태상 교착어에 해당한다. 교착어란 고립어와 굴절어의 중간 형태에 있는 언어로, 어근에 접사가 결합해 단어가 기능하고 그 의미가 변화하는 언어이다. 한편 굴절어는 문장 속의 문법적 기능에 따라 단어의 형태가 변하는 언어를 말한다.

21 다음 중 고대국가인 동예에 대한 설명으로 틀린 것은? [2024년 광주광역시공공기관통합채용]

① 민며느리제와 가족공동묘의 풍습이 있었다.
② 함경도와 강원 북부·동해안을 중심으로 세력을 형성했다.
③ 읍군과 삼로라는 군장이 통치했다.
④ 단궁과 과하마 등의 특산물이 생산됐다.

해설
동예는 철기문화를 바탕으로 함경남도와 강원도의 해안지역에 등장한 국가로, 읍군이나 삼로라는 군장들이 부족을 다스렸다. 특산물로는 단궁, 과하마, 반어피 등이 유명했으며, 읍락 간의 영역을 중요시해 다른 부족의 경계를 침범하는 경우 노비와 소, 말로 변상하게 하는 책화제도가 있었다. 민며느리제는 옥저의 혼인풍습으로 여자가 어렸을 때 혼인할 남자의 집에서 생활하다가 성인이 된 후에 혼인하는 것이었다.

22 다음 중 신라 23대 임금인 법흥왕의 업적이 아닌 것은? [2024년 광주광역시공공기관통합채용]

① 불교를 국교로 공인했다.
② 금관가야를 정복했다.
③ 거칠부에게〈국사〉를 편찬하게 했다.
④ 건원이라는 독자적 연호를 사용했다.

해설
신라 법흥왕은 이차돈의 순교를 계기로 불교를 국교로 공인했다. 또 상대등과 병부를 설치하고 관등을 정비하여 중앙집권적 국가체제를 갖췄다. 건원이라는 독자적 연호를 사용했으며, 금관가야를 정복해 구해왕과 그 자손들이 신라 진골에 편입됐다. 거칠부에게 역사서인〈국사〉를 편찬하게 한 왕은 신라의 24대 왕 진흥왕이다.

23 다음 문장에서 밑줄 친 부분의 의미가 다르게 사용된 것은? [2024년 광주광역시공공기관통합채용]

① 시골집은 산을 지고 앉아 있었다.
② 배낭을 진 아버지가 산길을 올라가셨다.
③ 그는 사건에 뒷짐만 지고 있을 뿐이었다.
④ 나는 바람을 지고 거리에 서 있었다.

해설
①·③·④에서 '지다'는 '해를 지고 걷다', '바람을 지고 달리다'처럼 '무엇을 뒤쪽에 두다'라는 의미로 쓰였다. 반면 ②에서는 '짐을 등에 지다', '등에 지게를 지다'처럼 '물건을 짊어서 등에 얹다'라는 의미이다.

24 다음 문장에서 밑줄 친 부분의 맞춤법이 틀린 것은? [2024년 광주광역시공공기관통합채용]

① 그 일은 나에게 씁슬하기 그지없다.
② 나는 서둘러 문을 잠갔다.
③ 이 자리를 빌려 감사의 뜻을 전한다.
④ 마을사람들이 잔치를 벌였다.

해설
①에서 밑줄 친 부분의 옳은 표기는 '씁쓸하기'이다. '씁쓸하다'는 '조금 쓰다', '달갑지 아니하여 조금 싫거나 언짢다'의 의미이다.

내일은 TV 퀴즈왕

방송에 출제됐던 문제들을 모아! 재미로 풀어보는 퀴즈~!~!

01 19세기 최고의 오페라 작곡가로 이탈리아를 넘어 세계인들에게 사랑받는 〈리골레토〉, 〈아이다〉, 〈라 트라비아타〉 등을 작곡한 이 사람은? [장학퀴즈]

정답
이탈리아의 작곡가로서 '오페라의 거인'으로 불리는 주세페 베르디는 가수의 아름다운 목소리와 노래에 초점을 맞추는 이탈리아 오페라의 전통을 지키면서도 합창과 관현악 등 연극적인 요소가 어우러지는 웅장한 오페라를 만들었다.

02 이것은 고대 이집트에서 기원을 찾을 수 있으며 주로 짐승의 뼈나 뿔, 혹은 단단한 나무로 만들었다. 현대사회에서도 놀이도구로 많이 이용되는 이것은? [장학퀴즈]

정답
주사위는 다면체의 각 면에 점 또는 숫자를 표시해 승패를 가르는 놀이도구다. 1975년 경주 동궁과 월지에서도 비슷한 놀이도구가 발견됐는데, 신라시대의 것으로 '주령구'라고 불렸으며, 14면체로 이루어져 있었다.

03 다음 보기 중 틀린 것은? [우리말 겨루기]
① 신붓감
② 쌉싸래하다
③ 쌍까풀
④ 괜시리

정답
'괜시리'는 '괜스레'의 잘못된 표기이다.

04 제시된 지문에 띄어쓰기를 올바로 적용하면 어떻게 되는가? [우리말 겨루기]

나는오다가다지켜보던식물이겨울나기하다얼어죽을까봐속끓이다결국그화분을사기로결정지었다.

정답
지문에 띄어쓰기를 올바로 적용하면 다음과 같다.
'나는 오다가다 지켜보던 식물이 겨울나기하다 얼어 죽을까 봐 속 끓이다 결국 그 화분을 사기로 결정지었다.'

05 뛰어난 지식과 지혜로 백성들에게 해결책을 줬던 이스라엘의 왕으로 오늘날 어떤 일에 대해 현명한 판단을 했을 때 '이 인물'의 지혜라고 한다. 이 인물은? [유 퀴즈 온 더 블럭]

정답
솔로몬 왕은 기원전 970~931년 이스라엘을 다스린 국왕으로서 종교를 떠나 '지혜로운 왕'의 대명사로 널리 알려진 인물이다.

06 기하학적으로 화려한 이슬람의 전통무늬를 가리키는 말로 발레에서는 한 다리로 균형을 잡고 반대쪽 다리는 뒤쪽으로 들어올리는 동작을 뜻하는 이것은? [유 퀴즈 온 더 블럭]

정답
아라베스크(Arabesque)는 이슬람 문화에서 발달한 장식무늬 양식을 뜻하는 말로 식물 덩굴처럼 복잡하게 얽혀 있는 연속무늬를 말한다. 주로 벽 장식으로 새겨졌다.

07

네모 칸 속의 흰 돌, 검은 돌, 숫자는 모두 특별한 규칙을 가지고 움직인다. 마지막 네모 칸 속에는 각 기호들이 어떻게 배치되어야 할까?

[문제적 남자]

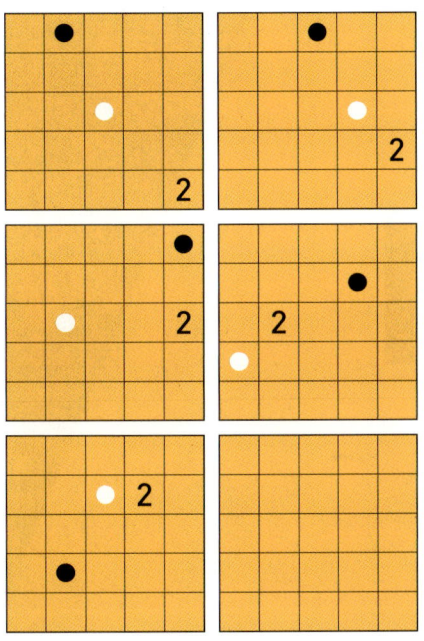

정답

제시된 그림 속 흰 돌과 검은 돌, 숫자가 움직이는 규칙을 찾아야 하는 문제다. 차례대로 규칙을 찾아보면, 우선 검은 돌은 오른쪽으로 1, 2, 4, 8칸씩 이동하고 있음을 알 수 있다. 따라서 마지막 칸에는 16칸을 이동할 것임을 예측할 수 있다. 흰 돌은 오른쪽으로 1칸, 왼쪽으로 2칸, 오른쪽으로 4칸, 왼쪽으로 8칸 이동했으므로 마지막에는 오른쪽으로 16칸을 이동할 것이다. 숫자 '2'는 앞선 네모 칸의 흰 돌과 검은 돌 사이의 칸수를 2로 나눈 수만큼 왼쪽으로 이동했음을 알 수 있다. 따라서 마지막 네모 칸의 배치를 그림으로 그리면 다음과 같다.

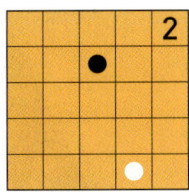

08

신출귀몰한 괴도가 미스터리한 메시지를 남긴 채 탈옥했다. 다음 메시지를 보고 괴도의 행방을 추적하면?

[문제적 남자]

> 나어하물 랏린는을 말이동훔
> 쏫들네치 미이에러 반가숨갈
> 포장겨것 된좋진이 날아보다

메시지의 암호를 풀기 위해서는 문구를 그대로 읽기보다는 그 속에 담긴 일정한 규칙을 찾아야 한다. 띄어쓰기를 기준으로 나뉜 각 어절의 맨 앞글자를 차례대로 읽어보면 '나랏말ᄊᆞ미 반포된 날'이 됨을 알 수 있다. 나머지도 동일한 방식으로 읽어서 정리해 보면 괴도가 남긴 메시지는 다음과 같다.

> 나랏말ᄊᆞ미 반포된 날
> 어린이들이 가장 좋아
> 하는 동네에 숨겨진
> 보물을 훔치러 갈 것이다

괴도의 행방을 추적하기 위해서는 정리된 메시지를 해석해야 한다. 우선 '나랏말ᄊᆞ미 반포된 날'은 10월 9일이다. 그다음은 '어린이들이 가장 좋아하는 동네'인데, 이는 일종의 넌센스 문제로 서울특별시 도봉구에 위치한 '방학동'이 정답이다.

취업! 실전문제

최종합격 기출면접	**116**
기업별 최신기출문제	**120**
한국사능력검정시험	**130**
면접위원을 사로잡는 답변의 기술	**140**
합격으로 가는 백전백승 직무분석	**144**
센스있는 신입사원이 되는 비법	**148**
최신 자격 정보	**150**

최종합격 기출면접

01 국민건강보험공단

국민건강보험공단은 '국민의 평생건강을 지키는 건강보장 전문인재 양성'이라는 목표 아래 '국민을 위하는 인재', '정직으로 신뢰받는 인재', '혁신을 추구하는 인재', '전문성 있는 인재'를 핵심 인재상으로 내세우고 있다. 국민건강보험공단의 면접전형은 경험행동면접(BEI), 상황면접(SI), 그리고 토론면접(GD)으로 이루어진다.

경험행동면접(BEI)

경험행동면접은 개인의 과거 경험 등 질문을 통해 지원자의 직무역량과 인성, 가치관, 태도 등 미래의 역량 수준을 예측하기 위한 질문들이 제시된다. 사전에 인성검사 결과를 참고자료로 제출하여 맞춤형 면접으로 실시된다.

기출문제

- 관행 속에서 무언가를 개선해 본 경험에 대해 말해 보시오.
- 같이 일하기 힘든 상사에 대해 말해 보시오.
- 최고의 피드백과 최악의 피드백을 단어 위주로 설명해 보시오.
- 성과를 이루기 위해 목표를 세워 노력한 경험에 대해 말해 보시오.
- 조직 내에서 의견 차이로 갈등이 발생한 경험에 대해 말해 보시오.
- 사회복지와 관련된 경험이 적은 편인데, 관련된 지식은 어떤 것들이 있는지 말해 보시오.
- 성장의 동력이 되었던 실패 경험이 있는가?
- 성실하다는 평을 들어본 경험이 있다면 이야기해 보시오.
- 상사와 가치관이 대립된다면 어떻게 대처할 것인지 말해 보시오.
- 본인이 가지고 있는 역량 중 어떤 업무에 전문성이 있다고 생각하는가?
- 가장 자신 있는 업무와 이와 관련된 이슈를 아는 대로 말해 보시오.
- 업무 중 모르는 것이 있다면 어떻게 대처하겠는가?
- 업무를 숙지하는 노하우가 있다면 말해 보시오.
- 악성 민원을 대처해 본 경험이 있다면 말해 보시오.
- 상사의 긍정적 또는 부정적 피드백을 받은 경험이 있는가?
- 동료와의 갈등상황이 생긴다면 어떻게 대처하겠는가?
- 끈기를 가지고 노력했던 경험이 있는가?
- 공공기관 직원이 갖춰야 할 중요한 가치나 덕목은 무엇이라고 생각하는가?
- 실패하거나 힘들었던 경험에서 후회하는 부분은 무엇이며 지금 다시 돌아간다면 어떻게 할 것인가?

2 상황면접(SI)

상황면접은 가상의 직무 관련 상황을 제시하고 그때 취해야 할 행동에 대한 질의응답으로 진행되며, 공단에서 하고 있는 사업에 대해 얼마나 준비했고 관심이 있는지를 물어본다. 따라서 평소 공단의 사업에 대해 관심 있게 지켜보는 것이 중요하다.

기출문제

- 직장 상사가 일이 많다고 기존 체계를 고수하는 상황에서 본인은 어떻게 할 것인가?
- 기존 시스템과 새로운 시스템 사이에서 사람들이 기존 시스템을 더 많이 사용하고 있는 상황이다. 이때, 기존 시스템의 유예기간이 곧 끝나간다면 어떻게 할 것인가?
- 지원자 본인이 반드시 지방출장을 가야하는 상황과 지원자 본인의 업무 마감기한이 내일까지인 상황 사이에서 어떻게 대처할 것인지 말해 보시오.
- 선임이 나에게는 잡일을 시키고 동기에게는 중요한 일을 시킨다면 본인은 어떻게 할 것인가?
- 열심히 자료조사를 했는데 선임이 상사에게 본인이 찾았다고 하는 상황에서 어떻게 대처할 것인가?
- 선임 A와 선임 B의 업무 방식이 다른데 각자의 방식대로 업무를 처리하라고 하는 경우 본인은 어떻게 할 것인가?
- 갑작스럽게 전산 시스템이 먹통이 되어 고객응대가 불가능한 상황일 때 어떻게 대처할 것인가?
- 민원인이 자신의 생각만 고집하며 계속 우긴다면 신입사원으로서 어떻게 대처할 것인가?

3 토론면접(GD)

토론면접은 지원자 간 협업을 통한 공동의 문제해결 과정을 관찰하고, 개인의 직무역량은 물론 소통과 협업능력을 평가한다. 2023년부터 토론면접이 추가되면서 다대일 면접으로 조가 편성된다.

기출문제

- 페루에 단일 건강보험공단을 도입하려고 한다. 이때, 국민건강보험공단이 도울 수 있는 방안은 무엇인가?
- 희귀질환 환자들의 의료 불편을 해소하기 위한 방안은 무엇인가?
- 노인의료돌봄통합지원사업에서 의료기관의 참여를 독려하기 위한 방안에 대해 설명해 보시오.
- 출생신고제와 보호출산제의 병행 방향을 제시해 보시오.
- 섭식장애에 대한 지원 방향을 제시해 보시오.
- 저소득층의 당뇨 관리 방안은 무엇인가?
- 공단에 제시하고 싶은 개인정보보호 강화 방안은 무엇인가?
- 국민건강보험공단의 보장성을 강화할 수 있는 방안은 무엇인가?
- 상병수당을 효과적으로 홍보할 수 있는 방안은 무엇인가?
- 고령화 시대에서 국민건강보험공단의 이상적인 사업 추진 방향은 무엇인가?

02 한국철도공사

한국철도공사(KORAIL)는 '통섭형 인재양성을 통해 국민의 코레일 실현'이라는 비전 아래 '저탄소·친환경 철도와 대륙철도 시대를 선도할 철도인'을 채용하고자 한다. 면접시험은 필기시험 합격자를 대상으로 인성검사를 포함하여 진행된다. 면접시험은 NCS 기반의 직무경험 및 상황면접 등을 종합적으로 평가한다. 인성검사는 인성, 성격적 특성에 대한 검사로, 적부 판정의 방식으로 진행된다.

직무상황면접

직무상황면접에서 면접관들은 특정 역량이 발휘되어야 하는 일반적인 상황을 제시하고 그러한 상황에서 지원자가 어떻게 행동하는지를 파악한다. 이를 통해 지원직무에서 요구되는 역량의 수준과 조직적합성 등을 평가하고자 한다.

기출문제

- 동료가 일하기 싫다며 일을 제대로 하지 않을 경우 어떻게 대처할 것인지 말해 보시오.
- 노력한 프로젝트의 결과가 안 좋을 경우 어떻게 해결할 것인지 말해 보시오.
- 상사와 가치관이 대립한다면 어떻게 해결할 것인지 말해 보시오.
- 상사가 지적확인 환호응답을 하지 않을 경우 어떻게 할 것인지 말해 보시오.
- 현장 근무를 하면서 안전에 유의한 본인의 근무 방식과 상사가 지시하는 근무 방식이 다를 경우 어떻게 할 것인지 말해 보시오.
- 상사가 부당한 지시를 할 경우 어떻게 대처할 것인지 말해 보시오.
- 원하지 않는 업무를 맡게 될 경우 어떻게 할 것인지 말해 보시오.
- 상사가 다른 상사가 아닌 본인에게 일을 줄 경우 어떻게 대처할 것인지 말해 보시오.
- 동료가 업무 시 부당한 방법을 사용할 경우 어떻게 할 것인지 말해 보시오.
- 직장생활을 하다 보면 세대 차이가 발생하게 된다. 이 경우 어떻게 극복할 것인지 말해 보시오.
- 업무를 진행하면서 타 회사와 거래를 하게 되었는데, 거래하러 온 사람이 지인이었다면 어떻게 할 것인지 말해 보시오.
- 입사한다면 상사의 지시에 따를 것인지 본인의 방법대로 진행할 것인지 말해 보시오.
- 의견을 고집하는 사람이 조직 내에 있으면 어떻게 할 것인지 말해 보시오.
- 신입직원으로서 업무가 익숙하지 않은데 위험한 상황에 처한다면 어떻게 해결할 것인지 말해 보시오.
- 차량을 정비할 때 동료들끼리 혼선되지 않고 일하려면 어떻게 할 것인지 말해 보시오.
- 민원이 들어오거나 차량안전에 문제가 있을 시 어떻게 할 것인지 말해 보시오.
- 공익요원이 자꾸 스마트폰을 한다. 지나가는 고객이 조언을 해도 무시하는 상황이라면 어떻게 해결할 것인지 말해 보시오.
- 교육사항과 현장의 작업 방식 간 차이가 발생했을 경우 어떻게 대처할 것인지 말해 보시오.
- 코레일 환경상 하청 없이 전기직 직원이 직접 유지보수를 해야 하는 상황에서 많은 사고가 발생한다. 사고를 줄일 수 있는 획기적인 방법을 말해 보시오.
- 무임승차를 한 고객을 발견했을 경우 어떻게 대응할 것인지 말해 보시오

2 경험면접

경험면접에서는 자기소개서를 토대로 지원자의 과거 경험이나 행동과 관련된 질문이 제시된다. 이때 경험 자체의 구체성이나 신뢰성 등을 심사하기 위해 추가 질문이 이어질 수 있으므로 빈출유형을 파악해 미리 예상답변을 준비해두는 것이 좋다.

기출문제

- 이미 완수된 작업을 창의적으로 개선한 경험이 있다면 말해 보시오.
- 작업을 창의적으로 개선했을 때 주변인의 반응에 대해 말해 보시오.
- 타인과 협업했던 경험에 대해 말해 보시오.
- 다른 사람과의 갈등을 해결한 경험이 있다면 말해 보시오.
- 추가로 어필하고 싶은 본인의 역량에 대해 말해 보시오.
- 인생을 살면서 실패해 본 경험이 있다면 말해 보시오.
- 팀워크를 발휘한 경험이 있다면 본인의 역할과 성과에 대해 말해 보시오.
- 본인의 장단점을 업무와 연관지어 말해 보시오.
- 성공이나 실패의 경험으로 얻은 교훈이 있다면 이를 직무에 어떻게 적용할 것인지 말해 보시오.
- 본인이 중요하게 생각하는 가치관에 대해 말해 보시오.
- 공공기관의 직원으로서 중요시해야 하는 덕목이나 역량에 대해 말해 보시오.
- 인간관계에서 스트레스를 받은 경험이 있다면 말해 보시오.
- 코레일의 직무를 수행하기 위해 특별히 더 노력한 부분이 있다면 말해 보시오.
- 주변 사람이 부적절한 일을 했을 때 어떻게 해결했는지 말해 보시오.
- 조직에 잘 융화되었던 경험이 있다면 말해 보시오.
- 상사와 잘 맞지 않았던 경험이 있다면 말해 보시오.
- 무언가에 열정을 갖고 도전한 경험이 있다면 말해 보시오.
- 동료와의 갈등을 해결한 경험이 있다면 말해 보시오.
- 원칙을 지켜 목표를 달성한 경험이 있다면 말해 보시오.
- 직무를 수행하는 데 가장 중요한 것이 무엇이라고 생각하는지 말해 보시오.
- 낯선 환경에서 본인만의 대처법을 말해 보시오.
- 이미 형성된 조직에 나중에 합류하여 적응한 경험이 있다면 말해 보시오.
- 자기계발을 통해 얻은 성과가 무엇인지 말해 보시오.
- 규칙이나 원칙을 지키지 않은 경험이 있다면 말해 보시오.
- 평소 여가시간에는 어떤 활동을 하는지 말해 보시오.
- 코레일에서 가장 중요하다고 생각하는 것이 무엇인지 말해 보시오.
- 의사소통에서 가장 중요하다고 생각하는 것이 무엇인지 말해 보시오.
- 까다로운 고객을 응대했던 경험이 있다면 말해 보시오.
- 최근 관심 있게 본 사회 이슈를 말해 보시오.
- 철도 부품 장비에 대해 아는 대로 설명해 보시오.
- 철도 정비 경험이 있다면 말해 보시오.
- 본인의 안전 의식에 대해 말해 보시오.

기업별 최신기출문제

01 IBK기업은행

1. 의사소통능력

01 다음 글의 내용으로 적절하지 않은 것은?

> 통화정책은 중앙은행이 경제 안정과 성장을 위해 통화량과 금리를 조절하는 정책이다. 통화정책의 주요 목표는 물가 안정, 고용 증대, 경제성장 촉진 등이다. 이를 위해 중앙은행은 기준금리 조정, 지급준비율 변경, 공개시장조작 등의 수단을 활용하여 통화정책을 실행한다.
> 기준금리 조정은 가장 대표적인 통화정책 수단이다. 금리를 낮추면 대출이 늘어나고 소비와 투자가 증가하여 경기가 활성화되지만, 인플레이션이 발생할 위험이 있다. 반대로 금리를 올리면 대출과 투자가 줄어들어 경기가 위축되지만, 물가 안정에 도움이 된다.
> 지급준비율은 은행이 예금의 일정 비율을 중앙은행에 예치해야 하는 비율이다. 이 비율을 높이면 은행의 대출 여력이 줄어들어 통화량이 감소하고, 낮추면 대출 여력이 늘어나 통화량이 증가한다.
> 공개시장조작은 중앙은행이 국채 등을 매매하여 시중 통화량을 조절하는 방법이다. 국채를 매입하면 시중에 유동성이 공급되어 통화량이 늘어나고, 매각하면 통화량이 줄어든다.
> 최근에는 전통적인 통화정책 수단 외에도 양적완화, 포워드 가이던스 등 비전통적 수단도 활용되고 있다. 양적완화는 중앙은행이 대규모로 자산을 매입하여 시중에 유동성을 공급하는 정책이며, 포워드 가이던스는 중앙은행이 미래의 통화정책 방향을 미리 제시하여 시장의 기대를 관리하는 정책이다.
> 통화정책의 효과는 즉각적으로 나타나지 않고 시차를 두고 나타나며, 그 영향력은 경제상황에 따라 다르게 나타날 수 있다. 따라서 중앙은행은 경제지표를 면밀히 분석하고 미래 전망을 고려해 신중하게 정책을 결정해야 한다.

① 양적완화와 포워드 가이던스는 비전통적 통화정책 수단의 예시이다.
② 지급준비율을 높이면 은행의 대출 여력이 늘어나 통화량이 증가한다.
③ 통화정책의 주요 목표에는 물가 안정, 고용 증대, 경제성장 촉진 등이 포함된다.
④ 기준금리를 낮추면 대출과 투자가 증가하여 경기가 활성화되지만, 인플레이션 위험이 있다.

해설 세 번째 문단에서 지급준비율의 비율을 높이면 은행의 대출 여력이 줄어들어 통화량이 감소하고, 낮추면 대출 여력이 늘어나 통화량이 증가한다고 했으므로 ②는 제시문의 내용으로 적절하지 않다. 지급준비율을 높이면 오히려 은행의 대출 여력이 줄어들어 통화량이 감소한다.

02 다음 글의 내용으로 가장 적절한 것은?

> 대출심사는 금융기관이 대출 신청자의 신용도와 상환능력을 평가하는 중요한 과정으로 이 과정에서는 신청자의 소득, 직업, 자산, 부채, 신용이력 등 다양한 요소를 종합적으로 고려한다. 최근에는 인공지능(AI)과 빅데이터 기술을 활용하여 더욱 정확하고 신속한 심사가 가능해졌으며, 이러한 기술의 도입으로 과거에는 파악하기 어려웠던 비정형 데이터까지 분석할 수 있게 되어, 심사의 정확도가 크게 향상되었다.
> 대출심사의 주요 목적은 금융기관의 리스크를 관리하고 건전한 대출 포트폴리오를 유지하는 것이다. 심사결과에 따라 대출 승인 여부, 대출한도, 이자율 등이 결정되며, 일반적으로 신용점수가 높고 안정적인 소득이 있는 신청자는 더 유리한 조건으로 대출을 받을 수 있다. 그러나 최근에는 신용점수 외에도 소득대비 대출비율(LTI ; Lone To Income ratio), 총부채상환비율(DTI ; Debt To Income ratio) 등 다양한 대안적 지표들을 활용하여 신청자의 상환능력을 평가하는 추세이다.
> 많은 금융기관들은 대출심사 과정에서 신청자의 상환 의지와 능력을 판단하기 위해 면담을 실시하기도 한다. 면담과정을 통해 신청자의 재무상황과 대출 목적에 대해 더 자세히 파악할 수 있으며, 일부 기관에서는 비대면 화상면담 시스템을 도입하여 신청자의 편의성을 높이고 있다.
> 대출심사는 금융기관뿐만 아니라 대출 신청자에게도 중요한 과정이다. 신청자는 자신의 재무상황을 객관적으로 평가받고, 적절한 대출상품을 선택하는 데 도움을 받을 수 있다. 또한, 일부 금융기관에서는 대출 거절 시 그 이유를 상세히 설명하고 개선 방안을 제시하여 신청자의 재무건전성 향상을 돕고 있다.
> 최근에는 환경, 사회, 지배구조(ESG) 요소를 대출심사에 반영하는 금융기관들이 늘어나고 있다. 이는 기업의 지속가능성과 사회적 책임을 평가하여 장기적인 리스크를 관리하고자 하는 노력의 일환이다.

① 대출심사에서 신용점수는 여전히 유일한 평가 기준으로 사용되고 있다.
② 모든 금융기관은 대출 거절 시 그 이유와 개선 방안을 상세히 제공하고 있다.
③ ESG 요소의 반영은 대출심사의 객관성을 떨어뜨리는 요인으로 작용하고 있다.
④ 일부 금융기관에서는 비대면 화상면담 시스템을 도입하여 신청자의 편의성을 높이고 있다.

해설 세 번째 문단의 마지막 부분에 따르면 일부 기관에서 비대면 화상면담 시스템을 도입하여 신청자의 편의성을 높이고 있다고 했으므로 적절하다.
① 두 번째 문단에서 최근에 신용점수 외에도 LTI, DTI 등 다양한 대안적 지표를 활용한다고 했으므로 적절하지 않다.
② 네 번째 문단에서 일부 금융기관에서 대출 거절 시 그 이유를 상세히 설명하고 개선 방안을 제시하고 있다고 했으므로 모든 금융기관에서 서비스를 제공하고 있지는 않다.
③ 마지막 문단에서 ESG 요소를 대출심사에 반영하는 것은 기업의 지속가능성과 사회적 책임을 평가하여 장기적인 리스크를 관리하기 위함이라고 했으므로 ESG 요소 심사는 대출심사의 객관성을 높이는 요인으로 작용한다.

03 다음 (가)~(마) 문단을 논리적 순서대로 바르게 나열한 것은?

> (가) 경영학 측면에서도 메기 효과는 한국, 중국 등 고도 경쟁사회인 동아시아 지역에서만 제한적으로 사용되며 영미권에서는 거의 사용되지 않는다. 기획재정부의 조사에 따르면 메기에 해당하는 해외 대형 가구업체인 이케아(IKEA)가 국내에 들어오면서 청어에 해당하는 중소 가구업체의 입지가 더욱 좁아졌다고 한다. 이처럼 경영학 측면에서도 메기 효과는 과학적으로 검증되지 않은 가설이다.
> (나) 결국 메기 효과는 과학적으로 증명되진 않았지만 '경쟁'의 양면성을 보여주는 가설이다. 기업의 경영에서 위협이 발생했을 때, 위기감에 의한 성장동력을 발현시킬 수는 있을 것이다. 그러나 무한 경쟁사회에서 규제 등의 방법으로 적정 수준을 유지하지 못한다면 거미의 등장으로 인해 폐사한 메뚜기와 토양처럼 거대한 위협이 기업과 사회를 항상 좋은 방향으로 이끌어 나가지는 않을 것이다.
> (다) 그러나 메기 효과가 전혀 시사점이 없는 것은 아니다. 이케아가 국내에 들어오면서 도산할 것으로 예상됐던 일부 국내 가구업체들이 오히려 성장하는 현상 또한 관찰되고 있다. 강자의 등장으로 약자의 성장동력이 어느 정도는 발현되었다는 것을 보여주는 사례라고 할 수 있다.
> (라) 그러나 최근에는 메기 효과가 검증되지 않고 과장되어 사용되거나 심지어 거짓이라고 주장하는 사람들이 있다. 먼저 메기 효과의 기원부터 의문점이 있다. 메기는 민물고기로 바닷물고기인 청어와 메기는 연관점이 없으며, 북유럽의 어부들이 수조에 메기를 넣는 행위가 효과가 있었는지는 검증되지 않았다. 실제로 2012년 『사이언스』에서 제한된 공간에 메뚜기와 거미를 두었을 때 메뚜기들은 포식자인 거미로 인해 스트레스의 수치가 증가하고 체내 질소 함량이 감소했으며, 죽은 메뚜기에 포함된 질소 함량이 줄어들면서 토양 미생물이 줄어들고 황폐화되었다.
> (마) 우리나라에서 '경쟁'과 관련된 이론 중 가장 유명한 것은 영국의 역사가 아널드 토인비가 주장했다고 하는 '메기 효과(Catfish Effect)'이다. 메기 효과란 냉장시설이 없었던 과거에 북유럽의 어부들이 잡은 청어를 싱싱하게 운반하기 위해 수조 속에 천적인 메기를 넣어 끊임없이 움직이게 했다는 것이다. 이 가설은 경영학계에서 비유적으로 사용되어 기업의 경쟁력을 키우기 위해서는 적절한 위협과 자극이 필요하다고 주장하고 있다.

① (가)-(라)-(나)-(다)-(마)
② (다)-(마)-(가)-(나)-(라)
③ (마)-(가)-(라)-(다)-(나)
④ (마)-(라)-(가)-(다)-(나)

해설 제시문은 메기 효과에 대한 글이므로 가장 먼저 메기 효과의 기원에 대해 설명한 (마) 문단으로 시작해야 하고 메기 효과의 기원에 대한 과학적인 검증 및 논란에 대한 (라) 문단이 오는 것이 적절하다. 이어서 경영학 측면에서의 메기 효과에 대한 내용이 와야 하는데 (다) 문단의 경우 앞의 내용과 뒤의 내용이 상반될 때 쓰는 접속 부사인 '그러나'로 시작하므로 (가) 문단이 먼저 오고 (다) 문단이 이어서 오는 것이 적절하다. 마지막으로 메기 효과에 대한 결론인 (나) 문단이 와야 한다.

04 다음은 IBK기업은행의 채권 상품인 'IBK2024특판중금채'에 대한 상품설명서이다. 이에 대한 설명으로 옳은 것은?

IBK2024특판중금채

구분	세부사항
상품 특징	• 우대조건이 쉬운 특판 거치식 상품 • 중소기업금융채권
상품 과목	• 일시예치식, 채권
가입금액	• 1인당 1백만원 이상 10억원 이내(원 단위)
가입대상	• 실명의 개인(법인사업자, 외국인 비거주자 제외) ※ 계좌 수 제한 없음
계약기간	• 1년, 2년, 3년

금리	• 기본금리
	  - 12개월 : 연 3.74%
	  - 24개월 : 연 3.62%
	  - 36개월 : 연 3.62%
	• 우대금리 : 아래 조건 중 하나 이상을 충족하고 만기해지하는 경우 최대 연 0.2%p
	  (1) 최초신규고객
	    ㄱ. 실명등록일로부터 3개월 이내
	    ㄴ. 가입일 직전월 기준 6개월간 총수신평잔 0원
	  (2) 마케팅 동의
	    가입 시점에 상품서비스 마케팅 문자 수신이 동의 상태인 경우(기존 미동의 고객이 계좌신규 이후 동의한 경우는 불가)
	  (3) 'IBK청년희망적금' 만기해지고객
	    가입 시점에 IBK청년희망적금 만기해지 이력을 보유한 경우(중도해지 및 특별중도해지 인정 불가)

이자 지급방법	• 만기일시지급식 • 만기(후) 또는 중도해지 요청 시 이자를 지급
가입방법	• 영업점, i-ONE 뱅크
유의사항	• 비과세종합저축 가입 가능 • 계약기간 만료일 이후의 이자는 과세됨

① 가입 가능한 계좌 수의 제한은 없으며, 가입 가능한 금액은 계좌당 1백만원 이상 10억원 이내이다.
② 해당 상품은 법인사업자와 외국인의 가입은 불가능한 상품이다.
③ 해당 상품에 가입 시 적용받을 수 있는 최대 금리는 연 3.94%이다.
④ 최초 상품 가입일에 마케팅을 미동의한 고객은 최대 우대금리 혜택을 적용받을 수 없다.

해설 IBK2024특판중금채에서 적용받을 수 있는 최대 금리는 가입기간에 따른 최대 기본금리인 연 3.74%에 최대 우대금리인 연 0.2%p를 더한 연 3.94%이다.

03 ④ 04 ③

2. 문제해결능력

05 다음은 I회사의 승진 규정과 승진후보자 정보이다. 이에 따를 때, 2024년 현재 직급이 대리인 직원은?

승진 규정

- 2023년까지 근속연수가 3년 이상인 자를 대상으로 한다.
- 출산휴가 및 병가기간은 근속연수에서 제외한다.
- 평가연도 업무평가 점수가 80점 이상인 자를 대상으로 한다.
- 평가연도 업무평가 점수는 직전연도 업무평가 점수에서 벌점을 차감한 점수이다.
- 벌점은 결근 1회당 10점, 지각 1회당 5점이다.
- 직급은 사원 → 주임 → 대리 → 과장 순으로 높아진다.

승진후보자 정보

구분	근무기간	작년 업무평가	근태현황		기타
			지각	결근	
A사원	1년 4개월	79	1	-	-
B주임	3년 1개월	86	-	1	출산휴가 35일
C대리	7년 1개월	89	1	1	병가 10일
D과장	10년 3개월	82	-	-	-

① A사원 ② B주임
③ C대리 ④ D과장

해설 C대리의 2024년 업무평가 점수는 직전연도 업무평가 점수인 89점에서 지각 1회에 따른 5점, 결근 1회에 따른 10점을 제한 74점이다. 따라서 승진 대상에 포함되지 않으므로 그대로 대리일 것이다.
① A사원은 근속연수가 3년 미만이므로 승진 대상이 아니다.
② B주임은 출산휴가 35일을 제외하면 근속연수가 3년 미만이므로 승진 대상이 아니다.
④ 승진 대상에 대한 자료이므로 과장은 대리가 될 수 없다.

02 지역농협 6급

1. 의사소통능력

01 다음 중 짝지어진 단어 사이의 관계가 나머지와 다른 하나는?

① 간객 – 작자
② 기거 – 거주
③ 생존 – 종명
④ 주동 – 사동
⑤ 유의어 – 대의어

해설 '기거'란 같은 장소에서 먹고 자고 하는 등의 일상생활을 영위하는 것을 말하고, '거주'란 동일한 장소에 머무르며 삶을 살아가는 것을 말한다. 따라서 두 단어는 유의 관계이다. 나머지는 반의 관계의 단어가 짝지어진 것이다.

02 다음 글의 상황과 가장 어울리는 한자성어는?

> 의료계는 정부의 의대 및 치대의 의전원으로의 전환 정책에 대해, 군의관 부족뿐만 아니라 예측되는 여러 의료적 부작용 측면에 대해 우려를 표했다. 하지만 정부가 이를 무시한 채 강력하게 의전원 정책 도입을 추진하자 의료계가 우려했던 문제는 현실로 나타났다.

① 마이동풍(馬耳東風)
② 만시지탄(晚時之歎)
③ 사필귀정(事必歸正)
④ 연목구어(緣木求魚)
⑤ 좌정관천(坐井觀天)

해설 '마이동풍(馬耳東風)'이란 타인이 애써 충고를 전하려 해도 이를 주의해 듣지 않고 듣는 척 마는 척 흘려듣는 모양새를 일컫는 말로 제시문과 가장 어울리는 한자성어이다.
② 만시지탄(晚時之歎) : 때를 놓쳐 기회를 잃은 것에 대해 한탄하는 모습을 일컫는 말이다.
③ 사필귀정(事必歸正) : 옳지 못한 것은 오래지 않아 결국 바른 길로 돌아가게 된다는 의미의 말이다.
④ 연목구어(緣木求魚) : 목적과 방법이 맞지 않아 불가능한 일을 애써 하려고 하는 모습을 일컫는 말이다.
⑤ 좌정관천(坐井觀天) : 우물 속에 앉아 보이는 하늘이 다인 줄 아는 것처럼 견문이 매우 좁은 사람을 일컫는 말이다.

05 ③ / 01 ② 02 ①

03 다음 글의 밑줄 친 단어와 가장 유사한 의미의 단어를 고르면?

> 날이 풀리자 서해 바다에는 갯벌 체험을 위해 호미를 들고 조개 채집하는 사람들로 인산인해를 이루었다.

① 괭이
② 쇠뇌
③ 쟁기
④ 당그래
⑤ 도리깨

해설 '호미'와 '괭이'는 모두 한쪽에 넓적한 날이 있어 땅을 파는 농기구이다. 호미의 경우 주로 감자나 고구마 따위를 수확할 때 쓰이며, 괭이는 땅을 파거나 고를 때 쓰인다.
② 쇠뇌 : 쇠로 된 발사장치가 달린 활로 여러 개의 화살을 연달아 쏠 수 있도록 한 장치
③ 쟁기 : 가축이나 기계에 활용해 논밭을 갈 때 쓰는 농기구
④ 당그래 : 고기잡이용 기구로, 주로 김을 씻거나 풀어줄 때 저어 사용함
⑤ 도리깨 : 곡식의 낟알을 떠는 데 쓰는 탈곡용 농기구

04 다음 중 성질이 다른 하나는?

① 악어
② 개구리
③ 거북이
④ 도마뱀
⑤ 카멜레온

해설 '개구리'는 양서류인 반면, 악어, 거북이, 도마뱀, 카멜레온은 파충류에 속한다.

05 다음에서 설명하는 악기에 해당하는 것은?

> 현악기란 줄악기라도 불리며 손 또는 활을 사용하여 현을 뜯거나 문질러 소리를 내는 악기의 한 종류이다.

① 나각
② 첼로
③ 마라카스
④ 아코디언
⑤ 클라리넷

해설 '첼로'는 바이올린 계통의 대형 저음 현악기이다. 현이 네 줄이며 의자에 앉아 동체를 무릎 사이에 끼고 활을 수평으로 하여 연주하는데, 침착하고 차분한 음색을 갖고 있어 독주 또는 합주 악기로 쓴다.

06 다음 문단을 논리적 순서대로 바르게 나열한 것은?

> (가) 최근 많은 소비자들이 지구에 도움이 되는 일을 하고 있고, 건강에 좀 더 좋은 음식을 먹고 있다고 확신하면서 유기농 식품 생산이 급속도로 증가하고 있다.
> (나) 또한 유기농업이 틈새시장의 부유한 소비자들에게 먹을거리를 제공하지만, 전 세계 수십억의 굶주리는 사람을 먹여 살릴 수 없다는 점이다.
> (다) 하지만 몇몇 전문가들은 유기농업이 몇 가지 결점을 안고 있다고 말한다.
> (라) 유기농가들의 작물 수확량이 전통적인 농가보다 훨씬 낮으며, 유기농 경작지가 전통적인 경작지보다 잡초와 벌레로 인해 많은 피해를 입고 있다는 점이다.

① (가)-(나)-(다)-(라) ② (가)-(나)-(라)-(다)
③ (가)-(다)-(라)-(나) ④ (나)-(가)-(다)-(라)
⑤ (나)-(가)-(라)-(다)

해설 제시문은 유기농 식품의 생산이 증가하고 있지만, 몇몇 전문가들은 유기농업을 부정적으로 보고 있다는 내용을 말하고 있다. 따라서 '(가) 최근 유기농 식품 생산의 증가-(다) 유기농업을 부정적으로 보는 몇몇 전문가들의 시선-(라) 전통 농가에 비해 수확량도 적고 벌레의 피해가 잦은 유기농가-(나) 유기농업으로는 굶주리는 사람을 충분히 먹여 살릴 수 없음' 순으로 나열하는 것이 적절하다.

07 다음에서 설명하는 단어는?

> 어떠한 사실을 밝힐 수 있는 직접적인 증거가 되지는 않지만, 간접적으로 이를 증명해내는 데 도움을 주는 것을 의미한다.

① 검증 ② 방증
③ 실증 ④ 예증
⑤ 확증

해설 '방증'은 어떠한 사실에 대한 직접적인 증거로서의 역할은 못하지만, 주변의 상황을 밝힘으로써 간접적으로 증명하는 데에 도움을 주는 것을 말한다.
① 검증 : 어떠한 문제에 대해 논리적으로 판단하여 진실인지 혹은 거짓인지에 대해 조사하거나 증명하는 것
③ 실증 : 명확한 증거 자체를 말하거나, 어떠한 사실을 실질적으로 증명하는 것
④ 예증 : 어떠한 사실에 대하여 구체적인 사례를 들어 이를 증명하는 것
⑤ 확증 : 어떠한 사실에 대한 확실한 증거 자체를 말하거나, 또는 이를 증명하는 것

2. 수리능력

08 다음은 인구의 국제이동에 대한 자료이다. 이에 대한 설명으로 옳지 않은 것은?

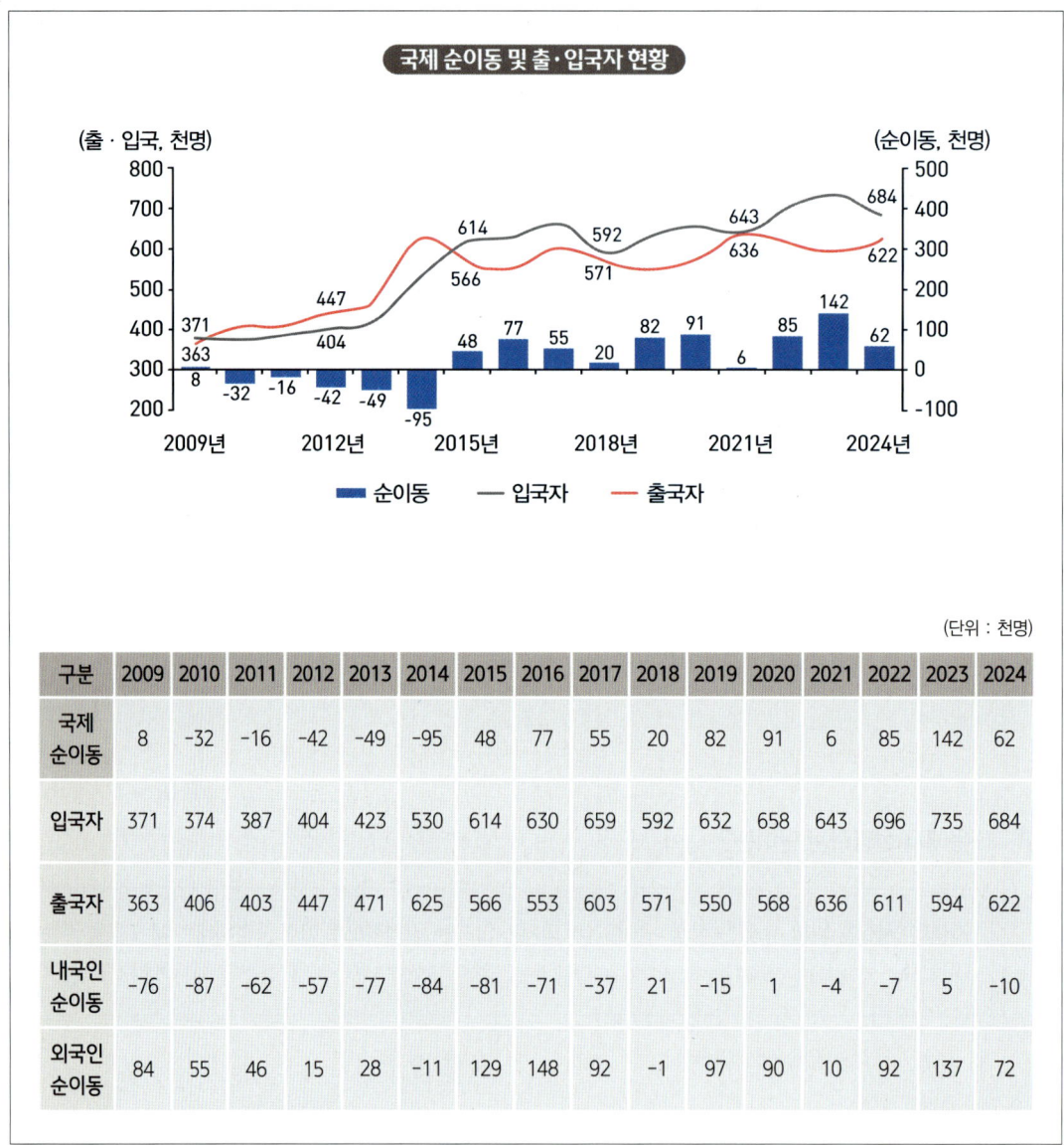

구분	2009	2010	2011	2012	2013	2014	2015	2016	2017	2018	2019	2020	2021	2022	2023	2024
국제 순이동	8	-32	-16	-42	-49	-95	48	77	55	20	82	91	6	85	142	62
입국자	371	374	387	404	423	530	614	630	659	592	632	658	643	696	735	684
출국자	363	406	403	447	471	625	566	553	603	571	550	568	636	611	594	622
내국인 순이동	-76	-87	-62	-57	-77	-84	-81	-71	-37	21	-15	1	-4	-7	5	-10
외국인 순이동	84	55	46	15	28	-11	129	148	92	-1	97	90	10	92	137	72

① 국제 순이동은 2015년 이후 순유입을 유지하고 있다.
② 외국인은 2009년 이후 일부 연도를 제외하고는 순유입 추세를 보이고 있다.
③ 내국인의 국제 순이동은 2020년 이후 유출과 유입의 차이가 1만명 이내이다.
④ 내국인 순유출이 가장 많았던 해에는 외국인 순유입이 가장 적었다.
⑤ 외국인 순이동 수치가 가장 컸던 해는 2016년이다.

해설 내국인 순유출이 가장 많았던 해는 2010년이며, 외국인 순유입이 가장 적은 해는 2014년이다.

09 다음은 연령별 비만율에 대한 자료이다. 이에 대한 설명으로 옳지 않은 것은?

19세 이상 연령별 비만도 분포

(단위 : %)

구분		저체중	정상체중	비만
2015년	전체	5.2	69.0	25.8
	19~29세	9.9	74.9	15.2
	30~39세	3.4	72.0	24.6
	40~49세	2.1	66.3	31.6
	50~59세	2.0	62.4	35.6
	60~69세	4.9	65.0	30.2
	70세 이상	13.4	64.4	22.2
2024년	전체	4.7	63.2	32.1
	19~29세	10.4	67.5	22.0
	30~39세	5.6	66.6	27.8
	40~49세	2.2	65.4	32.5
	50~59세	1.0	56.6	42.4
	60~69세	2.0	51.8	46.2
	70세 이상	4.6	63.6	31.7

① 2015년에 비해 2024년의 비만 분포가 가장 많이 증가한 연령대는 60대이다.
② 2024년 40대 이하 비만율의 평균은 50대 이상 비만율의 평균보다 낮다.
③ 2015년 70세 이상의 비만율과 저체중 비율의 차이는 동년 40대의 비만율과 저체중 비율의 차이와 3배 이상 격차가 벌어진다.
④ 두 해 모두 저체중 비율이 가장 높은 연령대는 비만율에서 각각 하위 1위나 2위를 기록했다.
⑤ 2024년 정상체중 비율의 연령대별 최대치와 최저치의 차이는 2015년의 차이보다 작다.

해설 정상체중 비율의 연령대별 최대치와 최저치의 차이는 2015년은 74.9-62.4=12.5%p, 2024년은 67.5-51.8=15.7%p이므로 2024년이 더 크다.
① 60대의 비만 증가는 46.2-30.2=16%p로 가장 많다.
② 40대 이하의 비만율 총합은 82.3%인 것에 비해 40대 이후의 비만율 총합은 120.3%이므로 50대 이상 비만율의 평균이 훨씬 높다.
③ 2015년 70세 이상의 비만율과 저체중 비율의 차이는 8.8%p이며, 동년 40대의 차이는 29.5%p이므로 두 수치는 3배 이상의 차이를 보인다.
④ 저체중 비율이 가장 높은 연령대는 2015년에는 70세 이상으로 비만율에서 하위 2위를 기록하였으며, 2024년에는 19~29세로 비만율에서 하위 1위를 기록했다.

08 ④ 09 ⑤

한국사능력검정시험

기본편(제61회)

01 다음 축제에서 체험할 수 있는 활동으로 적절한 것은? [1점]

청동기 문화 체험 축제

부여 송국리 유적에서 출토된 유물을 중심으로 청동기시대의 생활모습을 체험할 수 있는 축제에 여러분을 초대합니다.
- 기간 : 2022년 ○○월 ○○일~○○일
- 장소 : 부여 송국리 유적 일대

① 막집 지어 보기
② 민무늬 토기 만들기
③ 철제 갑옷 입어 보기
④ 주먹도끼로 나무 손질하기

기출태그 #청동기 #부여 #송국리 #민무늬 토기 #비파형 동검 #벼농사

해설
부여 송국리 유적은 청동기시대의 대표적인 유적지로, 비파형 동검, 민무늬 토기 등이 출토됐다. 청동기시대에는 농경이 발달하여 조, 보리, 콩 등을 중심으로 밭농사를 지었으며, 벼농사가 시작됐다.
② 민무늬 토기는 청동기시대의 대표적인 유물로 무늬 없는 토기를 말한다. 신석기시대의 빗살무늬 토기에 비해 바닥이 납작한 모양을 가진 것이 특징이다.

02 (가) 국가에 대한 설명으로 옳은 것은? [2점]

이 전시실에서는 한성을 빼앗긴 뒤 웅진과 사비에서 국력을 회복하며 문화의 꽃을 피운 (가) 의 문화유산을 감상할 수 있습니다.

① 주몽이 건국했다.
② 지방에 22담로를 두었다.
③ 8조법으로 백성을 다스렸다.
④ 골품제라는 신분제도가 있었다.

기출태그 #백제 #문주왕 #웅진 #성왕 #사비 #남부여 #금동대향로 #능산리 절터

해설
고구려 장수왕은 남진정책을 시행해 백제의 수도 한성을 점령하고 한강유역을 빼앗았다. 이에 백제 문주왕이 웅진(공주)으로 수도를 옮기는 등 나라의 운영이 어려워졌다. 후에 즉위한 성왕은 사비(부여)로 도읍을 옮기고 국호를 남부여로 고쳐 백제의 중흥을 위해 노력했다. 부여 능산리 절터에서는 백제 금속공예 최고의 걸작품인 금동대향로가 발견됐다.
② 백제 무령왕은 지방에 22담로를 설치하고 왕족을 파견해 지방에 대한 통제를 강화했다.

03 (가), (나) 사이의 시기에 있었던 사실로 옳은 것은? [3점]

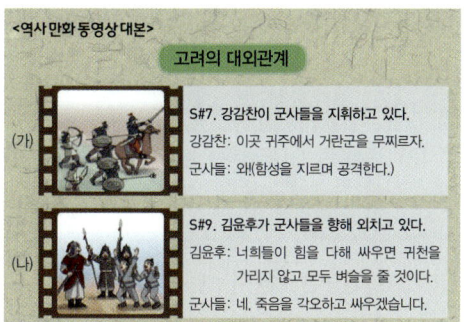

① 서희가 강동 6주를 획득했다.
② 윤관이 동북 9성을 축조했다.
③ 박위가 쓰시마섬을 토벌했다.
④ 최무선이 진포에서 왜구를 물리쳤다.

기출 태그 #윤관 #동북9성 #여진
#별무반 #고려 숙종 #고려 예종

해설
(가) 강감찬의 귀주대첩(1019): 강감찬은 강동 6주의 반환 등을 요구한 거란의 3차 침입 때 소배압이 이끄는 10만 대군에 맞서 귀주에서 크게 승리했다.
(나) 김윤후의 충주성 전투(1253): 몽골의 5차 침입 때 김윤후는 식량이 떨어지는 등 전세가 어려워지자, 전투에서 승리하면 신분의 높고 낮음을 따지지 않고 모두 벼슬을 주겠다고 병사들을 격려했다. 실제로 관노의 노비문서를 불태우고 잡은 소와 말을 나누어 주어 병사뿐 아니라 백성들까지도 죽음을 무릅쓰고 싸워 몽골군을 물리쳤다.
② 고려시대 윤관은 여진이 고려의 국경을 자주 침입하자 숙종에게 건의하여 별무반을 편성했다. 이후 예종 때 윤관은 별무반을 이끌고 여진을 몰아낸 뒤 동북 9성을 축조했다(1107).

04 다음 상황 이후에 일어난 사실로 옳은 것은? [2점]

① 김헌창이 난을 일으켰다.
② 장문휴가 등주를 공격했다.
③ 최치원이 시무 10여 조를 건의했다.
④ 망이·망소이가 공주 명학소에서 봉기했다.

기출 태그 #망이·망소이의 난 #무신정권기
#명학소 #특수행정구역

해설
고려 중기에는 문벌귀족들이 정치권력을 독차지하고 군대를 지휘하는 권한마저 장악하며 무신을 차별했다. 그러던 중 보현원에서 수박희를 하다가 대장군 이소응이 문신 한뢰에게 뺨을 맞는 일이 벌어졌다. 이를 계기로 분노가 폭발한 무신들이 정변을 일으켜 의종을 폐위하고 명종을 즉위시키며 정권을 장악했다(1170).
④ 고려 무신정권기에 공주 명학소에서 망이·망소이가 과도한 부역과 특수행정구역인 소의 주민에 대한 차별 대우에 항의하여 반란을 일으켰다(1176).

05 (가)에 들어갈 문화유산으로 옳은 것은? [1점]

> 임금께서 큰 복을 받으시라는 뜻에서 한양의 새로운 궁궐 이름을 (가) 으로 하기를 청합니다. 또한 중심이 되는 정전은 나랏일을 부지런히 해야 한다는 의미로 근정전이라 짓고자 합니다.
> — 정도전

> 그 뜻이 좋구나. 그렇게 하도록 하라.
> — 태조

① 경복궁
② 경운궁
③ 경희궁
④ 창경궁

06 다음 대화가 이루어진 시기에 볼 수 있는 모습으로 적절하지 않은 것은? [2점]

> 이보게! 자네 형님이 공명첩을 샀다는 소문이 진짜인가?

> 그렇다네. 담배 농사를 시작하더니, 그걸로 돈을 많이 모으셨다는군.

① 녹읍을 지급받는 귀족
② 고구마를 재배하는 농민
③ 관청에 물품을 조달하는 공인
④ 청과의 무역으로 부를 축적한 만상

기출 태그 #조선 건국 #한양 #이성계 #경복궁 #근정전 #북궐 #정궁

해설
경복궁은 조선 태조 이성계가 조선 건국 이후 도읍을 개경에서 한양으로 옮기면서 창건됐다. 도성의 북쪽에 있다고 하여 북궐이라고 불렸으며, 경복궁의 정전인 근정전에서는 국왕의 즉위식이나 행사가 진행됐다. 이후 임진왜란 때 불타 없어졌다가 고종 때 흥선대원군이 왕실의 권위를 회복하기 위해 다시 지었다.
① 경복궁은 조선 건국 후 수도를 개경에서 한양으로 옮기면서 가장 먼저 지어졌으며, 정궁으로 이용됐다.

기출 태그 #조선 후기 #상품작물 #공명첩 #납속책 #구황작물 #공인 #사상

해설
임진왜란 이후 조선에 고추와 담배 등이 전래됐으며, 조선 후기에는 상품유통이 활발해지면서 담배, 고추 등의 상품작물을 재배했다. 또한, 조선정부는 당시 악화된 국가재정을 해결하기 위해 납속책을 실시하여 돈이나 곡식을 받고 명예직 임명장인 공명첩을 팔기도 했다.
① 신라는 귀족 관리에게 직무수행의 대가로 녹읍을 지급했다. 녹읍은 고을 단위로 지급되었으며, 귀족의 경제적 기반이 되었다.

07 (가)에 들어갈 사절단으로 옳은 것은? [2점]

```
         (가) 활동 정리
1. 기간: 1880.5.28.~8.28.
2. 참여자: 김홍집 외 50여 명
3. 주요 활동
```

날짜	내용
5.28.~7.6.	한성에서 부산포, 고베를 거쳐 도쿄로 이동
7.7.~8.3.	• 일본정부 관리들과 면담 • 일본 근대문물 견학 • 김홍집, 청 외교관 황준헌과 비공식 면담
8.4.~8.28.	귀국 및 왕에게 결과 보고 (조선책략 올림)

① 보빙사
② 성절사
③ 수신사
④ 영선사

08 (가)에 들어갈 인물로 옳은 것은? [2점]

나는 지금 상하이에 있는 매헌 기념관에 와 있어.

거기는 어떤 곳이야?

한인애국단 소속으로 훙커우 공원에서 의거를 일으킨 (가) 을/를 기념하는 곳이야.

그런 의미가 있는 곳이구나.

① 나석주
② 윤봉길
③ 이봉창
④ 이회영

기출 태그 #강화도조약 #김홍집 #수신사
#근대시설 시찰 #황준헌 #조선책략

해설
강화도조약 체결 후 조선은 일본에 두 차례에 걸쳐 수신사를 파견하여 각종 근대시설을 시찰하도록 했다. 제2차 수신사로 파견된 김홍집은 청의 외교관 황준헌이 저술한 책인 『조선책략』을 국내에 들여왔다(1880). 이로 인해 국내에 미국과 외교를 맺어야 한다는 여론이 형성됐다.
③ 조선은 강화도조약을 체결한 이후 문호를 개방하여 개화정책을 추진했다. 이에 고종은 두 차례에 걸쳐 수신사를 파견하여 일본의 신식 기관과 각종 근대시설을 시찰하게 했다.

기출 태그 #윤봉길 #한인애국단 #훙커우 공원
#매헌 기념관 #중국 국민당

해설
② 한인애국단에 소속되어 활동하던 윤봉길은 1932년 상하이 훙커우 공원에서 열린 일왕 생일 및 일본군 전승 축하 기념식에 폭탄을 던져 일제 요인들에게 큰 타격을 주었다. 윤봉길의 의거는 이후 중국 국민당 정부가 대한민국 임시정부의 항일 독립운동에 협력하는 계기가 됐다.

09 다음 자료에 나타난 정부 시기의 통일 노력으로 옳은 것은? [3점]

① 남북한 유엔 동시 가입
② 남북 이산가족 최초 상봉
③ 7·4 남북공동성명 발표
④ 6·15 남북공동성명 채택

기출태그 #노태우정부 #유엔 가입 #북방외교 #남북기본합의서 #한반도 비핵화 선언

해설
노태우정부 때 남북한 화해 및 불가침, 교류·협력 등에 관한 공동합의서인 남북기본합의서를 채택하고 한반도 비핵화 공동선언이 이루어졌다.
① 노태우정부 때 적극적인 북방외교 정책을 추진해 남북한의 유엔 동시 가입이 이루어졌다.

10 (가)에 들어갈 지역으로 옳은 것은? [2점]

① 대구
② 안동
③ 울산
④ 청주

기출태그 #대구 #신라 신문왕 #공산전투 #팔공산 #국채보상운동 #2·28 민주운동

해설
- 신문왕의 천도계획: 통일신라 신문왕은 왕권강화 정책의 하나로서 달구벌(대구)로 도읍을 옮기려 계획했다. 그러나 천도에 따른 막대한 비용과 진골귀족들의 반대로 무산됐다.
- 공산전투: 견훤의 후백제군이 신라의 금성을 급습하자 고려가 군사를 보내 지금의 대구 팔공산 일대인 공산에서 전투가 벌어졌다. 이 전투에서 고려군은 후백제군에게 패배했으며, 신숭겸이 왕건을 구하려다 전사했다.
- 국채보상운동: 일본에서 도입한 차관 1,300만원을 갚아 경제 주권을 회복하기 위해 김광제, 서상돈 등의 주도로 대구에서 처음 시작됐다. 이후 서울에서 조직된 국채보상기성회를 중심으로 대한매일신보, 황성신문 등 여러 언론 기관들의 지원을 받아 전국으로 확산됐다.
- 2·28 민주운동: 이승만정권과 자유당이 선거당선을 위해 부당한 선거운동을 벌이자, 이에 반발한 대구 학생들이 2·28 민주운동을 주도했다.

심화편(제59회)

01 (가) 나라에 대한 설명으로 옳은 것은? [2점]

모시는 글
우리 역사상 최초의 국가인 (가) 을/를 건국한 단군왕검의 이야기가 뮤지컬로 탄생했습니다.

-순서-
1막 환웅이 신단수에 내려오다
2막 웅녀, 환웅과 혼인하다
3막 단군왕검이 나라를 세우다

• 일시: 2022년 ○○월 ○○일 오후 3시 / 오후 7시
• 장소: △△아트홀

① 무천이라는 제천행사를 열었다.
② 신성지역인 소도가 존재했다.
③ 남의 물건을 훔쳤을 때는 12배로 갚게 했다.
④ 왕 아래 상가, 대로, 패자 등의 관직이 있었다.
⑤ 전국7웅 중 하나인 연과 대립할 만큼 강성했다.

기출태그 #고조선 #단군왕검 #환웅 #웅녀 #신단수 #개천

해설
기원전 2333년 단군왕검은 우리 역사상 최초의 국가인 고조선을 건국했다. 환인의 아들인 환웅이 하늘에서 인간세계로 내려와 곰에서 사람이 된 웅녀와 혼인해 낳은 아들이 단군왕검이라는 신화도 함께 전해진다. 고조선은 청동기 문화를 바탕으로 발전했으며, 평양성을 도읍으로 삼고 만주와 한반도에 걸쳐 세력을 넓혔다.
⑤ 기원전 4세기 후반에서 3세기 전반의 고조선은 요서지방을 경계로 연과 대립할 만큼 성장했다.

02 다음 중 (가), (나) 사이의 시기에 있었던 사실로 옳은 것은? [2점]

(가) 대야성에서 패했을 때 도독인 품석의 아내도 죽었는데, 바로 춘추의 딸이었다. [김춘추가] 말하기를, "신이 고구려에 사신으로 가서 군사를 청해 백제에 원수를 갚고자 합니다"라고 하자 왕이 허락했다.

(나) 복신은 일찍이 군사를 거느렸는데, 이때 승려 도침과 함께 주류성에 근거하여 반란을 일으키고, 왜국에 있던 왕자 부여풍을 맞이하여 왕으로 세웠다.

① 당이 안동도호부를 설치했다.
② 나당연합군이 사비성을 함락했다.
③ 신라가 매소성 전투에서 승리했다.
④ 고구려가 신라에 침입한 왜를 격퇴했다.
⑤ 백제와 왜의 연합군이 백강전투에서 패배했다.

기출태그 #나당동맹 #김춘추 #당 태종 #대야성 #김품석 #복신 #승려 도침 #부여풍

해설
(가) 백제 의자왕은 윤충에게 1만의 병력을 주어 신라의 대야성을 비롯한 40여 개의 성을 함락시켰다. 이 과정에서 신라도독 김품석이 전사하자 신라 춘추는 고구려에 동맹을 청해 백제를 공격하려 했다(642).
(나) 백제 멸망 이후 복신은 도침과 함께 왕자 풍을 왕으로 추대하고 임존성, 주류성을 거점으로 백제부흥운동을 전개했다(660~663).
② 신라 김춘추는 고구려와의 동맹에 실패하자 당으로 건너가 당 태종으로부터 군사적 지원을 약속받는 데에 성공하여 나당동맹을 성사시키고 나당연합군을 결성했다(648).

03 (가) 국가에 대한 설명으로 옳은 것은? [2점]

이곳은 해동성국이라 불렸던 (가) 의 온돌 유적으로 함경남도 신포시 오매리에서 발견됐습니다. 이 유적에는 열기가 지나가는 통로인 고래의 숫자를 늘려서 난방의 효율을 높였다는 사실을 확인할 수 있습니다. 이는 (가) 이/가 고구려의 온돌양식을 계승해 발전시켰다는 사실을 잘 보여 줍니다.

① 9서당과 10정을 설치했다.
② 광평성 등의 정치기구를 마련했다.
③ 교육기관으로 주자감을 설립했다.
④ 욕살, 처려근지 등의 지방관을 두었다.
⑤ 지방에 22담로를 두어 왕족을 파견했다.

기출태그 #발해 #해동성국 #고구려 계승 #주자감 #함경남도 신포시 오매리 #온돌

해설
발해는 대조영이 고구려 유민과 말갈족을 이끌고 동모산 기슭에 건국한 국가로, 고구려의 문화를 계승하고 당의 문화를 받아들여 발전을 이룩했다. 그중 온돌시설은 발해가 고구려의 문화를 이어받았음을 알 수 있는 대표적인 유적이다. 선왕 때는 국력이 강성해 주변국들로부터 해동성국이라 불렸다.
③ 발해는 중앙에 최고교육기관인 주자감을 두고 유학교육을 실시했다.

04 다음 중 (가), (나) 사이의 시기에 있었던 사실로 옳은 것은? [2점]

(가) 이자겸과 척준경이 왕을 위협해 남궁(南宮)으로 거처를 옮기게 하고 안보린, 최탁 등 17인을 죽였다. 이 외에도 죽인 군사가 헤아릴 수 없을 정도였다.

(나) 이의방과 이고가 정중부를 따라가 몰래 말하기를, "오늘날 문신들은 득의양양해 술을 취하도록 마시고 음식을 배불리 먹는데, 무신들은 모두 굶주리고 고달프니 이것을 어찌 참을 수 있습니까"라고 했다.

① 김부식이 묘청의 반란을 진압했다.
② 강조가 정변을 일으켜 김치양을 제거했다.
③ 망이·망소이가 공주 명학소에서 봉기했다.
④ 서희가 외교 담판을 벌여 강동 6주를 확보했다.
⑤ 최충헌이 봉사 10조를 올려 시정 개혁을 건의했다.

기출태그 #서경천도운동 #묘청 #정지상 #김부식 #고려 인종

해설
(가) 이자겸의 난(1126): 고려 인종 때 문벌귀족 이자겸이 왕의 외척으로서 최고 권력을 누리며 왕의 자리까지 넘보자 인종은 이자겸을 제거하려 했으나 실패했다. 이에 이자겸은 척준경과 함께 난을 일으켰다.
(나) 무신정변(1170): 고려 의종이 무신들을 천대하고 향락에 빠져 실정을 일삼자 무신들의 불만이 쌓여갔다. 그러던 중 보현원에서 수박희를 하다가 대장군 이소응이 문신 한뢰에게 뺨을 맞는 사건이 발생했고, 이를 계기로 분노가 폭발한 무신들이 정변을 일으켰다. 이후 정중부와 이의방을 중심으로 조정을 장악한 무신들은 의종을 폐해 거제도로 추방한 뒤 명종을 즉위시켰다.
① 고려 인종은 이자겸의 난 이후 왕권 회복을 위해 정치 개혁을 추진했다. 이 과정에서 묘청, 정지상을 중심으로 한 서경세력과 김부식을 중심으로 한 개경세력 간의 대립이 발생했다. 서경세력은 서경천도와 칭제건원, 금 정벌을 주장했으나 받아들여지지 않았다. 이에 묘청이 서경에서 반란을 일으켰고(1135), 김부식의 관군에 의해 진압됐다(1136).

05 밑줄 그은 '임금'의 재위시기에 있었던 사실로 옳은 것은? [2점]

얼마 전에 임금께서 원통하고 억울한 일을 당한 백성들을 위해 신문고를 설치하라고 명하셨다더군.

뿐만 아니라 문하부를 없애고 의정부를 설치하면서 문하부 낭사를 사간원으로 독립시키셨다네.

① 명의 신종을 제사하는 대보단이 설치됐다.
② 백과사전류 의서인 의방유취가 편찬됐다.
③ 왕권강화를 위해 6조 직계제가 실시됐다.
④ 조선의 기본 법전인 경국대전이 반포됐다.
⑤ 역대 문물제도를 정리한 동국문헌비고가 간행됐다.

06 밑줄 그은 '이 시기'의 문화에 대한 설명으로 옳은 것은? [1점]

춘향전 등 한글소설이 유행했던 이 시기에 대해 이야기해 볼까요?

소설책을 빌려주는 세책가가 성행했어요.

저잣거리에서 한글소설을 읽어 주는 전기수가 인기를 끌었어요.

① 원각사지 십층 석탑이 건립됐다.
② 인왕제색도 등 진경산수화가 그려졌다.
③ 주자소가 설치되어 계미자가 주조됐다.
④ 표면에 백토를 바른 분청사기가 유행했다.
⑤ 청주 흥덕사에서 직지심체요절이 간행됐다.

기출태그 #6조 직계제 #조선 태종 #왕권강화 #사간원 독립 #신문고 #문하부 혁파

해설
③ 조선 초기 두 차례의 왕자의 난을 겪고 왕위에 오른 태종은 왕권을 강화해 국왕중심의 통치체계를 확립하고자 했다. 이에 문하부를 혁파하여 의정부에 통합시키고, 6조 직계제를 실시하여 6조에서 의정부를 거치지 않고 국왕이 바로 재가를 내리도록 했다. 문하부 산하의 낭사는 분리한 후 사간원으로 따로 독립시켜 신하들을 견제하는 기능을 하도록 했다. 또한 신문고를 설치해 백성이 억울하고 원통한 일을 호소할 수 있도록 했다.

기출태그 #진경산수화 #정선 #인왕제색도 #서민문화 #판소리 #한글소설

해설
조선 후기에는 서민문화가 발달하여 판소리가 유행했고, 「홍길동전」과 「춘향전」 등 한글소설이 널리 읽혔다. 이에 따라 소설이 대중화되면서 소설책을 빌려주는 세책가와 소설 낭독을 직업으로 삼은 전기수가 등장했다.
② 조선 후기 정선이 개척한 화풍인 진경산수화는 옛 작품을 모방하던 전통적인 산수화와는 달리 우리나라의 빼어난 명승지를 보고 느낀 감정을 그림으로 표현했다. 대표적인 작품으로는 「인왕제색도」가 있다.

03 ③ 04 ① 05 ③ 06 ②

07 다음 대화에 나타난 사건에 대한 설명으로 옳은 것은? [1점]

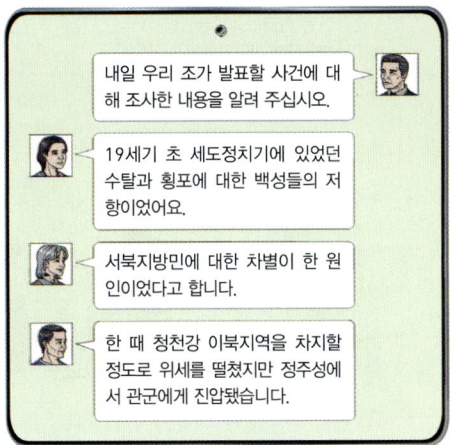

① 홍경래, 우군칙 등이 주도했다.
② 청군이 파병되는 결과를 가져왔다.
③ 제물포조약이 체결되는 배경이 됐다.
④ 보국안민, 제폭구민을 기치로 내걸었다.
⑤ 박규수가 안핵사로 파견되는 계기가 됐다.

08 다음 상황이 나타난 시기를 연표에서 옳게 고른 것은? [2점]

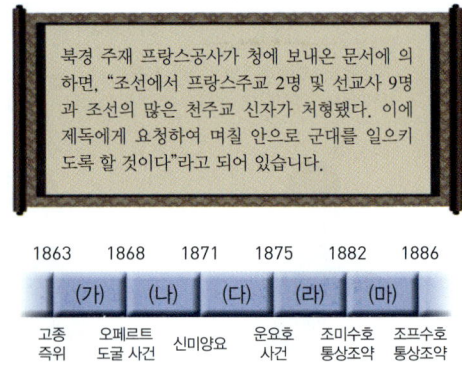

① (가)
② (나)
③ (다)
④ (라)
⑤ (마)

| 기출 태그 | #홍경래의 난 #서북지역 차별 #우군칙 #정주성 #평안도 #세도정치 #삼정의 문란 |

해설
① 조선 순조 때 세도정치로 인한 삼정의 문란과 서북지역 차별대우에 불만을 품은 평안도지방 사람들이 몰락양반 출신 홍경래를 중심으로 봉기를 일으켰다. 평안북도 가산에서 우군칙 등과 함께 정주성을 점령하고 청천강 이북 지역을 차지하기도 했으나 정주성에서 관군에 의해 진압됐다.

| 기출 태그 | #흥선대원군 #병인박해 #천주교 탄압 #병인양요 #로즈제독 #러시아 견제 |

해설
① 흥선대원군은 천주교를 통해 프랑스와 조약을 체결하고 러시아의 남하정책을 견제하고자 했으나 국내외에서 천주교에 대한 반발이 생겨나자 프랑스인 선교사들을 처형하는 등 병인박해를 일으켰다(1866.1.). 이후 프랑스 로즈제독이 병인박해를 구실로 함대를 이끌고 강화도에 침입하면서 병인양요가 발생했다(1866.9.).

09 밑줄 그은 '시기'에 시행된 일제의 정책으로 옳은 것은? [2점]

이 자료는 중일전쟁 이후 일제가 침략전쟁을 확대하던 시기에 만든 황국신민체조 실시요령입니다. 일제는 이 체조를 보급하기 위해 '황국신민체조의 날'을 정하고 전국 곳곳에서 강습회를 개최했습니다.

① 회사령을 제정했다.
② 미쓰야 협정을 체결했다.
③ 경성제국대학을 설립했다.
④ 토지조사사업을 실시했다.
⑤ 조선사상범 예방구금령을 공포했다.

10 다음 뉴스가 보도된 정부 시기에 있었던 사실로 옳은 것은? [3점]

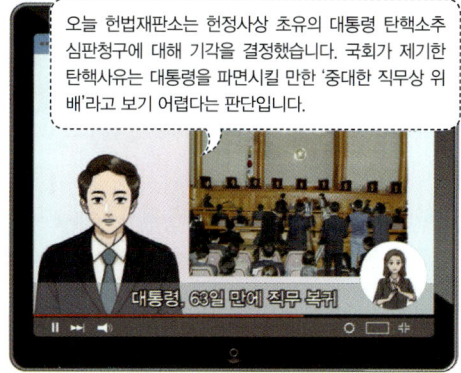

오늘 헌법재판소는 헌정사상 초유의 대통령 탄핵소추 심판청구에 대해 기각을 결정했습니다. 국회가 제기한 탄핵사유는 대통령을 파면시킬 만한 '중대한 직무상 위배'라고 보기 어렵다는 판단입니다.

① 서울 올림픽대회가 개최됐다.
② 국가인권위원회가 설립됐다.
③ 전국민주노동조합 총연맹이 창립됐다.
④ 중국과 자유무역협정(FTA)이 체결됐다.
⑤ 친일반민족행위 진상규명위원회가 출범했다.

기출 태그 #황국신민화 정책 #조선사상법 예방구금령
#징병 #징용 #창씨개명 #신사참배

해설

1930년대 이후 일제는 대륙침략을 위해 한반도를 병참 기지화하고 중일전쟁과 태평양전쟁을 일으켰으며, 조선에 국가총동원법을 시행하여 인적·물적 자원을 수탈했다. 이 시기 조선총독부는 친일단체인 국민총력조선연맹을 조직해 황국신민화 정책을 선전했으며, 애국반을 통한 공출, 징병·징용 등을 독려했다. 또한, 황국신민서사 암송과 창씨개명, 신사참배 등을 강요하며 우리 민족의 정체성을 말살하려 했다.

⑤ 일제는 민족말살 통치기에 조선사상범 예방구금령을 공포하여 사상 및 행동을 관찰한다는 명목으로 조선인들의 독립운동을 탄압했다(1941).

기출 태그 #노무현정부 #헌정사상 최초 탄핵소추
#친일반민족행위 진상규명위원회

해설

노무현 대통령이 정치적 중립 의무를 위반했다는 이유로 야당연합의 주도하에 대통령 탄핵소추안이 통과됐다. 이에 노무현 대통령의 직무가 임시정지되고 국무총리 고건이 대통령의 권한을 대행했다. 이후 헌법재판소가 탄핵소추안을 기각하면서 노무현 대통령은 63일 만에 직무에 복귀했다(2004).

⑤ 노무현정부는 친일반민족행위의 진상을 규명하고 역사의 진실과 민족의 정통성을 확인하기 위해 친일반민족행위 진상규명위원회를 출범시켰다(2005).

이슈&시사상식
답변의 기술

직업인에게 필요한 **인성이란?**

만약 여러분이 면접위원이라면 지원자에게 어떤 질문을 가장 먼저 하고 싶을까요? 물론 사람마다 다를 수 있겠지만 많은 분이 인성과 관련된 질문을 떠올릴 것입니다. 평가기준마다 용어의 차이가 다소 있을 뿐, '직업인(또는 조직구성원)으로서의 인성'은 거의 모든 면접전형에 포함되어 있습니다. 이번 칼럼에서는 직업윤리에서 직업인에게 요구되는 근로윤리 중 근면성과 정직성, 봉사정신, 그리고 공동체윤리 중 준법성에 대해 알아보겠습니다.

아래 표는 NCS 직업윤리가 제시하고 있는 직장인에게 요구되는 근로윤리 및 공동체윤리의 7가지 덕목을 정리한 것입니다. 이 중 4가지 덕목에 관한 예시질문과 답변을 살펴보고자 합니다.

근로윤리	근면성	직장생활에 있어 부지런하고 꾸준한 자세를 유지하고 있는가?
	정직성	직장생활에 있어 속이거나 숨김이 없이 바르게 행동하는가?
	성실성	맡은 업무에 있어 자신의 정성을 다하여 처리를 하는가?
	봉사정신	자신의 이해를 먼저 생각하기보다는 국가나 기업, 또는 남을 위하여 애써 일하는 자세를 가졌는가?
공동체윤리	책임의식	주어진 업무 또는 맡은 업무는 어떤 일이 있어도 하는 자세를 가졌는가?
	준법성	직장에서 정해진 규칙이나 규범 등을 지키고 따르는가?
	직장예절	직장관계 및 대인관계에서 절차에 맞는 공손하고 삼가는 말씨와 태도를 지녔는가?

Q. 귀하는 평소 부지런하고 꾸준한 자세를 유지하고 계신가요? 만약 귀하가 우리 회사에 입사하게 된다면 직장생활을 어떻게 하겠습니까?

먼저 직업인의 근면성에 관한 것입니다. 근면성이란 부지런한 것을 의미합니다. 물론 근면함만으로 성공할 수 있는 것은 아닙니다. 하지만 근면한 태도는 직장인이 성과를 이루게 만드는 가장 기본적인 조건 중 하나임은 분명합니다. 직업인으로서의 근면성이란 직장 내에서 한 사람의 구성원으로서 회사에 기여할 수 있는 인재를 구성하는 가장 중요한 덕목이며, 면접위원은 그러한 지원자의 자질을 알고 싶어 합니다. 위 질문은 지원자의 근면성을 묻는 동시에 그것이 조직구성원으로서 어떤 강점이 있는지 알기 위한 것입니다. 즉 질문의 앞보다는 뒤를 중점적으로 답변하는 것이 바람직합니다.

지원자A

저는 학교생활을 하면서 성실하게 학업에 정진하여 학업성적이 좋았습니다. 그리고 어학 공부와 자격증 공부를 열심히 하여 지원직무와 관련된 자격증들을 취득했습니다. 만약 귀사에 입사하게 된다면 늘 성실하고 근면한 자세로 직무에 최선을 다하여, 귀사에 꼭 필요한 인재가 되겠습니다.

지원자B

저는 평소 제가 세운 목표를 달성하기 위해 규칙적이고 부지런한 생활을 유지하고자 최선을 다합니다. 특히 자투리 시간을 잘 활용하기 위해 노력합니다. 주말에는 주중에 집중하기 힘든 어학 공부나 자격증 공부를 하는데, 최근 목표한 어학점수와 자격증을 취득했습니다. 저는 저 자신을 비롯해 모든 사람에게 지킬 수 있는 약속을 하고, 그것을 꼭 지키고자 하는 신조가 있습니다. 이러한 자세로 귀사에 입사하게 된다면, 누구보다 성실한 인재가 될 것을 약속드립니다.

지원자A의 답변은 전반적으로 무난하지만, 단순히 내용을 열거하는 방식으로 답한 경향이 있습니다. 특히 마지막은 다소 교과서적인 답변으로 지원자만의 차별성이 드러나지 않아 아쉬움이 남습니다. 반면 지원자B는 더 구체적인 상황을 제시했으며, 이것이 결론과도 잘 연결돼 흐름이 자연스럽습니다. 아울러 본인의 시간활용능력을 은근히 어필했다는 점에서 평가 시 긍정적인 측면이 있습니다.

두 번째는 직업인의 정직성입니다. 정직은 신뢰를 형성하고 유지하는 데 가장 기본적인 규범입니다. 조직의 관점에서는 구성원들 간에 함께 살아가는 시스템이 온전히 유지되기 위한 전제조건이기도 합니다. 특히 공공기관이나 공기업의 경우 기업의 사회적인 책임을 강조합니다. 이러한 관점에서 본다면 사회시스템 전반에서 유기적인 협조를 만드는 기본적인 전제가 정직이라 볼 수도 있습니다.

Q. 귀하는 평상시 속이거나 숨김이 없이 참되고 바르게 행동하려고 노력하는 편입니까?

지원자의 평소 자질과 지원자가 생각하는 정직이라는 덕목이 조직구성원으로서 얼마나 부합하는지 묻기 위한 질문입니다. 특히 질문에서 '숨김이 없이 참되고 바르게 행동'이라는 언급을 통해 면접위원이 중요하게 생각하는 것은 직업인으로서의 신뢰정신이라 유추할 수 있습니다.

지원자C

저는 다른 사람을 속이거나 사실을 숨기지 않고 솔직하게 제 의견을 드러내는 편입니다. 또 다른 사람이 보기에 잘못된 행동을 하지 않기 위해 늘 세심하게 노력합니다. 이러한 성격 덕분에 친구들과의 관계가 좋고, 주변 사람들에게도 좋은 평판을 얻고 있습니다. 만약 귀사에 입사하게 된다면, 누구보다 솔직하고 인간관계가 좋은 직원이 될 것을 자신 있게 말씀드리고 싶습니다.

지원자D

저는 어떤 일이든 맡은 일을 존중하며 자부심을 갖고 정성을 들여 다하려는 성격입니다. 이러한 것의 기본은 정직한 업무태도라 생각합니다. 저는 학창시절 여러 아르바이트를 했는데 성실한 태도와 행동으로 점장님이나 관리자님께 칭찬을 받곤 했습니다. 특히 어떤 경우이든 제가 속한 조직의 구성원으로서 당장의 이익이 되는 방향으로 행동하는 것이 아니라, 조직에 옳고 유익한 방향으로 행동하는 것이 옳다고 믿고 있습니다. 귀사에 입사하게 된다면 이러한 마음을 가지고 업무에 최선을 다하는 인재가 되겠습니다.

지원자C의 경우 너무 완벽한 답변을 하려다 보니 전반적으로 평이하지만 임팩트를 주지 못하는 답변이 되고 말았습니다. 우선 본인을 차별화할 수 있는 경험이나 근거를 명확하게 제시하지 못했습니다. 또한 별다른 근거 없이 '누구에게나 좋은 평판을 얻는다'라는 식의 평면적인 답변은 면접위원에게 그다지 설득력이 있는 답변은 아닐 것입니다. 반면 지원자D는 표현이 조금 더 구체적이고, 질문에 대한 답변뿐만 아니라 조직적응력과 조직에 대한 순응적인 측면에서 자신의 성향이나 가치관도 잘 전달하고 있습니다. 이는 입사 후 조직에 기여하는 인재가 될 것임에 자연스럽게 연결됩니다. 따라서 면접위원에게는 지원자D의 답변이 더 긍정적으로 평가할 수 있는 답변일 것입니다.

세 번째는 직업인의 봉사정신입니다. 본래 봉사의 사전적 의미는 자신보다 남을 위해 일하는 것으로 현대사회의 직업인에게 봉사란 고객의 가치를 최우선으로 하는 서비스의 개념입니다. 즉 단순히 남을 돕는 것이 아니라 작게는 협력 또는 협업을 이루는 근간이며, 외부적으로 확대될 때는 유형과 무형을 모두 아우르는 서비스 개념이라 할 수 있습니다.

> **Q. 귀하는 평소 봉사정신에 대해 어떤 생각이나 가치관을 갖고 있습니까? 그리고 그것이 귀하를 어떻게 성장시켰는지 말씀해 주십시오.**

위 질문의 후반부에서 봉사정신으로 인한 지원자의 성장을 묻는 것은 단순히 봉사기간이나 횟수를 묻는 것이 아니라 지속적인 봉사활동을 함으로써 지원자 스스로 깨닫게 된 근본적인 인성을 알기 위함입니다. 따라서 봉사정신은 조직에 있어서 협력이나 협업, 조직충성심과 연결되는 기본덕목이라는 사실을 염두에 두고 답변하는 것을 권장합니다.

지원자E

저는 봉사정신을 늘 마음에 품고 있습니다. 주기적으로 헌혈을 하고 있고, 대학시절에는 봉사동아리에 참여해 여름방학마다 여러 봉사활동을 했습니다. 저는 다른 사람을 돕는 것이 무척 즐겁습니다. 그래서 제가 손해를 보더라도 다른 사람을 도울 기회가 있으면 언제든 참여하기 위해 노력합니다. 최근에는 취업준비로 바빠서 별다른 봉사활동을 하지 못했지만, 앞으로 기회가 주어진다면 더 자주, 더 많이 봉사활동을 하고 싶습니다.

지원자E의 답변은 짧지만 전반적으로 무난한 내용입니다. 다만 봉사동아리에 관해 조금 더 구체적인 설명이 있었으면 더 좋았을 것이란 아쉬움이 남습니다. 또 '취업준비로 바빠서 별다른 봉사를 하지 못했다'라고 굳이 언급한 부분도 아쉽습니다. 일상생활에서 자신이 아닌 주위 사람들을 위해 실천할 수 있는 모든 행위가 올바른 봉사정신이므로 이러한 언급은 자칫 사족이 될 수 있습니다.

지원자F

저는 평소 봉사에 관한 생각을 자주 합니다. 물론 넓은 의미의 봉사도 있겠지만, 일상에서 늘 실천할 수 있는 봉사도 많다고 생각합니다. 또 나 자신의 이익도 중요하지만, 나를 둘러싼 조직의 이익 역시 중요하다고 생각합니다. 그래서 주변에서 도움이나 협력이 필요한 상황이 발생하면 적극적으로 도와주는 편입니다. 학창시절 학우와도 그랬고, 아르바이트를 할 때도 동일했습니다. 그래서 저에게 봉사란 거창한 것이 아니라, 제가 속한 위치에서 늘 다른 사람과 먼저 협력하며 긍정적인 분위기를 만드는 행동입니다. 이러한 마음으로 귀사의 발전에 도움이 되는 인재가 되겠습니다.

내용만 본다면 지원자F와 지원자E의 답변이 유사하다고 생각할 수도 있지만, 봉사란 특별한 계기나 시점에서 행하는 행위가 아니라 자연스러운 마음에서 비롯되어 생활 속에 녹아있는 행위라는 관점에서는 지원자F의 답변이 더 좋은 평가를 받을 수 있는 답변이 될 것입니다. 또 마지막 부분에 직장인으로서의 대인관계능력과 인간관계능력, 소통능력 등에 관해서도 자연스럽게 전달하고 있습니다. 따라서 지원자F가 상대적으로 자신의 의지를 더 명확하고 명시적으로 잘 표현하고 있다고 생각됩니다.

마지막으로 직업인의 준법정신입니다. 다른 덕목은 자발적인 측면이 강한 반면 준법정신은 타율적인 측면이 강합니다. 조직구성원으로서 규칙과 규율을 준수하는 태도는 궁극적으로 자신이 조직 내에서 누릴 수 있는 권리를 보장받는 전제조건임을 인식해야 합니다. 권리를 보장받기 위해서는 다른 사람의 권리를 보호해 주는 역할, 즉 질서를 구축하게 만드는 준법정신을 가져야 한다는 것입니다.

Q. 귀하는 직장에서 정해진 규칙이나 규범 등을 지키고 따르는 것에 대해 어떻게 생각하십니까? 만약 어떤 규칙이 본인의 관점과 차이가 있다면 어떻게 행동하시겠습니까?

위 질문은 크게 두 가지 사항을 하나의 질문으로 녹인 것으로 하나는 지원자의 준법성에 관한 것이고 다른 하나는 준법이라는 화두를 바탕으로 조직적응성에 관해 묻기 위한 것입니다. 우선 준법성은 사실상 답변이 정해진 것이나 마찬가지로 조직구성원으로서 규칙이나 규범을 잘 따른다고 말하는 것은 너무나 당연합니다. 다만 이와 관련된 자신의 경험이나 생각을 차별성 있게 답변하는 것이 중요합니다. 또 규칙과 규범을 잘 지키는 것은 그만큼 조직구성원으로서 유연하게 잘 적응한다는 것입니다. 그러므로 자신의 생각이나 가치관에 잘 맞지 않는 것이 있더라도 열린 관점에서 포용할 수 있는 인재임을 드러내는 답변이면 더 좋겠습니다.

지원자G

저는 제가 속한 모임이나 조직에서 미리 정해놓은 규칙이나 규범을 지키는 것을 가장 중요하게 여깁니다. 그래서 누구보다 규칙을 잘 지키는 사람이라 자부합니다. 때문에 이때까지 이를 어겼다는 이유로 처벌을 받거나 벌점을 받은 적이 단 한 번도 없습니다. 저는 조직생활을 하는 데 가장 중요한 것은 규칙과 규율을 지키는 마음이라 생각합니다. 따라서 저는 제가 어떤 직무를 맡든, 어떤 지시가 내려오든, 최선의 노력을 다하여 최선의 성과를 얻을 수 있을 것이라 약속드립니다.

지원자H

조직구성원으로서, 또는 사회구성원으로서 규칙이나 법을 지키는 것은 가장 기본적인 태도입니다. 이러한 준법정신은 비단 나 자신만을 위한 것이 아니라, 나를 포함한 모든 조직구성원의 안정성과 효율성을 높이는 것이라 생각합니다. 그래서 저는 지금까지 어떤 곳에서든 이러한 생각을 바탕으로 준법성을 고려하여 행동했습니다. 물론 때에 따라서는 제 생각과 다른 규칙이나 법규가 있을 수도 있지만, 만약 그렇다고 하더라도 규칙과 규범에 맞게 행동하는 것이 기본적인 자세입니다. 또 오랜 고민 끝에 조직에 더 좋은 안이 있다면 절차에 맞는 과정을 통해 건의하는 것도 좋으리라 생각합니다.

지원자G의 답변은 다소 평면적인 답변이라 지원자의 생각이나 가치관을 면접위원이 파악하기 어렵습니다. 특히 마지막 부분은 너무 추상적인 표현입니다. 반면 지원자H는 조금 더 구체적인 과정이나 상황을 언급하고 있습니다. 두 사람 중 누구의 답변이 정답이라고 하기는 어렵지만, 상대적으로 지원자H의 답변이 고민의 깊이가 더 깊고, 생각의 과정이 더 많다는 것을 알 수 있습니다. 그런 점에서 지원자H의 답변이 더 설득력이 있다고 판단됩니다.

지금까지 직업윤리 중 근면성과 정직성, 봉사정신, 준법성에 관한 내용을 살펴보았습니다. 물론 답변에 정답이나 오답은 없습니다. 다만 없는 사실을 꾸며서 말하기보다는 평소 자신의 가치관이나 자질, 성격 등을 드러낼 수 있게끔 솔직하게 답변하는 것이 좋습니다. 또한 이것을 조직구성원으로서 어떻게 강점으로 적용시킬 수 있을지 어필하려는 노력이 필요합니다. 특히 인성은 눈에 보이는 것이 아니기 때문에 관련 경험이나 사건을 잘 정리해야 하고, 또 면접 시 흔하게 나오는 질문이므로 자신을 가장 잘 드러낼 수 있는 답안을 준비하시길 바랍니다.

필자 소개

안성수. 경영학 박사(Ph.D.)
리더십/인사컨설팅 및 채용 관련 콘텐츠 개발
NCS 채용컨설팅/NCS 퍼실리테이터/전문평가위원
공무원/공공기관 외부면접위원
인사/채용 관련 자유기고가
저서 〈NCS와 창의적 사고기법〉, 〈NCS직무가이드〉 外

이슈&시사상식
직무분석

생산성과 품질 향상을 위한 문제해결사
기술

기술 직군 소개

기술이란?
기술 직무는 생산현장에서 핵심적인 역할을 수행하는 직무로, 설비(Machine)와 생산방법(Method)에 대한 관리와 최적화를 담당한다.

기술 직무의 종류
기술 직무는 담당하는 역할과 주요 업무에 따라 세 가지로 나눌 수 있다. 언뜻 보면 비슷해 보일 수 있지만, 각 직무는 중점적으로 다루는 분야와 책임이 다르다.

직무	주요 업무
생산기술	• 시작기술 업무 – 신모델 개발 양산 전 S/T(Standard Time, 표준시간) 분석 – 개발단계 작업성, 설비간섭 등 개선 및 최적 S/T, LOB(Line Of Balance, 라인편성효율) 산출 • 장비기술 업무 – 생산성 향상 및 설비 개선 – 최적의 투자 효율 확보 및 신규 공장 설비·레이아웃 제안
설비기술	• 장치·회전기기류·계전설비 등 설비와 시설물 보전, 예방점검, 정비 및 시행·관리 • 협력업체 평가·관리 및 기술지도 • 도면 및 설비이력 관리
기술영업	• 제품기술 및 솔루션 상담 • 기술동향 파악 • 거래처 및 기타 정보 관리 • 업계 시장분석

1. 생산기술 직무에 대한 이해

화학 업종이나 화장품 업종, 식품 업종 등 생산기술에서는 어떤 전공자들을 가장 필요로 할까? 혹은 자동차 업종, 전기전자 업종에는 어떤 전공자들이 가장 많을까? 정답은 '기계공학'이다. 물론 해당 업종의 특성과 관련이 깊은 이공계 전공자들도 입사한다. 하지만 모든 업종을 불문하고 생산기술 직무에서 가장 많이 필요로 하는 전공은 단연 기계공학이라고 할 수 있다.

생산기술은 전체적인 밸런스를 확보하도록 라인을 설계하고 시뮬레이션해 최적의 작업 표준시간을 산출하고 양산하는 과정에서 끊임없이 라인을 최적화시킨다. 기계공학이 다양한 기계 시스템의 설계, 분석, 제작 및 유지 관리에 대한 깊은 이해를 바탕으로 하는 학문인만큼 생산기술 직무에 적합하다고 볼 수 있다. 그렇다고 타 전공자들에게 입사의 기회가 없다는 뜻은 아니다. 생산기술 직무의 주요 업무와 필수 역량에 맞춰 자신의 강점을 어필한다면 충분히 기회를 잡을 수 있을 것이다.

> **주요 업무**
> ❶ 선행생산기술(시작기술)
> • 양산 확정 전 예상되는 문제를 선행적으로 검토 및 시험해 손실 최소화
> • 개발단계 샘플 제작 주관 및 실시 : 개발단계 작업성, 설비간섭 등에 대한 사전개선과 S/T 분석 및 LOB를 통해 합리적인 모듈(Module)공정 설계 업무 수행

- 개발 프로세스 개선 및 협력 임가공 업체의 S/T 단축활동 지원

❷ 양산생산기술(장비기술)
- 생산라인의 생산성 향상을 위한 설비 개선활동 및 설비 트러블 발생 시 조기대응으로 양산 안정화
- 최적의 투자 효율성 확보 및 신규 공장에 대한 설비·공간 활용의 극대화를 위한 레이아웃 제안

2. 필요 역량과 자질 및 사전 준비항목

생산기술 직무는 생산성 향상과 품질 보장을 위해 공정 최적화 및 문제해결 능력이 요구되므로, PDCA 사이클을 효과적으로 적용할 수 있는 역량이 필요하다. PDCA란 업무를 수행할 때 계획을 꼼꼼히 세우고(Plan) 거기에 맞춰 업무를 수행하며(Do), 수시로 문제점을 확인하고(Check) 개선하는 활동(Action)을 말한다. 이를 위해서는 데이터 분석과 문제진단 능력이 중요하며, 현장에서 발생하는 다양한 이슈에 신속히 대응할 수 있어야 한다.

필요 역량과 자질
- 설비 설계, 라인 합리화를 위한 기계, 전기·전자, 화학공학 관련 전공 지식
- 투자 효율성 및 원가 분석, S/T 분석 등을 위한 산업공학적 지식
- 빠른 판단력 및 문제해결 능력
- CAD 운영 능력
- 피벗테이블, 함수 등 엑셀 데이터 분석 및 가공 능력
- 어학 능력(글로벌 생산기지 보유 시)

생산기술 직무 지원자 핵심 키워드
- 전공별 세부 지식
- 라인 현장경험에서의 문제점 발굴
- 효율 분석
- 최적화

사전 준비항목
- 본인 전공에 대한 심화 복습(CAD 공부 등)
- 원가 개념에 대한 이해
- PDCA 프로세스를 통한 제조혁신 사례 검색
- 전문용어 숙지

생산기술은 이공계 타 직무 대비 효율성 분석 역량과 제조원가에 대한 이해가 많이 요구되는 직무다. 학교 도서관이나 서점에 가면 제조원가에 대해 알기 쉽게 다루는 책들을 충분히 구할 수 있으니 읽어두는 것이 좋다. 또한 LOB를 활용해 양산에 불필요한 시간과 비용 같은 손실을 줄이는 데 기여하겠다는 어필은 매우 좋은 포부가 될 수 있다.

S/T와 LOB란?
❶ S/T(Standard Time, 표준시간)
일반 작업자가 표준작업방법으로 작업을 하는 데 소요되는 시간으로 조립라인의 작업배분과 설비배치를 위한 기초자료

❷ LOB(Line Of Balance)
흐름작업에서 수행되는 단위작업들을 작업장에 적절히 분배해 각 작업 내용의 선행 필요성, 제약조건 등을 만족시키면서, 전체적인 생산흐름을 원활하게 만들어 유휴시간을 최소화하고 노동 및 설비의 흐름을 극대화하고자 하는 기법

3. 설비기술 직무에 대한 이해

설비기술과 관련된 직무는 크게 '공무설비직'과 '설비엔지니어'로 구분된다. 공무설비직은 일반 사업장에서 전반적인 설비를 유지·보수하고 관리하며, 설비엔지니어는 반도체나 디스플레이 등 24시간 가동되어야 하는 업종에서 각 공정에 투입되는 전문장비를 관리한다.

설비기술 종사자는 마치 사업장에서 발생할 수 있는 위기에 빠르게 대응하는 119 구급대원과 같은 존재라고 볼 수 있다. 문제가 발생했을 때 가장 신속하고 정확하게 조치할 수 있는 역량이 요구되며, 설비 관

련 협력사들과 원활하게 협업할 수 있는 능력 및 리더십이 필요하기 때문이다.

주요 업무

❶ 공무설비직
- 사업장 내 유틸리티 설비(지원설비) 및 건축물 관리를 통한 전반적인 생산업무 지원
- 장치·회전기기·계전설비 등 물리적 차원의 설비 및 시설물 보전 및 예방점검
- 현장에서 발견한 문제점 개선방안 수립
- 각종 공사업무 수행·관리, 도면 및 설비이력 관리
- 협력업체 평가·관리 및 기술지도

부서	주요 업무
전기파트	• 유틸리티 트러블(Utility Trouble)에 따른 생산라인 손실 예방으로 안전한 전력설비 유지 및 관리 • 전기 관련 개선공사 업무 지원 및 에너지 관리 등 업무 지원, 양산 확정 전 예상되는 문제를 선행적으로 검토·시험해 손실 최소화
설비파트	• 라인 가동 시 필요한 스팀 및 압축공기, 용수공급 등에 대한 사전 리스크 관리(보일러, 에어 컴프레서 등 안정화 관리) • 설비 관련 개선공사 업무 지원, 에너지관리 및 절감 활동
건축파트	• 생산라인 레이아웃 시 효율적인 건축 공사 업무 지원

❷ 설비엔지니어
- 설비 유지 보전 및 예방조치
  - PM(Preventive Maintenance, 예방정비)을 통한 설비 가동률 및 성능 향상
  - BM(Break Maintenance, 사후정비)을 통한 설비 고장 분석 및 개선
- 설비문제 분석 및 자동화 시스템 구현
  - 분석 툴을 활용한 설비문제 원인 분석 및 해결
  - 빅데이터 분석을 활용한 설비 자동화 시스템 구축 및 최적화
- 신설비·응용기술 개발 : 최신 공정 도입, 생산·수율 확대를 위한 제조설비 및 부품기술 개발
- 스마트 팩토리(Smart Factory) 구현 및 관리 : 설비·인프라 자동화 시스템을 위한 진단·제어·분석 소프트웨어 설계 및 개발

4. 필요 역량과 자질 및 사전 준비항목

설비기술 직무는 현장경험이 중요한 경우가 많아 다른 이공계 직무 대비 전공 학점의 비중이 상대적으로 낮은 편이다. 그 대신 평소에도 디테일한 부분까지 모니터링할 수 있는 꼼꼼함과 언제라도 매뉴얼에 따라 현장을 점검할 수 있는 능력이 필요하다.

필요 역량과 자질
- 공정 프로세스 전반에 대한 이해와 지원 전공에 대한 활용 능력
- 꾸준히 현장을 돌아다니며 문제점을 사전 발굴, 조치하는 현장중심형 마인드
- 꼼꼼하게 현장을 체크하고 문제상황에 빠르게 대처하는 역량
- 리더십 및 책임감(협력업체 및 현장 외주인력 관리 능력)

설비기술 직무 지원자 핵심 키워드
- 현장중심
- 상황대처
- 팀플레이
- 협력사 관리
- 공장프로세스 전반에 대한 이해

사전 준비항목
- 꼼꼼하게 체크한 뒤 이를 토대로 예상 리스크를 발견하고 대응해 본 사례 준비
- 조직 내에서 많은 사람들을 관리하고 리더 역할을 해 본 경험
- 빠른 상황대처 경험(순발력으로 선조치 후보고)
- 반도체, 디스플레이 업종 지원자는 8대 공정 숙지
- 전공과목을 적용해 설비 운영 시 예상 문제점과 대응방안에 대한 예상 이슈 준비

5. 기술영업 직무에 대한 이해

제품에 대한 기술적 이해를 바탕으로 영업활동을 통해 회사의 매출에 직접적으로 기여하는 기술영업 직무는 기업이 개발한 제품을 제대로 팔고, 제대로 사용할 수 있게 도와주는 멀티플레이어라고 볼 수 있다. 기술영업은 현장에서 설치 및 수리를 중심으로 활동하는 필드서비스 엔지니어나 고객지원과 문제해결을 중심으로 활동하는 고객서비스 엔지니어와는 또 다른 방법으로 고객사와 직접 접촉한다.

주요 업무
- 제품기술 또는 솔루션 상담
- 기술 또는 솔루션 등 견적 및 제안
- 각종 정보, 수주 내역 등 기술동향 파악 및 적용
- 기술영업 차원에서의 기술 상담
- 기타 제품개발과 연계된 정보 관리

6. 필요 역량과 자질 및 사전 준비항목

기술영업은 단순히 제품을 판매하는 것 이상의 가치를 제공한다. 고객의 문제를 이해하고 그에 맞는 맞춤형 솔루션을 제공하는 동시에, 제품이나 서비스에 대한 기술적인 정보를 고객이 쉽게 이해할 수 있도록 설명하는 것이 핵심이다. 이러한 이유로 담당하는 제품에 대한 기술적 이해와 탁월한 의사소통 능력이 동시에 요구된다.

또한 업무 수행을 위한 어학 능력도 필요하다. 기술영업 포지션의 경우 국내 기업뿐만 아니라 외국계 기업 채용이 상당히 많다. 특히 전자전기부품 또는 기계, 광학부품 관련 기업은 일본계가 많은 편이다. 이 경우 일본어 실력이 필수는 아니며 영어로 의사소통이 가능하면 큰 문제는 없다.

지금까지 살펴본 내용을 바탕으로 자신이 가장 잘할 수 있는 분야를 파악하고 그에 맞는 직무를 신중하게 선택한다면, 성공적인 커리어를 쌓기 위한 첫걸음이 될 수 있을 것이다.

필요 역량과 자질
- 담당 제품에 대한 기술적 이해력
- 고객의 요구사항에 대한 정확한 이해력
- PPT 작성 및 프레젠테이션 발표력
- 신속·정확한 상황대처 능력 및 문제해결 능력
- 이메일 작성 기술, 서류 기록 등 실제 업무 수행이 가능한 어학 능력

기술영업 직무 지원자 핵심 키워드
- 문제해결 능력
- 협상 및 설득 사례
- 책임감
- 적극적
- PPT 작성 사례
- 프레젠테이션 자신감

사전 준비항목
- 전공과목의 기술적 용어, 이론 등 꼼꼼히 재학습
- 가급적 많은 프로젝트 경험 수행 시도(타 전공자와 함께)
- 프로젝트, 과제 수행 시 문제를 해결하고자 다양한 방법으로 고민한 사례 준비
- 상대방을 설득하고 정확하게 의사를 전달해 본 사례 발굴
- 본인 성향상 R&D나 기술보다 왜 영업직에 적합한지 사례를 통해 어필
- 상위 수준의 어학점수 취득(토익 850점 이상, 회화 Lv.7 or IH 이상)

구글도 모르는 직무분석집

취업준비 왕초보부터 오버스펙 광탈자까지! 취업 성공 사례로 알아보는 인문상경계 및 이공계 직무에 대한 모든 것을 총망라했다.

저자 류정석
CDC취업캠퍼스 대표로서 15년간 대기업 인사팀 외 다양한 부서에서 근무한 경험을 바탕으로 직무 중심의 취업 전략을 제공한다.

심층 취업컨설팅 문의 ceo@cdcjob.co.kr

이슈&시사상식
신입사원

중간 보고는
안전벨트이자 생명벨트다

언젠가 여행을 앞두고 캐리어 하나를 주문한 적이 있습니다. 그런데 출발 날짜가 다가와도 택배가 도착하지 않았습니다. 판매처는 전화연결도 안 되고, 반품은 물건을 받아야만 가능하다고 하니 답답한 노릇이었습니다. 결국 백화점에서 급하게 비싼 돈을 주고 캐리어를 구매해야만 했습니다.

직장에서도 제가 겪었던 택배 문제와 비슷한 일들이 비일비재하게 벌어지고 있습니다. 직장에서 주로 일을 시키는 사람은 팀장, 상사, 사수 등인데, 그들은 보통 일을 시키고 마지막에 이렇게 묻는 습성을 가지고 있습니다.

"언제까지 되겠어?"

이렇게 묻는 분들은 그나마 양반입니다. 적어도 나의 의견을 듣고자 하니까요. 하지만 대부분은 이렇게 말합니다.

"다음 주 월요일까지 부탁해."
"내일 오후 2시까지 마무리해."

마감일을 정해 주는 것에 악한 의도가 있지는 않습니다. 업무마다 나름의 기일이 있고, 일정에 맞춰서 다음 프로세스로 나가기 위함입니다. 직장에서의 일은 컨베이어 벨트와 비슷합니다. 순서에 맞춰 돌아가듯이 일정에 맞춰 일을 진행하기 위해 기한을 지정하는 것입니다.

이처럼 개인이 직장에서 하는 일은 업무의 완성보다는 하나의 단계인 경우가 많습니다. 내가 완수한 일의 아웃풋이 다른 누군가의 인풋이 됩니다. 그래서 나에게 일을 시킨 사람의 입장은 택배를 기다리는 사람의 마음과 같습니다. '언제쯤 될까?', '지금은 어느 정도 되었을까?', '좀 더 빨리 해오면 좋겠는데'라는 생각이 머리 한 켠에 자리하게 됩니다.

이때 혼자서 일을 진행하느라 중간 보고를 생략하게 되면 일을 시킨 사람 입장에서는 답답함이 철철 넘치게 됩니다. 따라서 상사에게 내가 하는 업무의 진척도를 중간중간 보고하는 것은 선택이 아닌 필수라고 할 수 있습니다. 선제적으로 중간 보고를 하는 것이야말로 일을 다 끝낸 뒤에 '누가 이렇게 하라고 했어?'라며 급발진해오는 상사의 화를 막을 수 있는 확실한 안전장치이지요.

하지만, 무턱대고 하는 중간 보고는 안 하는 것만 못합니다. 중간 보고 하는 효과적인 방법을 세 가지로 소개합니다.

첫째, 건건이 보고하는 것이 아니라 정리해서 보고한다.

일일이 보고하는 것만큼 무능하게 보이는 방법도 없습니다. 보고할 것이 생길 때마다, 궁금한 게 있을 때마다 상사에게 달려가서 보고한다면 상사 입장에서는 시간을 뺏기기도 하고, 정리가 안 된 보고에 짜증이 날 수도 있습니다. 건마다 보고하기 보다는 한

번에 정리해서 보고하는 것이 더 좋습니다.

"팀장님. 브로셔 제작 건으로
세 가지 보고드릴 사항이 있습니다.
첫째는 ~이고, 둘째는 ~이고,
셋째는 ~에 관한 내용입니다."

둘째, 상사에게 의견을 묻지 말고 나의 생각(결론)을 말한 후에 의견을 구한다.

위로 갈수록 게을러지고, 밑에서 알아서 해주기 바라는 상사의 심리를 이용해야 합니다. 적극적으로 나의 주장을 전달하되, 선택권만 상사에게 살포시 넘기는 방법입니다.

"둘 중에 뭘로 할까요?"
→ "A로 진행하려고 합니다. 괜찮을까요?"

셋째, 한 개의 대안을 말하는 것보다 두세 가지의 대안을 함께 말한다.

아무리 게을러도, 책임지는 위치에 있는 상사는 선택을 하고 싶어 합니다. 이런 상사를 위해 대안은 두세 가지로 준비하고, 그 중에 '내 생각은 뭐가 좋다'라는 식으로 보고하면 됩니다.

"A와 B가 있는데,
제 생각은 A가 어떨까 합니다. 왜냐하면…"

위와 같이 말하면서 A를 선택한 이유와 근거, 장점 등을 설명하는 방식입니다. 이를 종합한다면 아래와 같은 방법이 될 것입니다.

"팀장님, 이번 신제품 개발에
기초자료로 활용할 소비자조사 결과 보고서를
쓰라고 지시하셨습니다. 설문조사와 FGI 인터뷰,
블라인드 테스트를 생각해 봤는데
저는 좀 더 정확한 결과와 데이터 구축을 위해
블라인드 테스트를 진행하는 것이 좋다고 생각합니다.
블라인드 테스트 진행계획으로 정리해서
보고드려도 될까요?"

지금까지 정리한 내용을 바탕으로 상사가 주문한 일에 대해 나의 '택배 시스템'을 정교하게 구축해 보는 것은 어떨까요? 최종 보고나 완료 이전에 두 번 정도 중간 보고를 하면 됩니다. 퇴근길이나 티타임 때 가볍게 한 번, 위에서 말한 방식을 써서 공식적으로 한 번이면 충분합니다. 상사가 나에게 물건을 더 많이 주문하는 부작용이 발생할 수도 있지만, 그만큼 나의 가치는 올라가고 신뢰도가 쌓였다는 뜻이니 긍정적으로 받아들이시면 됩니다.

신입사원 비법서

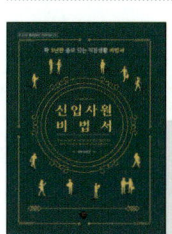

입사 후 모든 게 낯선 신입사원들을 위해!
첫 직장생활 3년간 활용하면 좋은 내용으로
알차게 구성한 신입사원 기본 입문서

저자 임영균
한국능률협회와 캐논 코리아 등에서 약 15년간 기획 업무를 담당했으며, 현재는 대기업에서 기획서 관련 컨설팅과 강의활동을 하고 있다.

최신 자격 정보

브레인트레이너
자격 정보 소개!

브레인트레이너(Brain Trainer)란?
두뇌기능 및 두뇌특성평가에 관한 체계적이고 과학적인 이해를 기반으로 대상자의 두뇌능력 향상을 위한 훈련프로그램을 제시하고 지도할 수 있는 두뇌훈련 전문가

 **시험과목과 응시자격은?**

브레인트레이너 자격은 국가공인 민간자격으로 국제뇌교육종합대학원대학교에서 시험을 주관하고 있습니다. 또 관련 학위를 취득하고 일정기간 교육훈련 상담 또는 유사 직무분야에서 실무에 종사한 자, 브레인트레이너 교육훈련과정 이수자 또는 이수 예정자, 외국에서 동일 종목에 해당하는 자격을 취득한 자에 한해 시험 응시자격이 부여되고 있으므로 사전에 해당 요건을 충족하고 있는지 확인해야 합니다.

구분	과목	시험방법	시험시간	합격기준
필기	• 두뇌의 구조와 기능 • 두뇌특성평가법 • 두뇌훈련법 • 두뇌훈련지도법	객관식, 5지선다형 (과목별 25문항, 총 100문항)	100분	매 과목 100점 만점 기준 과목당 40점 이상, 전 과목 평균 60점 이상
실기	두뇌훈련지도실무능력	필답형 (5~7문항)	100분	100점 만점 기준 60점 이상

 ## 브레인트레이너 자격이 등장하게 된 이유는?

1990년대부터 미국과 일본, 유럽연합(EU) 등 선진국을 중심으로 뇌에 관한 연구 및 투자가 활발해지면서 인체의 마지막 미지 영역이던 뇌의 신비가 밝혀지기 시작했습니다. 우리나라 역시 1998년 뇌연구 촉진법을 시작으로 본격적인 뇌연구에 박차를 가했는데요. 이러한 추세 속에 뇌의 중요성에 대한 대중의 자각과 두뇌활용에 대한 사회적 관심도 높아졌습니다.

최근에는 교육이나 코칭, 상담, 심리치료, 문화, 경제, 게임, 스포츠 등 다양한 분야에서 두뇌를 기반으로 한 산업이 확장되고 있다고 하는데요. 그에 따라 두뇌계발 및 활용에 대한 전문가의 수요도 생겨나는 추세입니다. 특히 공교육을 비롯한 시·군·구에서 시행 중인 평생교육, 기업체 및 공공기관 연수교육 등에서도 그 수요가 급증하고 있다고 합니다.

 ## 브레인트레이너 자격 전망은?

두뇌는 인간의 모든 의식활동 및 신체활동을 관장하고 있는 핵심기관인 만큼 자격 적용범위와 활동영역이 지속적으로 확장될 것으로 전망됩니다. 또한 브레인트레이너 자격은 국내뿐만 아니라 국외에서도 통용될 수 있어 향후 국제적인 유망 직업군으로 자리매김 할 것으로 기대되고 있습니다.

2025년 브레인트레이너 시험일정

회차	원서접수기간	시험일자	합격자발표	응시자격심사 서류접수기간	최종 합격자발표
57회	03.06.(목) ~ 03.17.(월)	04.06.(일)	05.12.(월)	05.12.(월) ~ 05.23.(금)	06.04.(수)
58회	06.02.(월) ~ 06.12.(목)	07.06.(일)	08.11.(월)	08.11.(월) ~ 08.22.(금)	09.04.(목)
59회	10.10.(금) ~ 10.20.(월)	11.09.(일)	12.10.(수)	12.10.(수) ~ 12.23.(화)	12.29.(월)

브레인트레이너 한권으로 끝내기(필기/실기)
출제기준 및 출제경향을 분석하여 핵심이론(필기)과 핵심예제(실기)를 구성했으며 '더 알아보기', '핵심예제', '훈련예시', '전문가의 한마디', '모범답안', '심화해설' 등을 통해 부족한 부분의 학습을 보충할 수 있도록 했습니다. 또한 적중예상문제와 실전모의고사를 풀어보면서 시험 전 마지막으로 실력을 점검해 볼 수 있습니다.

상식 더하기 +

생활정보 톡톡!	154
초보자를 위한 말랑한 경제	156
유쾌한 세계사 상식	158
세상을 바꾼 세기의 발명	160
지금, 바로 이 기술	162
잊혀진 영웅들	164
발칙한 상상, 재밌는 상식	166
일상을 바꾸는 홈 스타일링	168
문화가 산책	170
3분 고전	172
독자참여마당	174

WHY?

틈만 나면 '숏폼 콘텐츠'
뇌는 병들어요

옥스퍼드가 선정한 올해의 단어 '뇌 썩음'

분명 1분이 채 안 되는 짧은 영상이었는데 보다 보면 하루가 훌쩍 지나갑니다. 무심코 몇 시간씩 스크롤을 하고 나면 공허한 기분이 드는데요. 바로 이것을 '뇌 썩음'이라고 합니다. 옥스퍼드대 출판부는 지난해 12월 과도한 온라인 콘텐츠 소비로 뇌가 멍해지는 상태인 '뇌 썩음(Brain Rot)'을 2024년 '올해의 단어'로 발표했습니다.

2024년 한국콘텐츠진흥원 '온라인동영상서비스 이용행태 조사'에 따르면 응답자 4,283명 중 69.6%가 숏폼 콘텐츠를 본다고 답했습니다. 특히 20대 이하에서는 약 85%가 이용하고 있을 정도로 숏폼 영상 시청률이 높았습니다. 이렇게 짧고 흥미진진한 영상들이 정말 우리 뇌를 썩게 할까요?

숏폼 콘텐츠가 인지기능 저하 야기해

이인아 서울대 뇌인지과학과 교수는 "숏폼 콘텐츠가 뇌 썩음을 일으킨다기보다는 인지기능의 저하를 가져온다는 게 포인트인 것 같다"면서 "짧은 시간 동안 집중하는 훈련만 받으면 뇌는 환경이 그걸 요구한다고 착각하고 그렇게 변한다. 더 이상 긴 집중력을 가져야 하는 콘텐츠는 다루지 못하게 된다"고 설명했습니다.

과학기술정보통신부가 2023년 실시한 '스마트폰 과의존 실태조사'에 따르면 숏폼 서비스 이용자 중 23%가 이용시간 조절에 어려움을 겪고 있다고 답했는데요. 전문가들은 인간의 뇌가 보상이 빨리 주어질수록 그 행동을 반복하도록 진화했기 때문에 짧고 강한 자극을 주는 숏폼 영상을 손에서 놓을 수 없게 된다고 설명합니다. 신영철 강북삼성병원 정신건강의학과 교수는 "SNS를 이용하는 시간을 정확히 파악하고, 중요한 시간에는 스마트폰을 잠시 내 몸과 떨어뜨리는 훈련을 한다든가, 이용시간 한계를 명확하게 설정해야 한다"고 조언했습니다.

디지털 디톡스로 뇌 건강 지켜야

'콘텐츠의 홍수'라 불릴 만큼 숏폼 영상이 넘쳐나는 지금, 뇌 건강을 지키려면 어떻게 해야 할까요. 자극적인 콘텐츠들에 피로감을 느껴 자발적으로 '디지털 디톡스'를 실천하는 사람들도 있습니다. 휴대전화를 일정시간 동안 이용하지 못하도록 잠그는 '금욕 상자'를 구매하거나 휴대전화를 사용할 수 없는 책방 등에 방문하기도 합니다. 한편 미국 경제지 포브스는 최근 '뇌 썩음'을 조명하면서 건강한 두뇌를 만드는 습관을 소개했는데요. 오메가3, 비타민B가 풍부한 음식 섭취, 유산소 운동과 걷기, 의식적인 심호흡과 명상, '멀티태스킹' 하지 않기 등을 실천하라고 전했습니다.

눈 뜨고 잠들 때까지 유튜브 … 팝콘브레인 위험 높여요!

유튜브와 인스타그램, 틱톡, X(옛 트위터) 등 SNS 중독이 일상에 지장을 줄 정도에 이르렀다고 호소하는 이들이 갈수록 늘고 있습니다. 스스로 시간을 낭비하고 있다고 느끼면서도 다시 앱을 열고 '무한 스크롤'의 굴레에 갇히는 일이 반복되는 것인데요. 특히 최근 숏폼 콘텐츠가 주류가 되면서 말 그대로 "손에서 놓을 수가 없다"는 이들이 적지 않습니다. 시간을 낭비했다는 생각에 후회하면서 앱을 아예 지워버리는 이들도 있지만 대부분 그때뿐인데요.

전문가들은 거의 중독 수준에 이른 SNS 사용이 주의력과 집중력을 떨어뜨리고 뇌 기능에 문제를 일으킬 수 있다고 경고합니다. 뇌가 현실에 둔감해지고 강렬한 자극에만 반응하는 '팝콘브레인(Popcorn Brain)' 현상이 대표적이죠. 이해국 의정부성모병원 정신건강의학과 교수는 "본인이 보고 싶은 걸 선택해서 보는 게 아니라 눈에 들어오는 자극을 수동적으로 보는 것이기 때문에 고위 인지기능을 담당하는 대뇌피질을 사용하지 않게 된다. 안 쓰면 그 기능은 계속해서 떨어지는 것"이라고 경고했습니다.

단순히 개개인에 자제를 요구하는 것으로는 미봉책에 그칠 수밖에 없다는 목소리도 커지고 있습니다. 이 교수는 "중독성이 증명돼야 국가가 개입할 여지가 생기는데 빅테크 기업들이 중독 가능성을 숨기고 그 기준조차도 아직은 모호한 상태"라고 전했습니다.

이슈&시사상식
말랑한 경제

연일 사상 최고치!
금값 급등 이유는?

세계금협회(WGC)에 따르면 지난해 전 세계 금 거래량과 총 거래금액, 평균 거래가격 등이 모두 사상 최고치를 기록한 것으로 나타났습니다. 지난 3월 13일(현지시간)에는 금가격이 온스당 2,970달러선을 넘어서면서 조만간 3,000달러를 넘어설 것이란 예상이 줄을 이었다고 하죠. 증권가에서는 이러한 금값 급등세가 당분간 이어질 것이라는 분석을 내놨는데요. 이처럼 최근 금가격이 치솟은 이유는 무엇일까요?

2월 12일 금융권에 따르면 한국조폐공사는 전날인 11일 주요 시중은행에 골드바 판매중단을 알리는 공문을 발송했는데요. 조폐공사 홈페이지에도 "금 원자재 수급문제로 골드바 판매를 일시 중단한다. 이른 시일 내 판매를 재개하도록 노력하겠다"는 내용의 공지가 올라왔습니다. 은행들은 조폐공사 대신 한국금거래소 등에서 골드바를 공급받긴 했지만, 일부 은행에서는 1kg짜리 골드바만 취급하는 등 사실상 개인고객 거래가 중단됐습니다. 또 금값이 뛰고 수요가 늘어나면서 금은방을 찾는 소비자들도 급증했는데요. 금값이 더 오를 것으로 기대한 투자자들이 물량 사재기에 나서면서 사고 싶어도 살 수 없는 골드바 품귀현상도 감지됐습니다. 금융시장에서는 한동안 금값 급등세가 계속될 것이라는 전망이 이어지고 있다고 합니다.

1g당 금값 1년 새 8만 6,000원 → 16만원

한국거래소 자료에 따르면 2월 1일 100g짜리 골드바의 g당 금값은 15만 6,230원으로 거래소 금 시장이 개장한 2014년 3월 이후 역대 최고치를 경신했는데요. 이는 전날 15만원으로 세운 역대기록을 이틀 연속 갈아치운 것이었습니다. 1kg 골드바의 g당 금값도 11일 기준 15만 9,410원에 달하는 등 연일 사상 최고치를 기록했습니다. 지난해 2월 13일 금값이 g당 8만 6,000원 선이었던 것을 고려하면 1년 새 가격이 거의 2배 가까이 치솟은 겁니다. 일일 금 거래대금도 연일 최고기록을 세웠습니다. 앞선 5일 1,088억원으로 처음 1,000억원을 돌파한 데 이어 6일에는 1,113억원, 11일에는 1,019억원을 기록했습니다.

경제 불확실성 커지면서 안전자산으로 수요가 몰려

이러한 금 품귀현상은 도널드 트럼프 미국 대통령이 불붙인 관세전쟁으로 인해 글로벌경제의 불확실성이 커지면서 개인투자자들뿐만 아니라 세계 각국의 중앙은행들까지 금 매수에 뛰어드는 등 안전자산인 금에 대한 투자수요가 치솟았기 때문입니다. 실제로 최근 금융시장에서는 관세전쟁이 현실화할 것이라는 우려 탓에 금리와 환율이 급상승하고 증시가 급락하는 등 불안정한 상황이 이어졌죠.

이에 따라 투자자들이 대표적 안전자산인 금을 대체 투자처로 선호하는 현상이 뚜렷해지고 있다는 것이 증권가의 분석인데요. 일반적으로 시장의 불확실성 확대로 안전자산에 대한 선호가 커질수록 금값도 강세를 보이는 경향이 나타나기 때문입니다. 전문가들은 미국 연방준비제도(Fed, 연준)의 기준금리 인하 기대가 후퇴하면서 지난해 말 금값이 잠시 '숨고르기'를 거쳤으나 경제 불확실성에 따른 안전자산 선호도는 유지될 것으로 보고 있습니다. 특히 지난 3월 14일에는 금값이 사상 처음으로 온스당 3,000달러선을 넘어섰는데요. 국제금값이 올해 들어 연중 최고치를 잇달아 경신하는 가운데 당분간 금 수요가 계속 증가할 것으로 전망됩니다.

단위변환
1온스(oz) = 28.349523그램(g)

금 매입 급증 이유

❶ 달러 의존도를 낮추기 위함
 : 금은 정치·경제적 영향을 덜 받는 독립적인 자산으로 여겨져 신흥국을 중심으로 국제 금융제재에서 자유로운 금을 외환보유고의 일부로 편입하는 전략이 확산하고 있음

❷ 경제 불확실성 대비
 : 미국의 보호무역정책 확대로 글로벌 경제성장 둔화에 대한 우려가 커지고 있으며, 불안한 국제정세로 인해 세계 금융시장의 혼란이 지속됨
 → 중앙은행들의 안전자산 선호 및 위험 회피심리 강화

❸ 금 ETF(상장지수펀드)에 대한 투자자들의 관심 증가
 : 실물 금을 보유하고 있지 않아도 금 가격에 투자할 수 있는 대안으로 ETF가 떠오름

금 매입 증가 이후 영향

❶ 금가격 상승 촉진
 → 공급 대비 수요의 증가로 시장의 유동 공급량 감소

❷ 은 가격 상승
 → 은 역시 금과 함께 안전자산으로 분류되며, 인공지능(AI)과 전기차 산업 발전으로 수요 증가

이슈&시사상식
세 계 사

거대한 무덤
이집트 피라미드

"이집트는 나일강의 선물이다"

- 고대 그리스 역사가, 헤로도토스

오랜 역사를 자랑하는 이집트는 무려 8,000여 년 전부터 나일강 유역에서 고대문명을 싹틔웠고, 지금 봐도 압도적인 규모와 견고함을 자랑하는 피라미드가 4,300여 년 전에 건설될 정도로 경이로운 문명을 이룩했다. 하지만 어떻게 건설됐는지에 대해선 아직 명확하게 밝혀지지 않은 탓에 수많은 억측과 미스터리가 존재하고 있다.

피라미드 건설의 시작

피라미드는 최근 관련 연구가 진행되면서 특정 시점에 갑자기 등장한 것이 아니라 계단식 피라미드로 처음 나타난 뒤 제4왕조 쿠푸왕(Khufu, 재위 BC 2589~BC 2566) 때부터 거대 피라미드로 발전했다는 것이 밝혀졌다. 고대 이집트는 문명태동 후 나일강 상류의 상(上)이집트 왕국과 하류 삼각주 지대의 하(下)이집트 왕국이 경쟁한 시기까지 포함하면 약 4,000년이 지나서야 제1왕조 시대로 진입했다. 그러므로 이집트문명이 시작되자마자 피라미드가 건설된 것은 아니다.

최초의 피라미드는 '마스타바(Mastaba)'라는 직육면체 사다리꼴 건축물로 지하에 무덤을 조성하고 지상으로는 5m 정도만 돌출된 형태였다. 이집트인들은 파라오가 즉위하면 바로 무덤을 만들기 시작했는데, 제3왕조의 첫 파라오 조세르의 재위가 지나치게 길어지는 바람에 그가 사망하기 전에 공사를 먼저 끝낼 수는 없어 6차례에 걸쳐 설계를 변경하며 올리다 보니 높이 62m, 길이 100m의 계단형 피라미드가 지어졌다고 한다. 당시 제사장 임호텝(Imhotep)이 건설 총책임자이자 천문학자, 의사였는데, 워낙 능력이 출중해 후대에 유일하게 농작물과 질병치유의 신 네페르툼(Nefertume)으로 신격화되기도 했다.

고도의 기술로 완성한 거대 건축물

이후 제4왕조를 연 파라오 스네프루(Sneferu)는 리비아와 누비아(수단)까지 정복한 강력한 군주였다. 그는 자신의 무덤으로 만들던 계단형 피라미드의 계단을 가리기 위해 판판한 대리석을 외부에 붙이도록 명령했는데, 건축경험이 부족했던 탓에 상부가 붕괴하고 말았다. 그래서 다시 만들었지만 각도조절에 실패하면서 결국 중간에 각도를 수정한 굴절 피라미드로 타협해야만 했다. 그러나 이에 굴하지 않고 다시 짓게해 기어코 완벽한 형태의 '붉은 피라미드'를 완성함으로써 당대에 무려 3개의 피라미드를 만드는 저력을 선보이기도 했다.

이 경험으로 스네프루의 아들인 쿠푸는 우리가 익히 알고 있는 대(大)피라미드를 완성해 냈는데, 계단식 피라미드가 처음 건설된 이후 불과 100여 년 만에 걸작을 완성한 것이었다. 그에 이어 아들 카프레(Khafre), 손자 멘카우레(Menkaure)까지 3대에 걸쳐 만든 거대한 피라미드들은 완벽한 조형으로도 유명한데, 모두 정확하게 각 면이 동서남북 정방향을 가리키고 있다. 또 '회전하는 천체나 물체의 회전축이 도는 형태의 운동 또는 그 현상'인 세차운동으로 인해 지금은 맞지 않지만 당시에는 북극성을 바라보며 정북방향으로 입구가 나 있었다. 아울러 1:1.6의 황금비율로 피라미드를 완성했는데, 가장 먼저 만든 쿠푸의 대피라미드는 높이 146m, 밑변 길이 230m, 각도는 50°로 맞추고 250만개의 돌을 쌓아 만들어 50층 높이 건물에 맞먹는다.

한편 BC 445년 이집트를 방문했던 그리스의 헤로도토스가 남긴 여러 기록에 따르면 당시 이집트인들이 고도의 수학 및 의학기술을 보유했다고 한다. 그들은 그 고도의 기술력으로 피라미드들을 나일강 서쪽(상이집트와 하이집트 왕국의 경계지점인 신성한 부지)에 건설했다. 당시 이집트인들은 태양이 떠오르는 동쪽은 사람들의 세상이고 태양이 지는 서쪽은 죽은 자들의 땅이라고 여겼기 때문이다. 현재는 수도인 카이로가 팽창하며 피라미드 앞까지 시가지가 들어섰지만, 원래는 신성한 구역이라 그 주변은 일절 사람의 거주를 불허했다. 지금의 카이로는 중세 파티마(Fatimid)왕조 시절인 969년에 건설됐으므로 이집트 역사에서 보면 신도시인 셈이다.

알아두면 쓸데 있는 유쾌한 상식사전 -사라진 세계사편-

내가 알고 있는 상식은 과연 진짜일까?
단순한 호기심에서 출발할 수 있는 많은 의문들을
수많은 책과 연구 자료를 바탕으로 파헤친다!

저자 조홍석
아폴로 11호가 달에 도착하던 해에 태어났다.
유쾌한 지식 큐레이터로서
'한국의 빌 브라이슨'이라 불리길 원하고 있다.

이슈&시사상식
세기의 발명

기호·재미를 넘어 상징으로
껌

역사적으로 인류는 큰 전쟁을 거치면서 역설적이게도 놀라운 변혁을 이뤄내곤 했다. 고대 그리스와 페르시아가 맞붙었던 페르시아전쟁의 결과 승자인 서양이 문화를 동양까지 퍼뜨리면서 역사의 주도권을 거머쥐었고, 중세 로마 가톨릭교회를 지지하는 국가들과 프로테스탄트교회를 지지하는 국가들 사이에서 벌어진 30년전쟁은 봉건제도의 몰락과 근대화 촉진을 야기했으며, 대해양시대를 거치며 제국주의로 성장한 국가들끼리 힘을 겨룬 제1차 세계대전은 과거 패권자인 유럽의 힘을 약화시키고 전쟁물자 판매로 경제성장을 이뤄낸 미국과 일본을 제국주의 대열에 합류시켰다.

전쟁은 커피처럼 물자가 이동하는 계기가 되기도 했으며, 통조림처럼 새로운 발명이 실용화되는 발판이 되기도 했다. 제2차 세계대전도 마찬가지였다. 각종 현대식 무기의 전시장이었던 것은 말할 것도 없고, 다양한 신문물의 시연장이기도 했다. 야전에서 피로와 싸우는 병사들의 각성을 위해 제공된 인스턴트커피(네스카페), 소위 미국과 독일의 또 다른 전쟁(탄산전쟁)을 야기한 미국의 코카콜라와 독일의 환타, 대서양전투로 설탕의 재고가 바닥난 상황에서 감미료 대체제로 개발된 자일리톨, 단백질 공급원으로서의 전투식량이었던 스팸, 종군기자의 만년필 대용품으로 전장을 누빈 볼펜, 적도의 열기에도 녹지 않는 초콜릿 엠앤엠즈(m&m's) 등은 전쟁 덕분에 명성을 얻게 된 것들이다. 그리고 전쟁이 끝난 지 80년이나 된 오늘까지도 우리의 일상 속에서 활약하고 있다. 껌(Gum)도 그런 것들 중의 하나다.

우리가 즐기는 상업용 껌을 선보인 최초의 사람을 꼽으라면 단연 존 커티스(John B. Curtis)라는 미국사람이다. 물론 먹는 게 아니라 무언가를 씹는 행위의 역사는 기원전으로 올라간다. 기원전 2세기경 멕

존 커티스, 커티스의 최초 껌 제조공장, 커티스가 생산한 껌 제품들(왼쪽부터)

시코의 마야족 동굴벽화에서 무언가를 씹는 모습이 발견됐는데, 마야족 멸망 이후에는 아메리카 인디언들 사이에서 나무의 수액으로 껌과 비슷한 것을 만드는 방법이 전수돼왔다. 그리스의 여인들이 풀 같은 것을 질겅질겅 씹으며 거기서 나오는 향기를 즐겼다는 기록도 있다. 우리도 과거에 송진이나 칡을 씹기도 했다. 커티스의 껌도 이런 씹는 행위에 집중한 결과로 탄생했다. 1848년 아메리카 인디언들이 애용하던 가문비나무 수액으로 만든 수지로 껌을 만들어 판매했고, 2년 후에는 맛과 씹는 질감을 개선하기 위해 파라핀 왁스로 만든 껌을 생산·판매했다.

이런 배경을 바탕으로 약 20년 후 마침내 '치클 껌'이 탄생했다. 1869년 토머스 애덤스(Thomas Adams)가 미국으로 망명한 멕시코 정치인 안토니오 로페스 데 산타 안나를 통해 고무 대용품으로서 치클을 소개받은 것이 계기였다. 치클(Chicle)은 멕시코에서 자라나는 사포딜라(Sapodilla) 나무의 수액이다. 이 나무는 상처를 입을 경우 껍질을 보호하기 위한 특유의 찐득거리는 수액을 분비하는데, 이를 중앙아메리카의 나와틀어로 치클이라고 불렀다. 애덤스는 치클로 장난감이나 타이어 같은 것을 만들기 위해 생고무와 합성하는 실험을 했지만 성과를 거두지 못한 중에 씹는 껌으로 생각을 전환, 아들과 함께 회사를 설립하고 순수한 치클을 조각으로 잘라 1페니짜리 껌을 생산해 팔기 시작했다.

이렇게 시작된 껌은 제2차 세계대전까지 오로지 미국에서만 생산됐는데, 미국의 참전과 함께 미군들에 의해 유럽 및 전 세계로 전파됐으며, 2차대전 중 미군 한 사람이 1년에 3,000개의 껌을 씹은 것으로 집계될 정도로 인기를 끌었다. 또 1960년대 미국 히피문화와 젊은 층의 저항정신이 대두되면서 껌은 반항의 상징으로 자리 잡기도 했다.

한편 껌은 최근 급격하게 소비량이 줄었다. 일각에서는 스마트폰 보급이 껌 소비에 영향을 미쳤다고 주장한다. 과거에는 심심할 때 껌으로 무료함을 달랬다면 최근에는 스마트폰으로 해소하게 됐다는 것이다.

사포딜라 나무의 수액 채취(위), 아담스사의 껌 광고전단지

이슈&시사상식
지금, 이기술

생성형 AI의 진화
AI 에이전트

3월 12일 여의도 글래드호텔에서 열린 기자간담회에서 김동신 센드버드 대표이사는 "사람은 시간, 집중력, 속도에 한계가 있어 아프면 그날은 업무를 진행할 수 없지만, 'AI 에이전트'는 모든 업무를 병렬로 처리할 수 있다"며 "사람 한 명이 에이전트를 10개, 100개씩 고용할 시대가 빠르게 오고 있다"고 말했다. 김 대표이사가 언급한 AI 에이전트는 생성형 AI의 '최신 진화'라고 불린다. 생성형 AI가 남다른 기술발전으로 하루하루 우리를 놀라게 하고 있는 지금, AI 에이전트가 변화시킬 우리의 미래는 어떤 모습일까?

생성형 인공지능(AI)이란 기존에 입력한 데이터나 웹에서 검색한 데이터 원본을 학습해 텍스트와 이미지, 영상 등을 생성하는 '약인공지능'을 말한다. 누구나 이용할 수 있는 이 생성형 AI가 AI의 대중화를 이끌었다고 해도 과언이 아니다. 콘텐츠 생성에 특화된 생성형 AI의 핵심은 딥러닝과 '대규모 언어모델(LLM)'이다. LLM은 간단히 설명하면 기계가 사람의 언어를 받아들이고 이해해 다시 텍스트나 콘텐츠를 적절히 출력할 수 있게 해주는 역할을 한다. 사람이 섬세하게 명령을 입력할수록 생성형 AI도 더욱 양질의 콘텐츠를 만들어낸다.

그렇기에 챗GPT 등 챗봇으로 대표되는 현재의 생성형 AI는 주로 인간의 명령에 응답하는 식으로 작동한다. 그렇다면 이 생성형 AI가 인간의 명령 없이도 스스로 상황을 판단하여 작동하게 된다면 어떻게 될까? 'AI 에이전트'가 바로 그 주인공이다. 생성형 AI의 최신 진화라고 일컬어지는 AI 에이전트는 이미 국내외 기업들에 의해 출시됐거나, 연내 출시를 예고하고 있다. AI 에이전트는 기존 챗봇과 구체적으로 어떤 점이 다른 것일까?

사람처럼 능동적으로 일하는 AI

AI 에이전트는 이용자의 질문에 단순히 응답하는 챗봇과 달리 이용자와 상호작용하면서 능동적으로 대응하는 생성형 AI를 말한다. 2025년 1월 미국 라스베이거스에서 열린 소비자가전전시회(CES)에서 젠슨 황 엔비디아 CEO는 AI 에이전트가 사람 대신 일을 해주는 디지털 노동력이라고 강조하기도 했다. 챗GPT 개발사인 오픈AI의 샘 올트먼 CEO 역시 AI 에이전트가 기업에서 '가상직원(Virtual

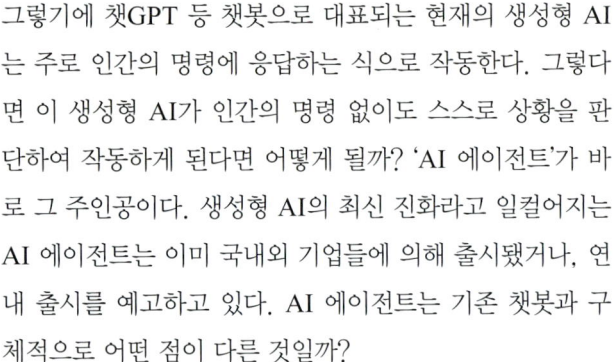

Employee)'으로서 일하게 될 것이라며 그 가능성에 주목했다. 생성형 AI가 단순히 '작업도구'가 아닌 노동자로서 업무에 참여하기 위해서는 능동성이 갖춰져야 한다. AI 에이전트는 인간의 개입 없이도 스스로 복잡한 문제를 해결하고 적절한 대응책을 선택한다. 문제를 해결하는 과정에서 대규모 데이터베이스를 다루고 코딩 등의 기술을 활용할 수도 있다.

AI 에이전트가 가진 능동성의 비결은 상술한 LLM과 멀티모달(Multi Modal) 기술의 발전이다. 기존 챗봇의 LLM이 학습 데이터를 바탕으로 인간의 명령에 최적의 답변을 내놓는 수동적인 역할을 했다면, AI 에이전트의 LLM은 조금 더 통합적인 형태로 기능한다. 이용자가 지시한 명령의 의도를 자율적으로 파악하여 추가적인 정보를 제공하고 필요한 조치를 취할 수 있다. 아울러 텍스트, 이미지, 영상 등 다양한 형태의 데이터를 동시다발로 처리하는 멀티모달 AI 기술을 채택하면서 AI 에이전트는 더욱 복잡한 형태의 업무를 처리할 수 있다.

가령 여행 일정을 입력하는 것만으로도 항공편과 숙박, 렌터카 등을 검색하여 자동으로 추천·예약하는 시스템을 구축할 수 있다. 그런가 하면 차량끼리 교통사고가 났을 때 파손된 차량을 촬영한 사진만으로도 사고 경위를 분석하고 수리비와 보험료를 정산해 낼 수 있다. 이용자가 일일이 요청사항을 입력할 필요가 없는 것이다.

AI 에이전트의 도입으로 효율성 극대화

오픈AI는 3월 11일 기업들이 금융분석이나 고객 서비스와 같은 업무를 수행하는 AI 봇을 만들 수 있도록 AI 에이전트 구축 플랫폼 '리스폰스 API'를 출시한다고 밝혔다. 또 앞서 구글은 검색·쇼핑 등의 작업을 자동으로 실행할 수 있는 AI 에이전트 '자비스'

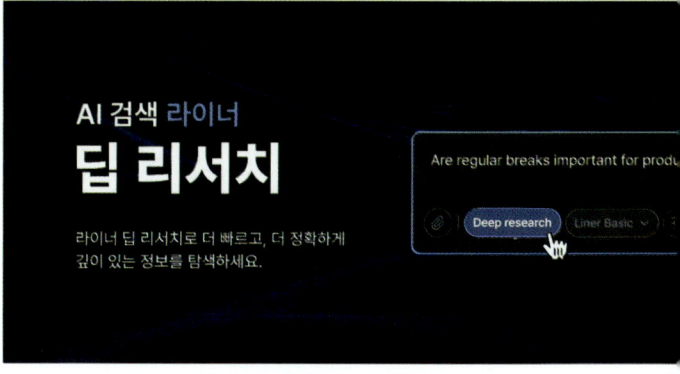

국내 AI 스타트업 라이너가 개발한 AI 에이전트 '딥 리서치'

출시를 알리기도 했다. 소위 빅테크라고 불리는 기업들이 AI 에이전트 개발에 전념하는 이유는 이 기술이 업무의 효율성과 생산성을 극대화할 수 있기 때문이다. 단 하나의 명령만으로도 그 명령의 의도를 파악해 추가적인 정보와 업무 서비스를 제공하는 AI 에이전트의 능력은 산업현장에 필요한 일손을 크게 절감할 것이다.

알아서 일하는 AI 에이전트를 도입하는 사례도 속속 나타나고 있다. 미국의 전자제품 판매점 체인인 '베스트 바이'는 제품문제 해결이나 주문배송 일정 변경 등의 기능을 제공하는 AI 어시스턴트를 지난 여름에 도입한다고 밝혔다. 또 독일의 '메르세데스 벤츠'는 고객응대를 위한 스마트 판매 도우미를 온라인에 도입했고, 미국의 인테리어 상품 판매체인인 '홈 디포'는 매장직원이 관리해야 할 상품의 우선순위를 찾아 알려주는 애플리케이션을 구축했다. AI가 단순히 작업도구가 아닌 보조인력으로 산업현장에 들어서고 있는 것이다.

이처럼 인력을 'AI 노동력'으로 대체하는 사례가 늘어나는 것은 기업과 경영진의 입장에서는 긍정적으로 바라볼 일이지만, 한편으로 향후 근로현장에서 사람의 역할은 어떻게 변화할지도 함께 고민해볼 시점이 됐다.

이슈&시사상식
잊혀진 영웅들

조국독립에 무명의 전사가 되자
조완구 지사

1949년 6월 26일 서울 종로구 평동에 있는 해방 후 임시정부의 청사이자 임정요인들의 숙소로 사용되던 경교장에 울려 퍼진 네 발의 총성에 임시정부의 주석 김구 선생이 서거했다. 120여 만명의 애도 속에는 "백범만 죽이지 말고 우리 모두 다 죽여서 파 묻어라"고 하는 절규도 있었다. 30년 동안 김구 선생과 임정을 함께 지키며 광복과 통일만을 염원했던 조완구 지사다.

상하이 임시의정원 제6회 기념촬영(1919.9.17, 맨 뒷줄 오른쪽)

조완구 지사
(1881.4.18~1954.10.27)

1919년 4월 10일 저녁이었다. 중국 상하이 프랑스 조계의 한 양옥집으로 분주한 발걸음들이 이어졌다. 상하이 독립지사들이 조직한 입법부 격의 임시의정원 첫 회의를 위해서였다. 의장 이동녕의 개회선언과 함께 시작된 29명의 대표는 격렬한 토의 끝에 새 나라의 국호를 '대한민국(大韓民國)'으로 정했다. 관제는 '국무총리제'로 하고 내각구성에도 착수해 국무총리 이승만, 내무총장 안창호, 외무총장 김규식, 군무총장 이동휘, 법무총장 이시영, 재무총장 최재형, 교통총장 문창범을 선출했다. 그리고 그 자리에는 대종교 대표이자 의정원 의원, 이후 30년 동안 임정을 지켜낸 거목(巨木) 조완구 지사가 있었다.

서울 태생의 조완구 지사는 조선후기 세도명문가였던 풍양 조씨 집안 후손으로 1899년 내무부 참봉으로 관직에 나가 효릉참봉, 내부주사, 종6품 승훈랑 등을 거치며 대한제국 관리로 청년 시절을 보냈다. 그러나 을사늑약과 민영환의 자결 소식은 그를 관직사퇴와 함께 '오적암살단'으로 이끌었다.

오적암살단은 조약체결에 찬성한 5명 대신들의 암살을 목적으로 한 대종교 단체였고, 대종교는 일제강점기 내내 일제침략에 대항하며 독립운동가들의 정신적 지주역할을 한 민족종교였다. 당시 조 지사는 대종교 간부로서 대한협회와 기호흥학회 활동을 병행하며 민중계몽운동에 참여했다.

그런 그에게 1910년 한일병탄은 다시 한 번 각성의 계기가 됐다. 금산군수였던 처남이 망국의 한을 안고 자결하자 충격을 받은 그는 1914년 홀로 대종교 총 본사가 있던 북간도로 향한 것이다. 3년 후 가족과 상봉했지만 헤이그특사로 네덜란드에 파견됐던 이상설이 사망하자 신한촌(블라디보스토크의 한인 집단거주지) 주변 정세 파악을 위해 연해주 블라디보스토크로 떠났는데, 그것이 부인(1945년 타계)과의 마지막이 되고 말았다.

2년 후인 1919년 고국에서 3·1만세운동 소식이 전해지자 연해주에서 활동하던 독립지사들도 움직였다. '독립선언'을 발표하고 '대한국민의회'를 대표기구로 선포한 데 이어 만주지역에서 활동하던 지사들을 규합해 상하이로 이동했다. 이렇게 상하이에 모인 독립지사들이 3월 말 1,000명이 넘었다. 그리고 이들 중 각계 대표 29인이 모여 마침내 '대한민국'을, 그리고 임시정부를 탄생시켰다.

이렇게 탄생한 임정에서 조완구 지사는 이승만을 비롯한 핵심인사들이 미국 등 해외에 거주하는 와중에도 내내 임정을 지키며 재무총장, 국무위원, 내무장 등의 요직을 수행했다. 또한 '민족유일당 운동'을 전개했다. 민족유일당 운동은 좌·우익을 가리지 않고 모든 독립운동 세력이 대단결을 이루어 민족의 유일한 정당을 조직하고, 이를 중심으로 임정을 유지·운영하자는 방안이었다. 이 운동은 후일 한국독립당(한독당)의 탄생으로 이어졌으며, 한독당은 백범을 정점으로 한 임정의 민족주의 계열 인사들의 정당이

한국광복군 징모제3분처 환송기념사진(앞줄 왼쪽에서 두 번째)

자 독립운동의 주류가 됐다. 또한 이봉창·윤봉길 등의 의거를 이뤄낸 한인애국당을 결성했으며, 임정의 무장독립군 조직인 한국광복군 역시 그의 손에서 탄생했다.

1945년 11월 미군정에 의해 임정요인들이 환영식도 없이 쓸쓸히 귀국할 때 환갑을 훌쩍 넘긴 그의 신분은 한독당 비서부장이었다. 해방된 조국에서 그는 신탁통치를 반대하고 통일정부 수립을 위해 애썼으며, 1948년에는 백범과 함께 남북협상에도 참가했다. 그러나 백범이 암살된 후 한독당의 당위원장으로 고군분투하던 그는 6·25전쟁 당시 납북돼 우리 역사에서 사라졌다. 훗날 월남인사에 의해 그가 납북 후 대남선전활동을 거부하다가 1954년 평양의 한 병원에서 병으로 세상을 떠났다는 것이 알려졌다. 향년 73세였다.

조완구 지사는 강제 납북이었는데도 '월북인사'라는 낙인으로 남쪽에서 오랫동안 규탄대상이었다. 그 때문에 유일하게 살아남은 핏줄인 딸(조규은 여사, 2004년 타계)은 당국으로부터 심한 감시와 가난, 그리고 주위의 따가운 시선에 평생을 힘겨워야 했고, 1989년 건국훈장 대통령장이 추서되고서야 비로소 독립유공자 후손으로 인정받았다. 조완구 지사 타계 35년 만이자 그의 딸 나이 68세 때였다.

경교장에서 백범 김구와 함께(1947.5, 오른쪽)

잊혀진 영웅들 **165**

이슈&시사상식
재밌는 상식

지구에서 가장 오래된 200개의 눈

힌두교에는 우주를 유지·보존하고 진리를 수호하는 신이 있다. 신은 쾌활하고 자애로운 성격으로 때때로 인간의 모습으로 나타나 세상을 구원한다. 낯빛은 푸르고 피부색은 검으며 이마에는 발자국을 상징하는 'V' 모양의 표식이 있다. 비슈누다. 그런데 신은 왼쪽 손에 법라(法螺, Sankha)라는 것을 들고 있다. 악마 아수라의 뼈가 소라처럼 변한 것으로 이것의 소리를 들으면 악마는 겁에 질리고 신들은 용기가 솟는다는 악기다.

우라노스의 막내딸이자 제우스의 고모뻘인 아프로디테는 바다거품 속에서 태어나 가리비를 타고 육지에 다다랐고, 당나라 문종(文宗. 827~840)이 진상받은 대합조개에서는 관음상이 나왔단다.

소라, 대합, 가리비를 포함하는 이매패류(Bivalve)는 신화나 설화 외에 실상에서도 다양한 모습으로 등장한다. 모로코의

법라를 든 힌두신 비슈누(10~11세기)

한 동굴에서는 15만년 전 것으로 추정되는 조개껍질 목걸이가 발견됐다. 화폐가 있기 전 거래의 수단으로도 사용했고, 기원전 510년 참주(僭主)정권이 무너진 그리스에서는 위험인물로 간주된 정치인을 10년간 국외로 추방(도편추방제)시킬 명목으로 투표할 때 도편(도자기 조각)과 함께 투표용지로 이용했다.

이처럼 이매패류는 인류의 시작부터 곳곳에 흔적을 남겨 놨다. 인류 등장 이전에 이미 존재했다는 데 무게가 실린다. 그러면 지구상에 언제 등장한 것일까?

5억 4,000만년~5억 2,000만년 전 다양한 종류의 동물화석이 갑작스레 출현하는 지질학적 사건이 있었다. '캄브리아기 대폭발(Cambrian Explosion)'이다. 이매패류도 이때 등장했고, 다양한 과정을 겪으며 왕성한 생식능력으로 번성했다는 게 정설이다. 그중에서도 가리비의 생식능력은 압도적이다. 한 번 산란할 때 무려 1억개가 넘는 알을 낳는다. 아프로디테 탄생에 가리비가 등장하는 것이나 우리나라에서 시집가는 딸에게 가리비 껍데기를 싸 주며 다산을 기원했던 것 모두 이 무지막지하다 여겨질 만큼의 왕성한 생식력에 기반한다.

가리비가 특별한 것은 생식능력만이 아니다. 다른 조개들이 흙 속에 묻혀 있거나 바위 등에 들러붙어 거의 움직이지 않는 데 반해 가리비는 포식자가 접근하면 손뼉을 치듯 위아래 껍데기를 강하게 여닫음으로써 물을 일시에 뿜어내 그 반동으로 껑충껑

로마제국 주택의 가리비 문양 장식

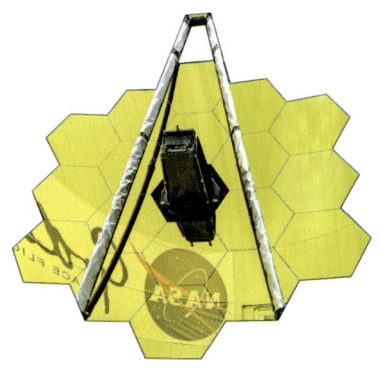

우주망원경 제임스 웹의 반사경

충 뛰는 듯 앞으로 나아간다. 속도도 빠르거니와 한 번 물을 내뿜을 때 최대 2m나 훌쩍 이동하기 때문에 '헤엄치는 조개'라고까지 불린다.

하지만 가리비를 보다 특별하게 해주는 것은 눈이다. 가리비에 눈이 있다는 것을 알게 된 것은 무려 200년 전이다. 눈은 내장을 싸고 있는 표피(외투막)에 나 있는 수많은 촉수 사이사이에 달려 있다. 크기는 1mm 이하여서 얼핏 보면 그저 작은 점이나 문양으로 보일 뿐이지만, 이 눈들로 포식자를 감지해낸다. 그러나 가리비 눈의 존재를 알게 된 후로 지금껏 그 구조와 원리는 수수께끼였다. 그런데 최근 이스라엘 바이즈만 과학연구소 연구팀이 과학저널 '사이언스'에 "개별 눈의 경우 초점이 잘 맞는 부위가 한정적이어서 이를 극복하기 위해 다수의 눈이 필요했을 것"이라는 연구결과를 내놨다.

연구팀은 좁쌀 크기밖에 되지 않는 가리비의 눈을 얼려 잘게 썰어 가면서 그 구조와 원리를 찾아냈는데, 눈은 각막·렌즈·이중망막으로 이루어져 있고, 뒤에는 오목거울이 있어 여기에 반사된 빛을 앞쪽 망막에 초점을 맺게 한다는 것이다. 특히 이 오목거울은 하나의 구가 아니고 나노미터 크기의 거울 수백만개가 바둑판처럼 연결되어 있다. 볼록렌즈 모양의 수정체에 빛을 모아 뒤쪽 망막에 초점을 맺는 사람의 눈과는 다른, 천체망원경이나 우주망원경과 같은 구조다. 우주망원경은 크기가 커짐에 따라 거울 하나로 반사경을 만들기 어려워지자 작은 반사판들을 모아 반사경을 만들었는데, 이 원리를 가리비는 수세기 전부터 사용하고 있었던 것이다. 가리비 눈의 구조를 보다 빨리 이해했더라면 우주탐사도 더 빨라지지 않았을까?

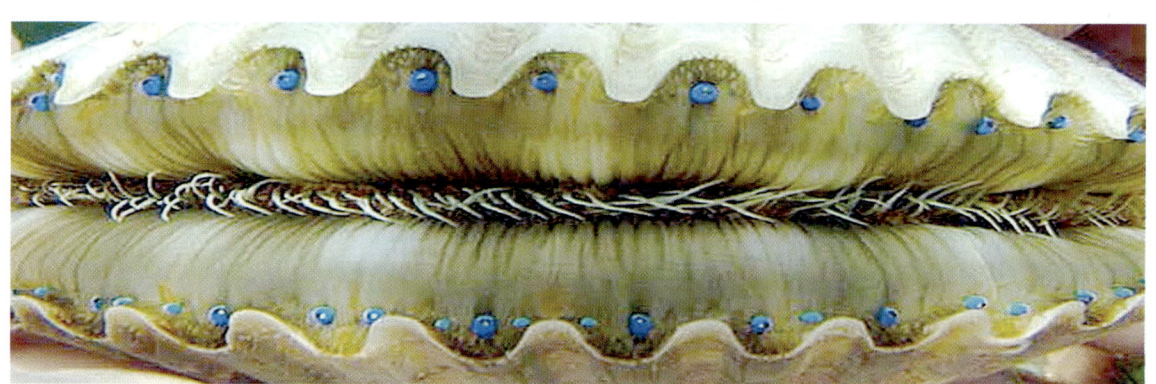

푸른 점으로 보이는 가리비의 눈

이슈&시사상식 — 홈 스타일링

일상의 중심이 되는 공간
거실

좁은 거실을 깔끔하게 만드는 수납 방법

거실은 가족 구성원들이 일상을 공유하며 휴식을 취하거나, 찾아온 손님을 접대하는 집의 핵심영역이다. 그러나 물건이 제자리를 찾지 못하고 어수선하게 놓이면 거실은 온전히 쉴 수 없는 불편한 공간이 되어 버린다. 효율적인 수납과 깔끔한 가구배치로 거실을 편안하고 여유로운 장소로 변신시켜 보자.

수납공간이 충분한 집은 TV 밑에 두는 거실장 없이 거실을 넓게 활용할 수 있지만, 좁은 집은 거실 수납장을 포기하는 게 쉽지 않다. TV가 없더라도 넉넉한 수납장, 책장, 장식장을 두기도 하고, 좁은 주방을 보완할 주방 수납장이나 홈 카페 수납장을 두는 등 개인의 취향과 라이프스타일에 따라 수납형태도 달라진다.

주로 TV 밑에 두는 낮은 거실장에는 의약품, 손톱깎이, 반짇고리 등 공용 생활용품을 수납하면 필요할 때마다 찾아서 사용하기 편하다. 특히 서랍이 있으면 작은 물건을 수납하기 좋고, 정리바구니나 칸을 조절하는 칸막이트레이를 활용하면 물건이 뒤섞이지 않아 한눈에 확인할 수 있다. 내부 수납은 새 트레이를 사지 않아도 상품을 구매하면 딸려 오는 박스나 집에 있는 선물상자, 색이 바랜 반찬통을 활용해도 충분하다.

부피가 큰 물품은 정리바구니가 오히려 불편한 경우도 있으니 모든 물건을 정리바구니에 넣을 필요는

없다. 높은 수납장을 두면 크기 제약 없이 거실에서 사용하는 물건을 수납하기 좋다. 내부 칸막이 높이 조절이 가능한 선반을 활용하면 다양한 크기의 물건을 함께 수납할 수 있다. 만약 높은 수납장을 둘만한 공간이 없다면, 이동식 정리함을 배치해 운동용품처럼 자리를 많이 차지하는 물품을 따로 보관하는 것도 좋다.

가구에 오픈된 영역이 있으면 셋톱박스나 공유기를 넣어 둘 수도 있고, 가구 안으로 콘센트를 넣을 수 있어 깔끔하다. 가구 위에 올려둘 때는 셋톱박스 정리함 또는 멀티탭 보관함을 활용하면 좋다. 정리함이 없어도 선을 잘 정리한 후 화분이나 조명 등 소품을 두는 것만으로 자연스럽게 가릴 수 있다. TV를 벽이나 스탠드 거치대에 설치할 때는 TV 뒷면에 네트망, 타공보드를 추가해서 케이블 타이로 정리해도 좋고 셋톱박스 선반이나 셋톱박스 거치대를 추가할 수도 있다.

공간을 살리는 거실 가전·가구 배치

TV 리모컨, 에어컨 리모컨 등 소파에 앉아서 사용하는 물건은 바로 옆에 있는 협탁이나 사이드 테이블 위에 두면 편하고, 리모컨 보관함에 담아 두거나 소파 근처에 월포켓을 걸어서 보관해도 좋다. 수납장에 넣을 수 없을 정도로 큰 물건이나 청소기와 같은 소형 가전은 가급적 휴식을 취하는 거실, 침실보다는 옷방이나 작업실에 두길 권하지만, 거실이 편하다면 거실 수납장이나 소파 옆 틈새공간에 눈에 띄지 않게 둔다.

거실에서 접이식 테이블을 사용한다면 사진이나 그림이 프린팅 된 액자형 테이블도 좋다. 바닥에 장식한 다른 액자들과 어울리게 두거나, 콘센트를 가릴 수도 있다. 크기가 큰 접이식 테이블은 소파와 뒷벽 사이에 보관하거나 커튼으로 보이지 않게 가리면 눈에 띄지 않으면서도 바로 꺼내 사용하기 편하다. 사용 빈도가 낮은 손님용 접이식 테이블은 큰 가구를 배치하고 생긴 틈새나 발코니에 두면 된다.

셀프 홈 스타일링

누구나 손쉽게 해볼 수 있는 인테리어 가이드북! 변화를 시도하고 싶지만 저마다의 이유로 망설이는 사람들에게 맞춤형 솔루션을 제공한다.

저자 심지혜
실내디자인 전공 후 인테리어 회사에서 공간기획 및 브랜딩 일을 한다. 유튜브 채널 '심지썸띵'을 통해 시작한 홈 스타일링 활동을 병행하고 있다.

영화와 책으로 보는 따끈따끈한
문화가 소식

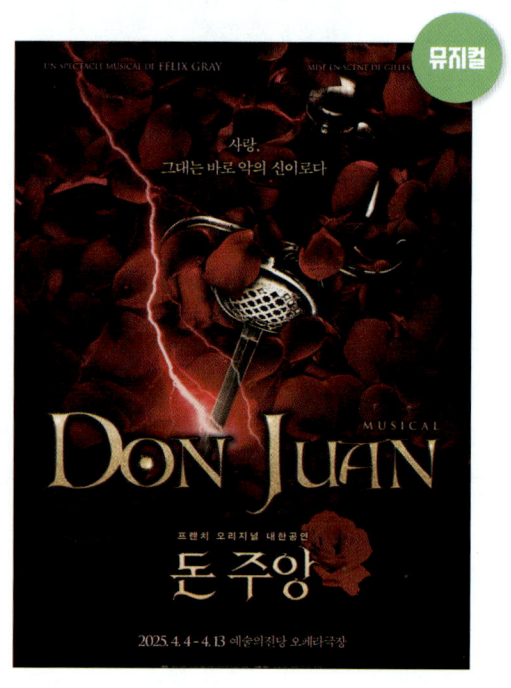

스트리밍

〈스트리밍〉은 범죄 채널 스트리머 '우상'이 실시간 방송으로 연쇄살인사건의 범인을 추적하는 스릴러 영화이다. '옷자락 연쇄살인사건'을 파헤쳐나가던 1위 스트리머 우상이 실시간으로 범인을 쫓던 중 함께 방송을 하던 무명 스트리머 '마틸다'가 납치를 당하면서 영화는 긴장감이 고조된다. 이후 '옷자락 살인마'로 추정되는 납치범을 향해 "한판 뜨자"고 선전포고하자 방송에서 후원금이 쏟아지며 우상은 또 한번 화제의 중심에 서게 된다. 이전의 여유있는 표정과 달리 점차 초조한 모습을 보이는 주인공이 사건의 진실을 밝히고 범인을 잡을 수 있을지 여부가 관객들을 영화에 몰입하게 만든다.

장르 스릴러 **감독** 조장호
주요 출연진 강하늘 등
개봉일 2025.03.21

돈 주앙

프랑스 오리지널팀의 뮤지컬 〈돈 주앙〉이 2006년 이후 19년 만에 내한한다. 수많은 고전 작가들의 흥미를 사로잡은 '돈 주앙'을 중심으로 중독성 강한 라틴음악이 스페인 세비야를 재현한 화려한 무대와 함께 어우러진다. 집시 뮤지션 또한 출연하고, 스페인 오리지널 플라멩코 댄스팀이 관능적인 안무를 선보이며 스페인 문화의 정열을 선보인다. 이번 공연은 초대형 LED 등 최신 테크놀로지를 추가하여 더욱 화려한 조명으로 업그레이드한 새로운 버전이다. 〈돈 주앙〉 내한공연은 프랑스어로 진행되며 무대 양 끝과 2층 발코니에 설치된 총 4대의 자막기를 통해 한국어 자막 서비스가 제공된다.

장소 예술의전당 오페라극장
주요 출연진 지안 마르코 스키아레띠, 레티시아 카레레 등
날짜 2025.04.04~2025.04.13

아르누보의 꽃 : 알폰스 무하 원화전

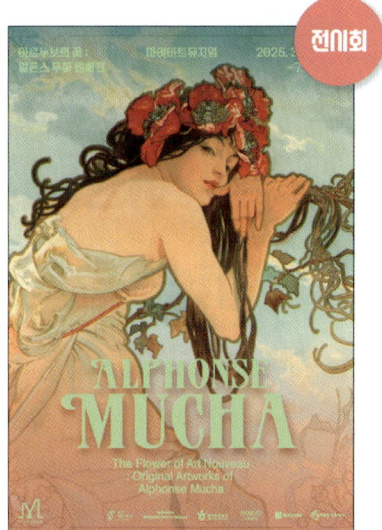

알폰스 무하 탄생 165주년을 기념한 이번 전시는 세계 최대 규모의 알폰스 무하 컬렉션을 소개한다. 여기에는 대형 오리지널 포스터를 비롯해 드로잉, 유화, 디자인 장식 오브제 등 300여 점의 예술품이 포함된다. 〈아르누보의 꽃〉은 무하가 프랑스에서 얻은 성공과 명성을 넘어, 그의 예술과 철학이 체코의 민족 정체성으로 확장되는 과정을 조명한다. 무하의 독창적 스타일 '르 스타일 무하'는 슬라브 민족적 모티프와 결합하며 아르누보의 대표 아이콘으로 자리 잡았다. 무하가 디자인한 성 비투스 대성당 스테인드글라스의 재현품을 통해 관람객들은 프라하에 있는 듯한 느낌을 받을 수 있다.

장소 마이아트뮤지엄   **날짜** 2025.03.20~2025.07.13

43조 세일즈 김용기의 실전노트

전문가 영업이 무엇인지, 전문가 영업의 성공원리와 핵심스킬 등 '성과를 내는 B2B 세일즈의 모든 것'을 다룬 책이 출간됐다. 저자는 책에서 전문적 지식과 경험을 바탕으로 고객의 문제를 해결하는 전문가 영업을 지향해야 한다고 논설한다. 이를 위해서는 영업대표들이 고객사의 해당 산업에 대한 전문가가 되어야 하고, 세일즈에서 필요한 제안서와 계획서 등을 직접 작성하면서 고객에게 '전문가'로 인식되는 것이 필요하다는 점도 강조한다. 이 책을 통해 영업에 대한 관점을 새롭게 정립할 수 있을 뿐만 아니라, 최고의 성과를 내는 세일즈 업무의 핵심노하우를 동시에 배울 수 있다.

저자 김용기   **출판사** 트로이목마

듀얼 브레인

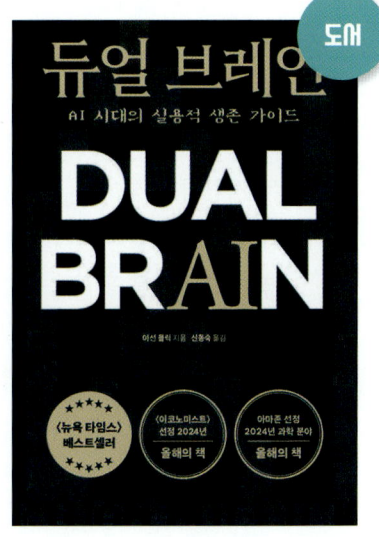

타임지가 선정한 '인공지능(AI) 분야에서 가장 영향력 있는 인물' 중 한 명인 이선 몰릭이 생성형 AI를 둘러싼 이슈에 대해 저서를 출간했다. 그는 거대언어모델(LLM)의 특징과 한계를 명확히 정리하고, AI가 미래를 어떻게 바꿀 수 있을지 분석한 다음, 실현 가능한 시나리오를 제시한다. 저자는 사례와 비유를 통해 고용 수준의 변화, 업무에서의 AI 활용 방법처럼 사람들이 궁금해하는 실용적인 관점에서 AI를 분석한다. 이코노미스트가 2024년 올해의 책으로 선정한 〈듀얼 브레인〉은 전문지식과 장기적 통찰이 어우러져 AI 시대를 안내하는 길잡이 역할을 한다.

저자 이선 몰릭   **출판사** 상상스퀘어

박재희 교수의 마음을 다스리는 고전이야기

내 인생을 바꾸는 모멘텀

법보다 위대한 것이 덕이다

위정이덕(爲政以德) - 〈논어(論語)〉

상대방을 법으로 강제하고 형벌로만 다스린다면 누구도 복종시킬 수 없습니다. 내면에서 우러나오는 복종은 감동뿐입니다. 그리고 감동은 법이 아니라 덕에 의해서만 가능합니다. 강제와 법에 의한 복종은 무늬만 복종일 뿐입니다. 덕(德)은 리더가 가져야 할 가장 중요한 덕목이자 형벌이나 법령과 비교해서 가장 감성적이고 인간적인 리더십입니다.

'논어'에서는 덕이 있는 지도자를 북극성에 비유합니다. 북쪽 밤하늘에 빛나는 북극성을 중심으로 별들이 돌며 운행하듯이 덕을 가진 리더 주변에는 늘 좋은 사람들이 모여들고 마음을 주며 복종한다고 합니다. 또 북극성이 별들의 구심점이 되듯 덕을 가진 리더는 모든 사람의 중심이 돼 조직을 이끌어 나간다는 의미이기도 합니다. 리더가 해야 하는 고민의 핵심은 '어떻게 조직원들의 마음을 움직여 나와 같은 꿈을 꾸게 할 것인가'입니다. 그래서 때로는 제도를 바꾸고 정비도 하고 소리도 지를 수 있습니다. 하지만 이런 강압으로는 변화를 이끌 수 없습니다. 존중과 따듯함만이 사람의 마음을 움직일 수 있습니다.

> 爲政以德 北辰居其所
> 위정이덕 북신거기소
> 而衆星共之
> 이중성공지
>
> 정치는 덕으로 해야 한다.
> 이는 북극성이 자기 자리에 있으면
> 모든 별이 그 주위를 중심으로 도는 것과 같다.

고개가 저절로 끄덕여지게 하는 것, 내가 먼저 실천하게 만드는 것이 바로 덕이 있는 사람이 가진 능력입니다.

**덕은 외롭지 않습니다.
반드시 안아줄 이웃이 있습니다.**

爲	政	以	德
할 위	정치 정	써 이	큰 덕

이야기로 읽는 고사성어

출전 / 《열자(列子)》〈황제(皇帝)〉편

조삼모사(朝三暮四)

춘추전국시대 때 이야기입니다. 송나라에 한 사내가 살고 있었습니다. 그는 원숭이를 매우 좋아해서 사람들이 그를 부를 때 원숭이를 뜻하는 저(狙)를 붙여 저공(狙公)이라고 불렀습니다.

저공은 원숭이를 좋아하는 만큼 많은 원숭이를 길렀습니다. 게다가 식구들 배를 채우는 것보다 원숭이의 먹이를 챙기는 일에 더 정성을 기울였습니다. 식구들 양식까지 원숭이들에게 가져다줄 정도였습니다. 그런 세월이 쌓이다 보니 그는 원숭이의 마음을 누구보다 잘 이해할 수 있게 됐고, 원숭이들도 저공의 이야기를 알아들을 정도로 가까워졌습니다.

저공에게 원숭이는 자신의 가족이자 벗이었습니다. 그러나 원숭이들의 수가 많은 탓에 먹이를 대는 일이 결코 만만치 않았습니다. 그런 차에 지역에 가뭄이 크게 들었습니다. 들판의 곡식들은 채 영글지 못하고 말라 죽었고, 그것은 나무 위 도토리도 마찬가지였습니다.

"산에서 도토리를 구하기도 쉽지 않고, 먹고 사는 것도 힘들고 어찌해야 하나?"

살림살이가 어려워지자 저공은 하는 수 없이 기르던 원숭이들을 데리고 시장으로 갔습니다. 원숭이들이 온갖 재주를 부리게 하고 돈을 벌기 위해서였습니다. 원숭이들의 재주를 본 사람들은 발길을 멈추고 신기해했고, 즐거워했습니다. 하지만 아무리 신기하고 재미있는 재주였어도 그들의 주머니에서 돈이 나오는 일은 없었습니다. 가뭄에 흉년으로 살기 어려워진 건 저공뿐만이 아니었던 겁니다.

"안 되겠구나. 뭔가 방법이 없을까?"

고민 끝에 저공은 원숭이들의 먹이를 줄이는 수밖에 없다고 생각했습니다. 하지만 먹는 것을 제일 좋아하는 원숭이들을 생각하니 갑자기, 그것도 일방적으로 먹이를 줄일 수는 없었습니다. 그래서 어느 날 아침 저공은 집 안의 원숭이들을 모두 한 자리로 불러들였습니다.

"오늘부터 너희들에게 줄 도토리를 아침에 세 개, 저녁에 네 개씩[朝三暮四] 주려고 하는데 어떠냐?"

그러자 원숭이들은 화를 내면서 소리를 질러댔습니다. 형편상 먹이로 하루에 일곱 개 이상을 줄 수 없었던 저공의 고민은 깊어졌습니다.

'전체 도토리 수를 그대로 두고 원숭이를 설득할 방법은 없을까?'

한참을 꽥꽥대는 원숭이들 사이에서 고민하던 저공이 다시 입을 열었습니다.

"그렇다면 아침에 네 개, 저녁에 세 개는 어떠하냐?"

그러자 원숭이들이 당장 배고픈 아침에 더 많이 준다는 것에 만족하고 손뼉을 치며 좋아했습니다.

조삼모사(朝三暮四)는 '사람을 농락하여 수작 속에 빠뜨리는 것', '못된 꾀로 사람을 속이는 것'으로 쓰이고 있지만, '당장의 차이에만 혹하는 어리석은 행동'을 꼬집는 말입니다. 장자는 말합니다.

> "옳고 그름에 집착하는 자가 이치를 꿰뚫어 보지 못하면 결국 똑같은 것을 알지 못한다."

우리 주위에는 듣기 좋은 말과 이로운 조건을 내세워서 상대방을 꾀려는 사람들이 많습니다. 이들의 현혹은 상대의 어리석음을 전제로 합니다. 상대를 저공의 원숭이들로 생각하는 것입니다. 12·3 계엄 이후 곧 탄로 날 거짓말을 아무렇지 않게 하는 이들이 있습니다. 국민을 원숭이로 보고 있는 것은 아닌지 정말 궁금해지는 요즘입니다.

朝	三	暮	四
아침 조	석 삼	저물 모	넉 사

3분 고전 173

완전 재미있는 낱말퀴즈

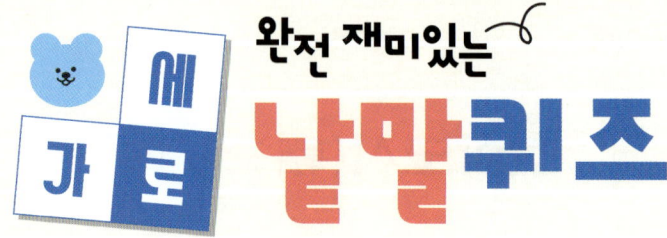

가로
1. 2014년 4월 16일 발생한 세월호 침몰사고 이후 안전의 중요성을 되새기기 위해 제정된 날
2. '어제'와 '오늘'을 아울러 이르는 말
3. 완전히 잠이 들지도 깨지도 않은 어렴풋한 상태
5. 두 가지 가운데 어느 한쪽이 변화하면 다른 한쪽도 변화하는 관계
7. 무엇을 하고자 하는 적극적인 마음 또는 욕망

세로
1. 국가가 소득 획득능력이 사라진 국민의 생활을 보장하기 위해 정기적으로 지급하는 금액
2. 장대처럼 굵고 거세게 좍좍 내리는 비
4. 꿈속의 생각 또는 실현성이 없는 헛된 생각을 함
6. 전문의 자격을 얻기 위해 병원에서 일정기간 임상수련을 하고 있는 의사
8. 욕심이 많은 사람을 낮잡아 이르는 말

참여방법
문제를 보고 가로세로 낱말퀴즈를 풀어보세요. 낱말퀴즈의 빈칸을 채운 사진과 함께 <이슈&시사상식> 207호에 대한 감상평을 이메일(issue@sdedu.co.kr)로 보내주세요. 선물이 팡팡 쏟아집니다!
❖ 아래 당첨선물 중 받고 싶으신 도서와 이름, 주소, 전화번호를 함께 남겨주세요.

<이슈&시사상식> 206호 정답

¹계	²엄	령				
	동				⁷교	화
	설					과
	³한	⁴일	의	정	서	
		러				
⁵원	피	스				
인		⁶트	로	피		

참여해주신 모든 분들께 감사드립니다.
당첨되신 분께는 개별적으로 연락드립니다.

당첨선물
정답을 맞힌 독자분들 중 가장 인상적인 감상평을 남기신 분께는 〈날마다 도시락 DAY〉, 〈가볍게 읽는 부동산 왕초보 상식〉, 〈냥꽃의 사계정원〉, 〈미국에서 기죽지 않는 쓸만한 영어 : 일상생활 필수 생존회화〉 등 푸짐한 선물을 드립니다!
❖ 참여하실 때는 반드시 희망 도서를 하나 골라 기입해주세요.

다양한 분야의 최신이슈를 한 권에

 이X견(대구 달서구)

〈이슈&시사상식〉은 최신시사와 상식을 한눈에 파악할 수 있는 잡지다. 다양한 분야의 최신이슈와 상식, 취업정보 등이 체계적으로 정리되어 있어 공기업이나 대기업, 언론사 취업을 준비하는 사람에게 유용하다. 또 단순히 정보를 제공하는 데 그치지 않고 각 이슈에 대한 찬반토론을 통해 논리적 사고를 기를 수 있도록 한 것이나 시사상식 퀴즈를 통해 자신의 지식을 점검해볼 수 있도록 하는 등 독자들이 이를 실제로 활용할 수 있도록 한 점도 눈에 띈다. 이러한 구성은 독자들이 능동적으로 학습할 수 있도록 유도하며, 시사상식에 대한 흥미를 높이는 데 기여할 것이다.

세상은 이렇게 돌아간다!

 오X용(전북 전주시)

개인적으로 〈이슈&시사상식〉은 세상이 어떻게 돌아가고 있는지 하나하나 짚어서 알려주는 책이라고 생각한다. 신문이나 미디어만으로는 부족한 요소들을 간결하게 정리해주어 최신이슈를 어렵지 않게 파악할 수 있다. 또한 취준생들을 주요 타깃으로 한 도서인만큼 다양한 시사문제와 취업 실전문제, 한국사능력검정시험 문제가 함께 수록되어 있다. 난이도가 다소 느껴지지만 문제를 풀어보면서 나의 수준이 어느 정도인지도 시험해볼 수 있다. 하루하루 바쁘게 돌아가는 세상 속에서 무심코 지나치게 되는 다양한 이슈들을 한 번씩 정리해주는 것도 필요하지 않을까 싶다.

면접준비 시 유용한 도서

 정X범(대구 동구)

취업과 이직에 필수적인 과정 중 하나가 바로 면접일 것이다. 많은 회사와 공공기관에서는 채용 시 필기시험을 치르거나 면접을 거치는데, 이때 지원 분야와 관련된 상식 문제가 출제될 수 있다. 〈이슈&시사상식〉은 꼭 알아야 하는 이슈와 시사상식을 선별해 수록하고 있어 취준생과 이직을 준비하는 직장인들이 참고하면 좋을 내용들이 많다. 특히 이슈에 대한 쟁점을 바탕으로 안목을 기를 수 있는 밑거름이 될 만한 정보가 많아서 만약 면접이나 필기시험을 준비하는데 시간이 부족하다면 이 책을 통해 보다 효율적으로 준비할 수 있지 않을까라는 생각이 든다.

한 단계 더 성장하고 싶다면!

 이X훈(서울 강동구)

하루에도 끊임없이 쏟아지는 여러 이슈를 잘 파악하고 있으면 향후 채용시장의 변동과 직업의 미래 전망을 알아보는 데 도움이 된다. 특히 취준생들에게는 채용시장의 전망이 중요한데, 〈이슈&시사상식〉은 사기업뿐만 아니라 공기업이나 공공기관을 준비하는 데 필요한 정보와 문제도 함께 수록되어 있어 실제 시험을 준비할 때 매우 유용하다. 또 면접 시 나올 가능성이 높은 예상질문에 관한 답변이 수록된 코너가 있는데, 이직을 준비하고 있는 상황에서 도움되는 내용이 많아 더 좋았다. 취업과 관련해 한 단계 더 성장하고 싶은 이들에게 추천한다.

독자 여러분 함께해요!

〈이슈&시사상식〉은 독자 여러분의 리뷰를 기다리고 있습니다. 분야·주제 모두 묻지도 따지지도 않습니다. 보내주신 리뷰 중 채택된 리뷰는 다음 호에 수록됩니다.

참여방법 ▶ 이메일 issue@sdedu.co.kr
당첨선물 ▶ 정답을 맞힌 독자분들 중 가장 인상적인 감상평을 남기신 분께는 〈날마다 도시락 DAY〉, 〈가볍게 읽는 부동산 왕초보 상식〉, 〈냥꽃의 사계정원〉, 〈미국에서 기죽지 않는 쓸만한 영어 : 일상생활 필수 생존회화〉 등 푸짐한 선물을 드립니다!

❖ 참여하실 때는 반드시 희망 도서를 하나 골라 기입해주세요.

나눔시대

함께 배우고 성장하는 배움터! (주)시대고시기획 시대교육(주) 입니다.
앞으로도 희망을 나누는 기업으로서 더 큰 나눔을 실천하겠습니다.
나눔은 행복입니다.

재외동포재단, 경인교육대학교
한국어능력시험 관련 교재 기증

장병 1인 1자격,
학점 취득 지원

전국 야학 지원
청소년, 어린이 장학금 지원

《이슈&시사상식》, 전국 도서관
및 희망자 나눔 기증

"숨은 독자를 찾아라!"

《이슈&시사상식》을 함께 나누세요. 대학 후배들이 하루의 대부분을 보내고 있을 동아리 사무실에

《이슈&시사상식》을 선물하고 싶다는 선배의 사연

마을 도서관에 시사잡지가 비치된다면 그동안 아이들과 주부들이 주로 찾던 도서관을
온 가족이 함께 이용하게 될 것으로 기대한다는 희망까지…

양서가 주는 감동은 나눌수록 더욱 커집니다. 저희 《이슈&시사상식》도 힘을 보태겠습니다.
기증 신청 및 추천 사연을 보내주세요. 사연 심사 후 희망 기증처로 선정된 곳에 1년간 《이슈&시사상식》을 무료로 보내드립니다.

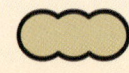

★ 보내주실 곳 : 이메일(issue@sdedu.co.kr)
★ 희망 기증처 최종 선정은 2025 나눔시대 선정위원이 맡게 됩니다. 선정 여부는 개별적으로 알려드립니다.

나는 이렇게 합격했다

당신의 합격 스토리를 들려주세요
추첨을 통해 선물을 드립니다

베스트 리뷰
갤럭시탭 / 버즈 2

상/하반기 추천 리뷰
상품권 / 스벅커피

인터뷰 참여
백화점 상품권

이벤트 참여방법

합격수기
시대에듀와 함께한 도서 or 강의 **선택** ▶ 나만의 합격 노하우 정성껏 **작성** ▶ 상반기/하반기 추첨을 통해 **선물** 증정

인터뷰
시대에듀와 함께한 강의 **선택** ▶ 합격증명서 or 자격증 사본 **첨부**, 간단한 소개 **작성** ▶ 인터뷰 완료 후 백화점 상품권 증정

이벤트 참여방법
다음 합격의 주인공은 바로 여러분입니다!

QR코드 스캔하고 ▷▷▶
이벤트 참여하여 푸짐한 **경품받자!**

합격의 공식
시대에듀

각종 자격증, 공무원, 취업, 학습, IT, 상식부터 외국어까지!

이 시대의 모든 합격을 책임지는 시대에듀

 보장! 각종 '자격증' 취득 대비 도서

각 분야의 전문가들과 집필! 각종 기능사/기사/산업기사 및 국가자격/기술자격, 경제/금융/회계 분야 자격증 등 각종 자격증 '취득'을 보장하는 도서!

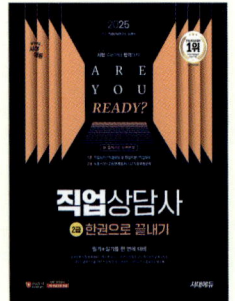
직업상담사 2급

사회조사분석사 2급

스포츠지도사 2급

사회복지사 1급

영양사

소방안전관리자 2급

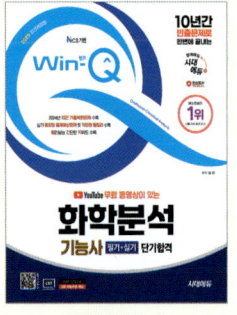
화학분석기능사

전기기능사

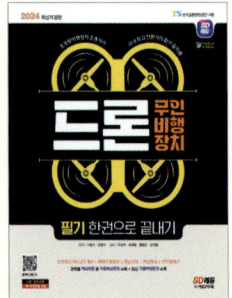
드론 무인비행장치

운전면허

유통관리사 2급

텔레마케팅관리사

"100만명 이상 수험생의 선택!"

독자의 선택으로 검증된 시대에듀의 명품 도서를 소개합니다.

 보장! 각종 '시험' 합격 대비 도서

각 분야의 1등 강사진과 집필! 공무원 시험부터 NCS 및 각종 기업체 취업 시험, 중졸/고졸 검정고시와 같은 학습 관련 시험 및 매경테스트, 그리고 IT 관련 시험 및 TOPIK, G-TELP, ITT 등의 어학 시험 등 각종 시험에서의 '합격'을 보장하는 도서!

지텔프(G-TELP)

NCS 기출문제

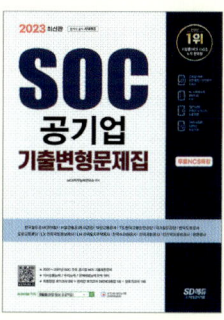
SOC 공기업

대기업·공기업 고졸채용

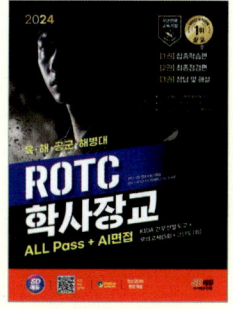
ROTC 학사장교

육군 부사관

한국사능력검정시험

영재성 검사

일본어 한자

토픽(TOPIK)

영어회화

엑셀